中国国情调研丛书
乡镇卷
China's national conditions survey Series
Vol.Towns

中国国情调研丛书·乡镇卷
China's national conditions survey Series · **Vol. Towns**
主 编 裴长洪 刘树成 吴太昌
副主编 周 济

从乡村到城市的飞跃

——广东省东莞市沙田镇经济与社会发展调研报告

Transformation from "Rural" to "Uran":

A Research Report on Economic and Social Development of Shatian

Town, Dongguan City, Guangdong Province

尚 列 著

中国社会科学出版社

图书在版编目（CIP）数据

从乡村到城市的飞跃：广东省东莞市沙田镇经济与社会发展
调研报告／尚列著．—北京：中国社会科学出版社，2015.7
ISBN 978-7-5161-6398-6

Ⅰ.①从…　Ⅱ.①尚…　Ⅲ.①乡镇—区域经济发展—
调查报告—东莞市②乡镇—社会发展—调查报告—东莞市
Ⅳ.①F127.655

中国版本图书馆 CIP 数据核字（2015）第 146951 号

出 版 人	赵剑英	
责任编辑	冯春凤	
责任校对	张爱华	
责任印制	张雪娇	

出　　版	中国社会科学出版社	
社　　址	北京鼓楼西大街甲 158 号	
邮　　编	100720	
网　　址	http：//www.csspw.cn	
发 行 部	010 - 84083685	
门 市 部	010 - 84029450	
经　　销	新华书店及其他书店	

印　　刷	北京君升印刷有限公司	
装　　订	廊坊市广阳区广增装订厂	
版　　次	2015 年 7 月第 1 版	
印　　次	2015 年 7 月第 1 次印刷	

开　　本	710×1000　1/16	
印　　张	24	
插　　页	2	
字　　数	356 千字	
定　　价	88.00 元	

中国国情调研丛书·企业卷·乡镇卷·村庄卷

总 序

陈 佳 贵

为了贯彻党中央的指示，充分发挥中国社会科学院思想库和智囊团作用，进一步推进理论创新，提高哲学社会科学研究水平，2006 年中国社会科学院开始实施"国情调研"项目。

改革开放以来，尤其是经历了近 30 年的改革开放进程，我国已经进入了一个新的历史时期，我国的国情发生了很大变化。从经济国情角度看，伴随着市场化改革的深入和工业化进程的推进，我国经济实现了连续近 30 年的高速增长。我国已经具有庞大的经济总量，整体经济实力显著增强，到 2006 年，我国国内生产总值达到了 209407亿元，约合 2.67 万亿美元，列世界第四位；我国经济结构也得到优化，产业结构不断升级，第一产业产值的比重从 1978 年的 27.9% 下降到 2006 年的 11.8%，第三产业产值的比重从 1978 年的 24.2% 上升到 2006 年的 39.5%；2006 年，我国实际利用外资为 630.21 亿美元，列世界第四位，进出口总额达 1.76 亿美元，列世界第三位；我国人民生活水平不断改善，城市化水平不断提升。2006 年，我国城镇居民家庭人均可支配收入从 1978 年的 343.4 元上升到 11759 元，恩格尔系数从 57.5% 下降到 35.8%，农村居民家庭人均纯收入从 1978

年的 133.6 元上升到 2006 年的 3587 元，恩格尔系数从 67.7% 下降到 43%，人口城市化率从 1978 年的 17.92% 上升到 2006 年的 43.9% 以上。经济的高速发展，必然引起国情的变化。我们的研究表明，我国的经济国情已经逐渐从一个农业经济大国转变为一个工业经济大国。但是，这只是从总体上对我国经济国情的分析判断，还缺少对我国经济国情变化分析的微观基础。这需要对我国基层单位进行详细的分析研究。实际上，深入基层进行调查研究，坚持理论与实际相结合，由此制定和执行正确的路线方针政策，是我们党领导革命、建设与改革的基本经验和基本工作方法。进行国情调研，也必须深入基层，只有深入基层，才能真正了解我国国情。

为此，中国社会科学院经济学部组织了针对我国企业、乡镇和村庄三类基层单位的国情调研活动。据国家统计局的最近一次普查，到 2005 年底，我国有国营农场 0.19 万家，国有以及规模以上非国有工业企业 27.18 万家，建筑业企业 5.88 万家；乡政府 1.66 万个，镇政府 1.89 万个，村民委员会 64.01 万个。这些基层单位是我国社会经济的细胞，是我国经济运行和社会进步的基础。要真正了解我国国情，必须对这些基层单位的构成要素、体制结构、运行机制以及生存发展状况进行深入的调查研究。

在国情调研的具体组织方面，中国社会科学院经济学部组织的调研由我牵头，第一期安排了三个大的长期的调研项目，分别是"中国企业调研"、"中国乡镇调研"和"中国村庄调研"。"中国乡镇调研"由刘树成同志和吴太昌同志具体负责，"中国村庄调研"由张晓山同志和蔡昉同志具体负责，"中国企业调研"由我和黄群慧同志具体负责。第一期项目时间为三年（2006—2008），每个项目至少选择 30 个调研对象。经过一年多的调查研究，这些调研活动已经取得了初步成果，分别形成了《中国国情调研丛书·企业卷》、《中国国情调研丛书·乡镇卷》和《中国国情调研丛书·村庄卷》。今后这三个国情调研项目的调研成果，还会陆续收录到这三卷书中。我们期望，通过《中国国情调研丛书·企业卷》、《中国国情调研丛书·乡镇卷》和《中国国情调研丛书·村庄卷》这三卷书，能够在一定程度上反映和描述在 21 世纪初期工业化、市场化、国际化和信息化的背景下，我国企业、乡镇和村庄的发展变化。

国情调研是一个需要不断进行的过程，以后我们还会在第一期国情调研项目基础上将这三个国情调研项目滚动开展下去，全面持续地反映我国基层单位的发展变化，为国家的科学决策服务，为提高科研水平服务，为社会科学理论创新服务。《中国国情调研丛书·企业卷》、《中国国情调研丛书·乡镇卷》和《中国国情调研丛书·村庄卷》这三卷书也会在此基础上不断丰富和完善。

2007 年 9 月

序 言

　　中国社会科学院在 2006 年正式启动了中国国情调研项目。该项目为期 3 年，将于 2008 年结束。经济学部负责该项目的调研分为企业、乡镇和村庄 3 个部分，经济研究所负责具体组织其中乡镇调研的任务，经济学部中的各个研究所都有参与。乡镇调研计划在全国范围内选择 30 个乡镇进行，每年 10 个，在 3 年内全部完成。

　　乡镇作为我国最基层的政府机构和行政区划，在我国社会经济发展中，特别是在城镇化和社会主义新农村建设中起着非常重要的作用，担负着艰巨的任务。通过个案调查，解剖麻雀，管窥蠡测，能够真正掌握乡镇层次的真实情况。乡镇调研可为党和政府在新的历史阶段贯彻城乡统筹发展，实施工业反哺农业、城市支持乡村，建设社会主义新农村提供详细具体的情况和建设性意见，同时达到培养人才，锻炼队伍，推进理论创新和对国情的认识，提高科研人员理论联系实际能力和实事求是学风之目的。我们组织科研力量，经过反复讨论，制定了乡镇调研提纲。在调研提纲中，规定了必须调查的内容和自选调查的内容。必须调查的内容主要有乡镇基本经济发展情况、政府职能变化情况、社会和治安情况三大部分。自选调查内容主要是指根据课题研究需要和客观条件可能进行的各类专题调查。同时，调研提纲还附录了基本统计表。每个调研课题可以参照各自调研对象的具体情况，尽可能多地完成和满足统计表所规定的要求。

　　每个调研的乡镇为一个课题组。对于乡镇调研对象的选择，我们没有特别指定地点。最终确定的调研对象完全是由课题组自己决定的。现在看来，由课题组自行选取调研对象好处很多。第一，所调研的乡镇大都是自己工作或生活过的地方，有的还是自己的家乡。这样无形之中节约了人力和财力，降低了调研成本。同时又能够在规定的期限之内，用最经济的支出，完成所担负的任务。第二，在自己熟悉的地方调研，能够很快地深入下去，同当地的父老乡亲打成一片、融为一体。通过相互间无拘束和无顾忌的交流，能够较快地获得真实的第一手材料，为最终调研成果的形成打下良好的基础。第三，便于同当地的有关部门、有关机构和有关人员加强联系，建立互惠共赢的合作关系。还可以在他们的支持和协助下，利用双方各自的优势，共同开展对当地社会经济发展状况的研究。

第一批的乡镇调研活动已经结束，第二批和第三批的调研将如期进行。在第一批乡镇调研成果即将付梓之际，我们要感谢经济学部和院科研局的具体安排落实。同时感谢调研当地的干部和群众，没有他们的鼎力支持和坦诚相助，要想在较短时间内又好又快地完成调研任务几乎没有可能。最后要感谢中国社会科学出版社的领导和编辑人员，没有他们高效和辛勤的劳动，我们所完成的乡镇调研成果就很难用最快的速度以飨读者。

目　　录

第一章　历史沿革与镇情 …………………………………………（ 1 ）

　一　历史沿革及行政区划的设立与调整 …………………………（ 2 ）

　二　自然禀赋 ………………………………………………………（12）

　三　土地使用和自然资源状况 ……………………………………（33）

第二章　经济社会发展总体评估 …………………………………（39）

　一　三次产业结构的变化 …………………………………………（40）

　二　沙田经济发展阶段的理论分析 ………………………………（47）

　三　沙田经济的区域比较 …………………………………………（51）

　四　沙田发展思路演变 ……………………………………………（60）

第三章　人口状况与变化趋势 ……………………………………（64）

　一　沙田户籍人口的来源及姓氏分布 ……………………………（64）

　二　户籍人口分析 …………………………………………………（70）

　三　外来流动人口的变化 …………………………………………（84）

　四　沙田人口空间分布和年龄、民族、受教育的情况分析 ……（90）

　五　沙田的计划生育和婚姻状况 …………………………………（96）

第四章　农村制度变迁和农业结构调整 …………………………（101）

　一　农村经济体制的发展与变革 …………………………………（101）

　二　农业生产的变化与调整 ………………………………………（112）

　　三　沙田主要农牧产品的发展历史和现状 …………………（124）

　　四　渔业的发展与变化 …………………………………………（145）

　　五　沙田水利建设和农业技术 …………………………………（152）

第五章　工业化进程、企业发展和产业结构调整 ………………（159）

　　一　工业发展概况 ……………………………………………（159）

　　二　民营企业 …………………………………………………（162）

　　三　外资企业 …………………………………………………（167）

　　四　规模以上企业情况分析 …………………………………（174）

　　五　产业园区与产业集约化 …………………………………（179）

　　六　存在的问题与发展趋势 …………………………………（182）

第六章　港口建设、陆路交通改善与镇域经济的变化 …………（186）

　　一　虎门港建设与沙田经济发展的互动 ……………………（188）

　　二　陆地交通的发展 …………………………………………（203）

第七章　商贸、服务业、金融业的发展与变化 …………………（221）

　　一　商贸、服务业与房地产业 ………………………………（222）

　　二　金融业 ……………………………………………………（239）

　　三　沙田商业的所有制形式 …………………………………（250）

第八章　城市化进程及基础设施建设 ……………………………（257）

　　一　城市规模扩大和城市管理功能健全 ……………………（257）

　　二　城市建设基础设施配套 …………………………………（261）

　　三　现代化的宜居城市初显 …………………………………（267）

第九章　社会状况及和谐社会的构建 ……………………………（298）

　　一　社会治安 …………………………………………………（298）

　　二　社会福利与社会救济 ……………………………………（307）

　三　就业与再就业工程 ……………………………………（312）

　四　居住条件与环境改善的巨大变化与反差 ……………（316）

第十章　教育演进、文体发展和卫生建设 …………………（325）

　一　沙田的教育 …………………………………………（325）

　二　影响不断扩大的民间文体活动 ……………………（344）

　三　医疗设施和卫生工作 ………………………………（358）

图表目录

图 1—1　东莞市沙田镇在珠江三角洲的位置 ……………………（ 2 ）

图 1—2　沙田行政区划 ………………………………………………（ 12 ）

图 1—3　沙田镇区位 …………………………………………………（ 17 ）

图 1—4　沙田镇地理交通 ……………………………………………（ 18 ）

图 1—5　沙田形态 ……………………………………………………（ 21 ）

图 2—1　1991—2009 年沙田生产总值变化 ………………………（ 40 ）

图 2—2　东莞市经济上的"三带联动"发展格局 ………………（ 54 ）

图 3—1　沙田户籍人口的自然增长率 ……………………………（ 72 ）

图 3—2　沙田户籍人口户均人数变动趋势 ………………………（ 75 ）

图 3—3　三次产业从业人数变化 …………………………………（ 80 ）

图 5—1　沙田第二产业增加值和占地区生产总值的比例 ………（160）

图 5—2　历年外商及港澳台企业的数量 …………………………（170）

图 6—1　虎门港沙田作业区分布 …………………………………（190）

图 6—2　港口及产业功能布局分析 ………………………………（197）

图 6—3　沙田区域交通分析 ………………………………………（216）

图 6—4　沿江高速、广深高速和沙田境内主次干道 ……………（217）

图 6—5　沙田镇对外交通规划 ……………………………………（218）

图 6—6　沙田镇交通区位 …………………………………………（219）

图 7—1　1991—2009 年沙田第三产业增加值在地区生产
　　　　总值中的比例 …………………………………………（221）

图 7—2　2002—2008 年沙田镇社会消费品零售总额增长情况 ……（223）

图8—1 沙田镇生活垃圾平均组分 ……………………………（274）

图8—2 沙田镇垃圾收集转运方式 ……………………………（274）

表1—1 新中国成立后的沙田行政区划变动 ………………（ 9 ）

表1—2 沙田镇辖区内村社区一览 …………………………（11 ）

表1—3 沙田地区历年气候变化情况 ………………………（22 ）

表1—4 沙田镇1964年至2005年台风灾害损失情况 ………（24 ）

表1—5 沙田镇潮水涨退时刻 ………………………………（26 ）

表1—6 沙田历年旱灾、咸灾情况 …………………………（27 ）

表1—7 沙田河涌水系情况一览 ……………………………（31 ）

表1—8 沙田镇水域的水质和主要功能分布情况 …………（32 ）

表1—9 沙田镇域土地利用构成现状 ………………………（33 ）

表1—10 沙田及周边地区可利用土地面积统计（2003年）……（34 ）

表1—11 沙田土地存量情况分析 ……………………………（34 ）

表1—12 沙田土地存量用地分布情况 ………………………（35 ）

表1—13 沙田的动植物、土特产分类 ………………………（35 ）

表2—1 1991—2008年沙田镇地区生产总值及三大产业

结构变化（按当年价计算） ………………………（42 ）

表2—2 2002—2008年长沙田镇农业内部结构变化 …………（44 ）

表2—3 2003年、2005年、2009年沙田镇地区生产总值与

人均生产总值在广东省、东莞市的地位 …………（52 ）

表2—4 广东省、东莞市和沙田镇历年固定资产投资总额比较 …（53 ）

表2—5 广东省、东莞市和沙田镇各时间段固定资产投资

增长率比较 …………………………………………（53 ）

表2—6 沙田及周边地区经济在东莞市的位序、三次产业

比例比较 ……………………………………………（54 ）

表2—7 2003年沙田及周边地区经济、人口规模比较 ………（55 ）

表2—8 2009年沙田及周边地区经济、人口规模比较 ………（56 ）

表2—9 上层次规划对沙田镇发展的地位分析 ……………（56 ）

表2—10 沙田及周边镇区的功能定位与产业选择对比 …………（57 ）

表 2—11   2003 年沙田与周边城镇经济发展指标比较 ………… （59）

表 2—12   2009 年沙田与周边城镇经济发展指标比较 ………… （59）

表 2—13   沙田镇历年城镇建设和产业发展思路演变 …………（61）

表 3—1   沙田 20 人以上的姓氏及人数 …………………… （70）

表 3—2   1978—2009 年沙田镇户籍人口自然变动情况统计 ……（71）

表 3—3   2000—2009 年沙田镇户籍人口数 …………………… （73）

表 3—4   2001—2009 年沙田镇户籍总户数 …………………… （74）

表 3—5   广东省、东莞市、沙田镇户籍人口户均人数 10 年
　　　　　变化比较 ……………………………………………（74）

表 3—6   广东省、东莞市、沙田镇户籍人口男女比例 10 年
　　　　　变化比较 ……………………………………………（76）

表 3—7   2001—2009 年沙田镇人口迁移变动情况 …………（77）

表 3—8   沙田镇户籍人口年龄结构 …………………………（78）

表 3—9   2009 年沙田镇户籍人口中 31 岁以下人口的比例 …（79）

表 3—10   1999—2004 年沙田镇户籍人口从业人员结构 ……（79）

表 3—11   2005—2009 年沙田镇户籍人口从业人员结构 ……（80）

表 3—12   1993—2009 年沙田镇暂住人口数 ………………（84）

表 3—13   沙田镇历年人口变化情况 …………………………（85）

表 3—14   沙田镇历年暂住人口变动情况和增长率 …………（86）

表 3—15   2000 年和 2009 年沙田镇常住人口、男女
　　　　　人数及比例 …………………………………………（88）

表 3—16   广东省、东莞市、沙田镇常住人口男女比例 10 年
　　　　　变化比较 ……………………………………………（88）

表 3—17   广东省、东莞市和沙田镇常住人口户均人数 10 年
　　　　　变化比较 ……………………………………………（89）

表 3—18   2005 年沙田镇外来耕种人员文化程度、子女、劳动力
　　　　　情况汇总 ……………………………………………（89）

表 3—19   2004 年东莞市和沙田镇人口概况、密度及比较 …（91）

表 3—20   2009 年东莞市和沙田镇人口概况、密度及比较 …（91）

表 3—21　2004 年沙田镇各村人口分布 ……………………（ 92 ）

表 3—22　2009 年沙田镇各村人口分布 ……………………（ 93 ）

表 3—23　2004 年沙田镇各村人口规模等级结构 …………（ 94 ）

表 3—24　2009 年沙田镇各村人口规模等级结构 …………（ 94 ）

表 3—25　2004 年沙田镇各村人口密度等级结构 …………（ 94 ）

表 3—26　2009 年沙田镇各村人口密度等级结构 …………（ 95 ）

表 3—27　2000—2009 年沙田镇计划生育情况 ……………（ 97 ）

表 3—28　1979—2009 年结婚、离婚登记统计 ……………（ 98 ）

表 4—1　2000—2009 年沙田镇村（居）委会的当年可支配收入、
　　　　　总资产和负债率 …………………………………（110）

表 4—2　2000—2009 年沙田镇村（居）委会的农业产量和
　　　　　人均纯收入 ……………………………………（110）

表 4—3　2000—2006 年沙田镇农村经济收益分配 …………（111）

表 4—4　2007—2009 年沙田农村集体（经联社、经济社
　　　　　两级合计）经济收益分配 ………………………（111）

表 4—5　沙田镇 2005—2010 年农业生产布局计划表（1）…（118）

表 4—6　沙田镇 2005—2010 年农业四大部分生产计划占
　　　　　耕地比例 ………………………………………（119）

表 4—7　2000—2009 年沙田镇农业总产值（按当年
　　　　　价格计算）………………………………………（119）

表 4—8　农业内部结构变化 …………………………………（120）

表 4—9　2000—2009 年沙田镇农业总产值比例 ……………（120）

表 4—10　沙田镇 2005—2010 年农业生产布局计划（2）…（121）

表 4—11　2000—2009 年沙田镇水稻种植面积、产量 ……（127）

表 4—12　沙田镇 2005—2010 年水稻生产布局计划 ………（128）

表 4—13　2000—2009 年沙田镇水果种植面积、产量 ……（130）

表 4—14　沙田镇 2005—2010 年水果生产布局计划 ………（130）

表 4—15　沙田镇 2005—2010 年水果生产布局计划比例 …（131）

表 4—16　2000—2009 年沙田镇香蕉种植面积、产量 ……（132）

表4—17　沙田镇2005—2010年甘蔗（果蔗）生产计划 …………（136）

表4—18　沙田镇2005—2010年柑橘生产计划 ………………（136）

表4—19　2000—2009年沙田镇荔枝种植面积、产量 …………（138）

表4—20　2005年沙田镇外来耕种人员土地租赁、用途和收入
　　　　　情况汇总 ……………………………………………（139）

表4—21　2000—2009年沙田镇蔬菜播种面积、产量 …………（140）

表4—22　沙田镇2005—2010年蔬菜生产布局计划 ……………（140）

表4—23　沙田镇2005—2010年花卉生产计划 …………………（141）

表4—24　沙田镇主要园林生产企业一览 ………………………（142）

表4—25　2000—2009年沙田镇畜牧禽蛋产量 …………………（143）

表4—26　沙田镇2005—2010年水产养殖生产布局计划 ………（147）

表4—27　2000—2009年沙田镇淡水养殖面积、水产品
　　　　　产量 ……………………………………………………（148）

表4—28　2009年沙田农作物机械化综合水平 …………………（155）

表4—29　2000—2009年沙田镇农机总动力、机耕面积及
　　　　　农村用电量 ……………………………………………（156）

表4—30　2009年沙田水稻机械化综合水平 ……………………（156）

表4—31　2009年全年水稻农业机械作业统计 …………………（156）

表5—1　1991—2008年沙田镇地区生产总值及第二产业增加值
　　　　　变化（按当年价计算） ………………………………（160）

表5—2　1995—2009年沙田镇私营企业数量及产业分布 ………（164）

表5—3　《东莞年鉴》上有关沙田镇民营经济的数据 …………（164）

表5—4　1995—2009年外资在沙田投资企业数量 ………………（169）

表5—5　2000—2009年沙田镇来料加工装配签约宗数、出口值及
　　　　　引进设备价值 …………………………………………（170）

表5—6　2000—2009年沙田镇"三资企业"签约、实际利用
　　　　　外资及出口值 …………………………………………（170）

表5—7　2000—2008年沙田镇外贸出口总额（海关口径） ……（171）

表5—8　1995—2009年外商在沙田投资企业的产业分类 ………（172）

表5—9 1999—2009 年沙田镇外资企业发展情况 …………………（172）

表5—10 2000—2008 年沙田镇规模以上工业企业主要
经济指标 ……………………………………………（175）

表5—11 2000—2009 年沙田镇规模以上工业企业增加值和第二
产业增加值对比 …………………………………（176）

表5—12 2000—2008 年沙田镇规模以上工业企业主要经济
指标（1） …………………………………………（176）

表5—13 2000—2008 年沙田镇规模以上工业企业主要
经济指标（2） ……………………………………（177）

表5—14 2009 年沙田镇规模以上工业的主要 6 行业、产值
分布情况 …………………………………………（177）

表5—15 2009 年沙田镇规模以上工业主要 6 行业企业和全镇
规模以上工业企业的比较情况 ……………………（178）

表5—16 2005 年沙田镇工业园区基本情况一览 ……………（180）

表6—1 虎门港规划用地汇总 ………………………………（189）

表6—2 沙田港区泊位建设期规划 …………………………（195）

表6—3 沙田港区吞吐量预测 ………………………………（199）

表6—4 东莞市沙田地区交通规划发展策略 ………………（214）

表6—5 沙田镇重点工程建设项目（2008—2009 年）………（214）

表6—6 沙田镇区内道路一览（城建规划）…………………（215）

表7—1 2000—2009 年沙田镇第三产业增加值 ……………（220）

表7—2 2005—2009 年沙田镇第三产业增加值及内部构成的
部分数据 …………………………………………（222）

表7—3 2000 年沙田镇主要商场、集贸市场分布状况 ………（226）

表7—4 2007 年沙田镇专卖店统计（100 平方米以上）………（228）

表7—5 1995—2000 年沙田镇集市贸易情况统计 ……………（230）

表7—6 2002—2008 年沙田镇社会消费品零售总额概况 ……（230）

表7—7 2007 年沙田镇主要肉菜市场情况统计 ……………（231）

表7—8 2007 年沙田镇农贸市场状况统计 …………………（232）

表7—9　2007 年沙田镇餐饮网点统计（营业面积

　　　　200 平方米以上）………………………………………（235）

表7—10　2008 年沙田镇房地产业 …………………………………（238）

表7—11　2005—2009 年沙田镇第三产业增加值中内部

　　　　各部门数据所占比例 ……………………………（238）

表7—12　2001—2009 年沙田金融机构的各项存款余额变化 ……（243）

表7—13　2001—2009 年沙田金融机构的居民存款余额变化 ……（243）

表7—14　沙田信用社 1960—1989 年存款贷款情况 ……………（244）

表7—15　沙田农村信用社 1997—2009 年存（贷）

　　　　款情况 ………………………………………………（245）

表7—16　1990—2009 年沙田农行办事处各项指标统计 …………（246）

表7—17　1994—2009 年沙田建行办事处各项指标统计 …………（247）

表7—18　1993—2009 年工商行沙田办事处存款和贷款

　　　　情况统计 ……………………………………………（249）

表7—19　沙田镇集市贸易中私营及个体经济情况统计 …………（254）

表8—1　镇域土地利用构成现状 ……………………………………（257）

表8—2　2020 年沙田镇建设分类用地预测指标 …………………（257）

表8—3　1999—2007 年沙田用水量分类 …………………………（261）

表8—4　沙田远期用水量预测 ………………………………………（261）

表8—5　1991—2009 年沙田水厂历年供水情况 …………………（262）

表8—6　1995—2009 年能源建设和使用情况 ……………………（264）

表8—7　沙田镇市容保洁管理机构与职责 …………………………（268）

表8—8　各村委会环境卫生工作人员情况 …………………………（268）

表8—9　沙田镇环境卫生经费投入情况统计

　　　　（2002—2006 年） ……………………………………（269）

表8—10　沙田镇美升达市政公司和各村（居）委会手推车和

　　　　垃圾车配置情况 ……………………………………（270）

表8—11　沙田镇中心区城市道路保洁情况 ………………………（271）

表8—12　沙田镇水域分布情况 ……………………………………（272）

表 8—13 沙田镇河涌保洁情况 …………………………… (272)

表 8—14 沙田镇河涌保洁设施情况 ………………………… (273)

表 8—15 2002—2006 年沙田镇生活垃圾产量情况 ………… (273)

表 8—16 各村（社区）生活垃圾收集方式情况 …………… (275)

表 8—17 沙田镇建设拆迁各类建筑物面积及建筑废渣

统计（2003—2006 年）…………………………… (275)

表 8—18 沙田镇各村废物箱及垃圾箱分布状况（2008 年）…… (276)

表 8—19 沙田镇垃圾转运站明细 …………………………… (277)

表 8—20 沙田镇环境卫生公厕类型统计 …………………… (279)

表 8—21 2007 年沙田镇绿地面积统计 …………………… (281)

表 8—22 2007 年沙田镇绿化指标统计 …………………… (282)

表 8—23 沙田镇中心区公共绿地一览 ……………………… (282)

表 8—24 沙田镇各村小游园一览 …………………………… (282)

表 8—25 沙田镇绿化较好单位一览 ………………………… (285)

表 8—26 沙田镇绿化较好道路一览 ………………………… (287)

表 8—27 沙田镇绿地系统建设规划汇总（2010 年）……… (288)

表 8—28 沙田镇 2007 年以后拟新建的公园绿地一览 …… (288)

表 9—1 1991—2009 年沙田刑事案件侦破情况统计 ……… (304)

表 9—2 1991—2009 年沙田打击黄赌毒情况统计 ………… (305)

表 9—3 1997—2009 年沙田镇发放最低生活保障金情况 ……… (308)

表 9—4 1984—2009 年沙田镇发放社会救济金统计 ……… (310)

表 9—5 1997—2009 年沙田医疗救济金发放情况统计 …… (310)

表 9—6 2010 年沙田镇企业开展"村民车间"情况统计 ……… (313)

表 9—7 2010 年沙田镇各行政村开展"村民车间"情况

统计 ………………………………………………… (315)

表 9—8 2005 年立沙岛各村建筑总面积统计 ……………… (317)

表 9—9 2005 年立沙岛民宅分类 …………………………… (317)

表 9—10 2005 年沙田镇外来耕种人员居住情况汇总 …… (317)

表 10—1 2000—2004 年沙田镇小学情况 ………………… (329)

表10—2　1990—2009 年沙田镇小学师生情况统计 …………………（329）

表10—3　1990—2000 年沙田中学师生情况统计 …………………（331）

表10—4　1995—2009 年沙田镇广荣中学师生情况统计 …………（332）

表10—5　1979—2000 年沙田镇学前教育情况统计 ………………（334）

表10—6　1985—2000 年沙田中心幼儿园师生情况统计 …………（335）

表10—7　1979—2009 年沙田镇学前教育情况统计 ………………（337）

表10—8　1994—2009 年东方明珠学校师生情况统计 ……………（342）

表10—9　2010 年沙田镇的体育设施 ………………………………（352）

表10—10　沙田全国冠军、世界奖牌得奖者 ………………………（354）

表10—11　沙田镇龙舟竞赛成绩（1997—2009 年）………………（354）

表10—12　改革开放以来沙田镇大型群众文艺体育活动一览 ……（355）

表10—13　沙田镇的文化设施 ………………………………………（356）

表10—14　沙田镇中小学的体育设施 ………………………………（357）

表10—15　2000—2004 年沙田镇卫生事业机构、床位及

　　　　　人员数 …………………………………………………（360）

表10—16　2000—2009 年沙田镇卫生事业机构、床位及

　　　　　人员数 …………………………………………………（360）

第一章　历史沿革与镇情

　　沙田镇是广东省东莞市下属 32 个乡镇中的一个沿江乡镇，处于经济发达的珠三角沿海地区中部，位置在广东省珠江入海口东岸，属于由江河冲积和人工围海造田逐步形成的、仅有着二百多年人类居住和耕作历史的近代新生陆地（见图 1—1）。这块土地从无到有的变化不仅是自然演进和人工开发的共同成果，更是自然发展历史进程中沧海变桑田的真实写照。在短短二百多年的演化进程中，这里逐渐聚集和繁衍了数以万计的农民与渔民，正是这些近现代定居和生长在这片土地上的芸芸众生，通过十几代人的辛勤劳作与开发，使原为汪洋和泽国的地区逐渐发展变化成为一片沃土，并呈现出持续兴旺和发达的景象。

　　改革开放以来，沙田的经济与社会开始有了明显变化和改善。进入21 世纪，随着周边乡镇经济调整、转型与升级，沙田镇的社会进程与经济发展出现了加速态势。值得关注的是，当广东省东莞市确立了在 21 世纪前 20 年内，要把包括沙田主港区在内的虎门港及辐射区域发展成为该市举足轻重的三大主要经济体[①]中的一个重要组成部分后，这里的优势更凸显出来。根据已制定的《珠江三角洲城镇群协调发展规划（2004—2020）》[②]，沙田镇将与虎门镇、长安镇共同构成珠三角"脊梁"的重要节

---

　　①　东莞市 21 世纪初重点发展的三大经济体是"松山湖科技产业园"、"虎门港"和"东部工业园"。

　　②　《珠江三角洲城镇群协调发展规划（2004—2020）》，2005 年 8 月完成，委托单位：广东省人民政府；编制单位：中国城市规划设计研究院、深圳市城市规划设计研究院、广东省城乡规划设计研究院。

点，成为东莞市的临港产业发展基地，肩负着东莞实现产业转型与产业结构优化的重任。同时，沙田也是东莞市市中心与虎门—长安这个区域优先发展地区的重要联系节点，通过"湾区"扩大化（虎门—长安、虎门—长安、厚街—沙田），沙田将在区域内优先发展地区与城市发展中心及城市重点投放地区相连接上发挥重要作用。

随着国家经济发展进入21世纪第二个十年的关键战略期，以及珠三角一系列重要战略措施的逐步实施，沙田镇正在上升为东莞市沿海综合竞争力的关键一环。可以预见，"十二五"期间及以后不长的一段时期内，沙田的后发优势将会更加突显出来，发展前景美好、潜力巨大，值得人们关注与期待。

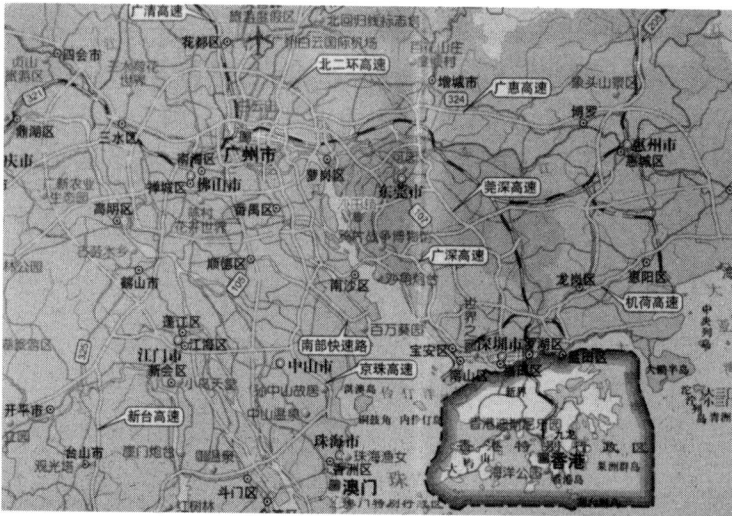

图1—1　东莞市沙田镇在珠江三角洲的位置

一　历史沿革及行政区划的设立与调整

以历史角度回溯沙田变化历程，这片土地在清代以前几乎完全淹没在大海之中，属于珠江入海口狮子洋左岸的浅海区域。根据清雍正《周志》记载，当时这片地区是在海面以下，只有蛇仔山（阁西山）屹于海平面之上，该书明确指出蛇仔山的方位是"在城西（东莞城西）四十五里的大海中"。另外，清嘉庆《彭志》也有相关描述，书中形象地记载了清以前的蛇仔山在"斜海中屹若长城"。上述历史文献展示出清代以前这一带是一片汪洋，只有过往船只行驶在海上和当时被称作疍户的渔民在这片海域内撒网打鱼。但自然历史不断演进，时光荏苒，江河冲积，清初沙田地区开始出现白坦①；清雍正时期，附近地区居民陆续进入这片区域的滩涂、筑围造田，并逐渐向此迁徙移居，随着时光推移，沙田地区的居民不断扩大围海造田范围和种植面积，最终形成了一片一百多平方公里、由陆地和水面共同组成的沿江农业区。

就近代历史资料记载和当地居民口头的传述考察，沙田的开发与屯田应发端于清朝前期，而发展较快的时间是在清雍正时期。如果与当时国内发生的重大政治事件相联系，可以看出，那一时期围海造田现象的大规模发生，主要得益于清朝政府一系列改革措施的实施。清雍正皇帝作为清王朝最具改革魄力的一个统治者，为了解决当时国内人口日益增长所需粮食不足的问题，在其执政期间断然采取了一系列力度较大和颇具影响、旨在发展农业生产的经济鼓励措施。例如，清雍正二年（1724年），全国开始推行由直隶巡抚李维钧提出的"摊丁入亩"的赋役制度，并宣布取消儒户、宦户，限制绅衿特权，使无论贫富在力役负担上缩小差距、趋于合理；同时，更加严格地执行传统的重农抑末方针，鼓励垦荒，强调粮食生产。

正是雍正大力推行的一系列发展农耕的新政，使得珠江入海口周边居民加快了在沿海和沿江地区围海造田的步伐。当地历史文献和志书记载也描述了这一时期大量出现周边地区的居民进入包括沙田在内的靠海区域筑围造田的现象与行为。从这些历史文献中可以看到沙田周边地区居民进入沙田的运行轨迹，例如，广州府中堂司（麻冲）人在立沙洲筑围造田，厚街军铺人在杨公洲筑围造田，厚街桥头人在西太隆、义沙等地筑围造田，虎门镇口人在稔洲等地筑围造田，等等。

清雍正王朝在这一时期同步推行、旨在解放生产力的"开豁贱籍，

---

① 白坦是指由江水冲积而形成的平坦沙滩。

立为良户"的改革措施也对沙田的发展起到相当大的促进作用，实际上这项改革对沙田早期发展历史来说或许更为重要。中国封建历史上的等级社会一直比较森严，尤其是对下层民众的歧视与迫害，在很大程度上限制了中国社会经济历史的发展进程。就中国社会各阶层在近千年发展历史中的变化形式观察，可以看到，在清康熙王朝以前的社会一直长期存在着一类被称为"贱民"的群体，而"贱民"的历史最早可以追溯到宋朝。在当时封建社会等级森严的氛围环境下，一旦某些社会阶层被划入"贱民"范畴，就会被打入另类，低人一等，只能从事限定内的工作，并代代相传，沿袭不改。到了明代，"贱民"群体已发展到了庞大的规模，广泛分布于全国各地，从事着为人所不齿的职业。

广东疍户就是属于当时中国封建社会中"贱民"群体的一个重要组成部分。疍户亦称蛋户、龙户、獭户等，他们主要集中在广东沿海、沿江一带，常年生活在船上，以捕鱼、水运为生。清雍正以前的疍户地位卑贱，不能登岸居住，踽踽舟中，终身漂泊。清雍正七年（1729 年）五月，雍正皇帝了解到这一情况后，上谕广东督抚，指出"闻粤东地方，有一种民户名为疍户，以船为家，以捕鱼为业，……粤民视疍户为卑贱之流，不容登岸居住，疍户亦不敢与平民抗衡，畏威隐忍，终身不获安居之乐。深可悯恻。疍户本属良民，无可轻贱摈弃之处，且彼输纳鱼课，与齐民一体，安得以地方积习，强为区别，而使之飘荡靡宁乎！"雍正皇帝在上谕中明确指出，陆地居住的广东人将居船的疍户视为贱民，这是不合理、不公道的，应该尽快给他们立好良民户口，让他们上岸落户居住，谁也不得歧视他们。并令广东地方官解决他们的定居、耕种等困难，使他们得以安居乐业。

从清朝最高统治者的上述言行、指令和当时经济社会的一系列变化的结果可以看到并可推测出，在清雍正皇帝执政期间，采取对"贱民"实施"开豁贱籍，变为平民"的政策，对当时经济社会发展具有非常重要的促进作用，尤其是广东省对疍户消除"贱民"身份的政策实施，对广东当时沿江、沿海地区经济社会发展的作用更加明显。正是这一时期大力度实施"开豁贱籍，立为良户"政策，使得珠江和广东地区（南海沿岸）长期漂泊在江河及海上的大批疍户能够离船上岸，加入到包括沙田在内的广东沿海地区的围海造田和垦荒的历史进程之中。在一定程度上，这个政策可以视为沙田从沧海变桑田的一项重要措施和人力投入的重要来源，或至少是促进沙田进入历史发展新阶段的一项重要举措，因为该项政策是促进当时沙田地区疍户上岸、务农人数增加、垦地扩大和经济快速发展的关键环节。如果没有清朝中央政府和广东地方政府行政上的大力推动与支持，沙田地区不可能在那段时期有大量疍户上岸居住，并开始转向农业开发和屯地造田的事情发生。

这个巨大历史变化进程所产生的作用、影响与意义对沙田的发展非常深远。时至今日，其作用力在沙田镇还有着明显的历史痕迹可寻，根据沙田镇在20世纪90年代末21世纪初（2000年左右）进行的一次对镇区内农村发展历史的调查，能够清楚地显现出这一历史发展过程的时代印记。例如，在现有沙田镇行政管辖下的89个自然村中，有明确证据可查、属于清前期围海造田及滩涂开发时建立的自然村落共有67个，占到现有自然村落的75.3%；而在这些早期开发的村落中，以疍户为主或有疍户大量参与开垦屯田并逐渐形成的村落就达28个之多，占到早期移民村落的41.8%。

而且，现在的沙田人还保持着许多疍户先辈的生活习俗、劳动方式和文化传承。例如，装花鱼①就是沙田疍家人的一种劳动特色，延续至今。

此外，沙田由于靠着珠江入海口，至今仍有一些渔户生活在船上。从现今沙田地区的摄影爱好者拍摄的一些照片中可以看到现实生活中在船上居住的渔户实例。

---

① 装花鱼的传统手工技艺起源于清乾隆三十年（1765年），由于花鱼表皮非常光滑，经常在浅滩上跳跃或爬行，很难徒手捕捉，疍家人根据花鱼喜在泥洞里出没的习性，琢磨出了用笼子诱捕的办法，而"装"在广东方言里即"诱捕"之意。清同治十二年（1873年）出版的《香山县志》卷十四中对这种不知名的小鱼进行了描述："弹流鱼即田流鱼，一名花鱼，一名七星鱼。色灰黑，长三四寸，身有花点，肉嫩，味清美，可作羹。"因为花鱼长期在滩涂上活动，体表颜色与海泥接近，所以广东沿海一带的村民也习惯把"花鱼"称作"泥鱼"。

照片1—1　20世纪70—80年代的沙田疍户后代和他们建造在河涌旁的骑脚松皮寮

照片1—2　装花鱼，是沙田疍家人的一种特色

沙田的行政管理和区划分割最早可追溯到清中期。由于早期沙田居民主要是由番禺、中山、顺德等地的农民和沿海疍户构成，同时，当时筑围造田采取的是由各地业主自行管理、逐步向狮子洋内推进的方式，所以，

照片1—3 一艇一户，小孩随艇生活。当"水成"不宜渔作的日子，这些船家就"埋堆"了。小孩也得以共同嬉戏玩耍

照片1—4 江边，爸妈上街卖渔货，孩子被绑在舱面上

这片新生土地的行政隶属权也因业主的居住地和管辖地的不同相应由周边的虎门、厚街、麻涌等地方政权就近分片管辖和治理。这种现象自清朝中期发端以来，一直延续到新中国成立前，数百年间没有发生较大变动。

1949 年 10 月中华人民共和国宣布成立后不久，沙田地区被解放。解放初期，沙田管理权仍沿袭原有的旧方式由相邻的各个乡镇管理。后来，随着社会和经济形势变化及相关区域管辖权的调整，以沙田为中心设立了新区，并在随后的数年间经历过多次变动、分化与整合，直到 1961 年东莞县重新划定人民公社规模和管辖区域并成立沙田人民公社后，才得以定型。

回顾新中国成立以来这个地区的行政变化轨迹，沙田地区一共经历过三次较大的行政调整。第一次发生在 1953—1955 年间，这个阶段属于沙田行政区划上的雏形期，就初始变动的原因看，沙田最初能够以行政区划的面貌出现，应归因于广东省对东莞县县域管理区划的重新调整。1953 年 7 月，东莞县原下属的 11 区（即万顷沙南沙等地）被划拨到新建的珠海县，一年以后的 1954 年 6 月 30 日，东莞县根据自身行政管理的需要，又在东江口一带划定了一个区域成立了新的 11 区，新 11 区经过一年多运转，于 1955 年 9 月更名为沙田区。也就是从这个时点开始，这片土地正式使用"沙田"作为行政区划的命名。

第二次调整是在 1957—1961 年间，这一阶段是沙田重新被分解为若干部分，分散归属不同行政区管理的时期。1957 年 3 月，东莞县政府在行政管理上开始了撤区并大乡的调整工作，撤销了沙田区，将下属的沙田片划入虎门乡管辖，立沙片划入彭澎乡管辖。1958 年 9 月，成立人民公社时，沙田片属于虎门人民公社管辖，立沙片属麻涌公社管辖。1960 年 4 月至 1961 年 6 月之间，又将沙田片、新沙片、大洲片划到厚街公社，稔洲片和立沙片仍分别归属于虎门公社和麻涌公社。

第三次调整发生在 1961 年人民公社规模的最后一次调整时期。这年 6 月 21 日，沙田人民公社成立。新成立的沙田人民公社下辖沙田片、新沙片、大洲片和立沙片的土地和农户，并形成了延续至今的沙田镇主体规模架构。

此后，沙田在地域管理上的规模与疆界相对固定下来，但是，自 20 世纪 60 年代以来，因国内政治和经济环境的变动，行政管理形式在不同时期还是存在着一些调整，以及名称上的不同。

1966 年 5 月，全国开始"文化大革命"运动，沙田同样没有例外地卷入到这场运动之中。1968 年 3 月，沙田公社成立了革命委员会，并随后保持这一管理形式达 10 年之久，一直到 1978 年"文化大革命"运动彻底结束后，才重新恢复了沙田公社的原有管理体制。

1983 年以后，沙田的行政管理和名称因上级机构的安排出现了三次变化。第一次，是 1983 年 9 月东莞县撤销了人民公社建制，设立沙田区公所。原来辖下的 15 个大队改称为乡人民政府，横流圩改名为镇，成立横流镇人民政府（乡级）。第二次，1985 年 9 月东莞撤县建市后，于 1987 年 4 月撤销区建制设立镇建制，成立沙田镇人民政府，辖下 15 个乡改称为管理区，横流镇人民政府改称为横流居民管理区。第三次，1988 年 1 月 7 日东莞升格为地级市。沙田镇政府直属市领导；并于 1998 年撤销属下管理区名称，改称为村（居）民委员会。

从沙田新中国成立后行政区划的变化轨迹和发展历程看，沙田镇的管辖区域在 20 世纪 60 年代以前一直处于分散状态，管辖权长期分属于周边相邻地区；1961 年成立沙田人民公社后，被合并为一个整体，形成了沙田镇现在的行政管理区划框架。从总体上看，自 1961 年以来，沙田镇域的管辖范围没有发生大的改变，直至 2011 年，沙田已经经历了 50 年的相对稳定发展时期（见表 1—1）。

表 1—1　　　　　　　　　新中国成立后的沙田行政区划变动

时　间	变　动　内　容
1949 年 10 月	沙田地区解放
1954 年 6 月 30 日	（由于 1953 年 7 月，将原来 11 区划给新建的珠海县）东莞县在东江口一带（现沙田镇域内）划定一个区域成立新的 11 区
1955 年 9 月	将 11 区改称为沙田区。

续表

时　间	变　动　内　容
1957 年 3 月	撤区并大乡，撤销了沙田区，将沙田划入虎门乡管辖，其中立沙划入彰澎乡管辖
1958 年 9 月	成立人民公社。沙田属虎门人民公社管辖，其中立沙属麻涌公社管辖
1960 年 4 月至 1961 年 6 月	将沙田片、新沙片、大洲片划到厚街公社。稔洲片仍属虎门公社。立沙片仍属麻涌公社
1961 年 6 月 21 日	成立沙田人民公社。管辖沙田片、新沙片、大洲片和立沙片等
1968 年 3 月	成立沙田公社革命委员会
1983 年 9 月	撤销人民公社建制，设立沙田区公所。辖下 15 个大队改称为乡人民政府，横流圩成立横流镇人民政府。（乡级）
1987 年 4 月	撤销区建制设立镇建制，成立沙田镇人民政府，辖下 15 个乡改称为管理区，横流镇人民政府改称为横流居民管理区
1988 年 1 月 7 日	东莞升格为地级市。沙田镇政府直属市领导
1998 年	撤销属下管理区名称，改称为村（居）民委员会

资料来源：《沙田镇志》。

从管理架构上看，当前沙田镇在行政区划上属于东莞市（地级市）的一个镇级行政单位。与全国多数地级市下属有县级市和县的结构不同，东莞市虽然是广东省一个重要的地级市，但是，该市由于是由县级市直接提升，因此，在组织架构上没有下属县和县级市的二级结构，市以下管理的区划行政单位直接就是乡镇。东莞市现下属有 32 个乡镇，沙田就是这32 个直属乡镇之一。

沙田镇全镇下辖 2 个社区和 16 个村民委员会；镇域从地形上看，被东江南支流分为南北两块，在行政区域管理上又可划分为 4 个片区，分别为：立沙片、新沙片、沙田片和大洲片。全镇的社区居民委员会和村民委员会分布按河流走向自北至南的排列，分别是：立沙片由中围、和安、大流和坭洲4个村民委员会组成；新沙片由杨公洲、阄西、福禄沙、民田、先锋5个村民委员会组成；沙田片由穗丰年、齐沙、西大坦、大坭4个村民委员会组成；大洲片由西太隆、义沙、稔洲3个村民委员会和横流、滨港2个社区组成（见表1—2、图1—2）。在16个村民委员会之下，又划分为89个以自然村为基础的村民小组。沙田镇镇政府驻地设在横流。沙田的村庄基本上是沿着河边临水搭建房屋相聚而居逐步形成的，因此多呈现出带状形态。

表1—2　　　　　　　　　沙田镇辖区内村社区一览

片 区	村（社区）名称
立沙片	中围村
	和安村
	大流村
	坭洲村
新沙片	杨公洲村
	阄西村
	民田村
	福禄沙村
	先锋村
沙田片	大坭村
	齐沙村
	穗丰年村
	西大坦村
大洲片	稔洲村
	义沙村
	西太隆村
	横流社区
	滨港社区

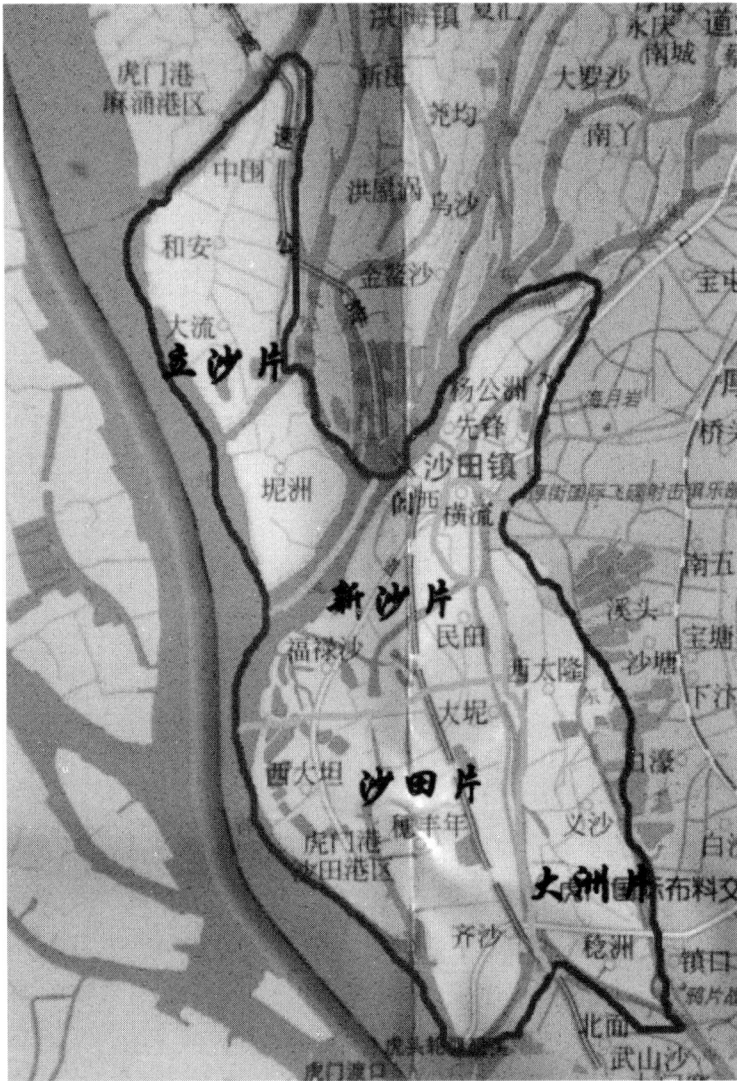

图1—2　沙田行政区划

二　自然禀赋

（一）地理位置

　　沙田镇的地理位置在东莞市域内的西南部，西面濒临狮子洋，与广州市番禺区隔水相望；东面与东莞市的厚街镇、虎门镇毗邻；南面紧邻虎

照片1—5　早期的沙田政府大院

照片1—6　1997年沙田镇政府大院

门镇威远岛；北面与东莞市的麻涌镇、洪梅镇、道滘镇隔河相望。沙田镇中心区的地理纬度为北纬23°8′，东经113°9′。全镇坐落于珠江狮子洋和东江南支流的交汇处，总面积107.13平方公里，东西相距6.4公里，南北相距17.2公里。

照片 1—7　2001 年沙田政府大院

照片 1—8　2006 年沙田镇政府大楼

　　沙田镇地缘条件优越，地处珠江三角洲的几何中心地带和粤、港、穗经济走廊中部，从空间距离看，距东莞市中心 25 公里，距深圳市中心 85 公里，距珠海市中心 60 公里，距广州市区大约 55 公里，经虎门

照片 1—9　2010 年航拍的沙田镇政府大院

照片 1—10　2007 年从飞机上航拍的沙田农村与农业

渡口到广州市番禺区仅需 30 分钟，区位优势明显（见图 1—3）。沙田镇水上交通十分便利，大小河道纵横交错，整个沙田镇现有大小桥梁 20 多座，这些桥梁以前是连接 16 个行政村交通的枢纽，水路交通四通八达，濒临珠江和东江南支流，有黄金海岸线 28 公里。截至 2008 年，虎门港沙田作业区已建成 0.5 万吨至 3.5 万吨级码头 14 座。初步形成

照片1—11　2007年从飞机上航拍的沙田村庄与农田

照片1—12　2011年飞机航拍的沙田坭洲村—坭洲新村

了功能齐全综合性水上运输网络。

2005年以后，陆路交通日益完善，网络四通八达，对外交通便利，厚沙公路与广深公路连接并通往广深高速公路。沙太公路直通虎门和轮渡码头，距广州、深圳、珠海三地均在一个小时车程以内（见图1—4）。

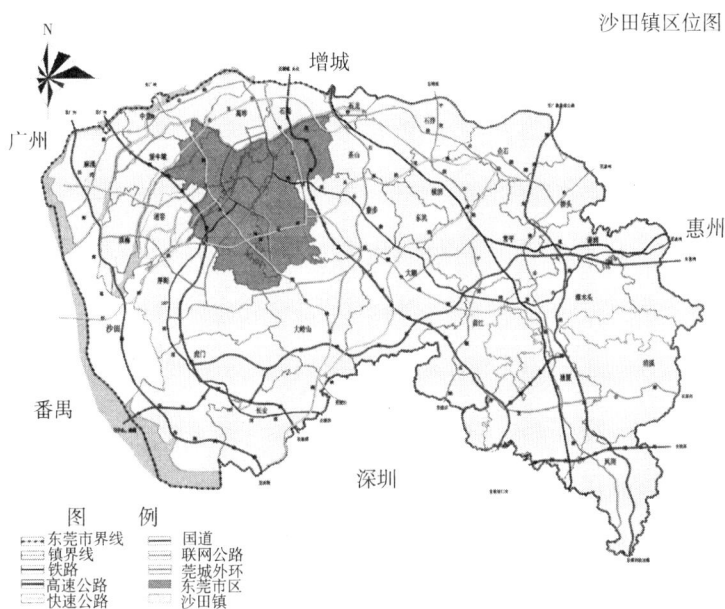

图1—3　沙田镇区位

（二）地形、地貌和地质

沙田镇的地貌属于东江三角洲平原的一部分，地处珠江三角洲的中心地带，全镇处于一大片冲积平原之中，土地肥沃，河涌纵横，平原的海拔高度多数为0.2—1.6米，地势低平，从东北向西南倾斜。其地势可分为两个部分：一是河漫滩地貌，标高0.9—1.6米，低于普通水位，地势平坦、低洼，第四纪的冲积层分布于整个沙田地域；二是该镇仅有的两个小山丘，属于三级阶地地貌，标高25—50米，属剥蚀阶地，坡度较大，有基岩暴露。这两个小山丘，一个在稔洲，名为"阁蜍山"（稔洲山），海拔28.83米，位于横流东南13公里，在稔洲村委会的南边缘，坐落在银河的出海口处。坐东面西与武当山隔江对峙，背靠镇口，山高约80米，面积约400亩。但是，稔洲山近些年由于开发已经被挖平，不存在了。另一个在阁西，名为"阁西山"（原名"蛇仔山"），海拔76.7米，位于横流西南3.5公里处，在阁西管理区的腹地。山高约85米，面积约500亩，

沙田镇地理交通图

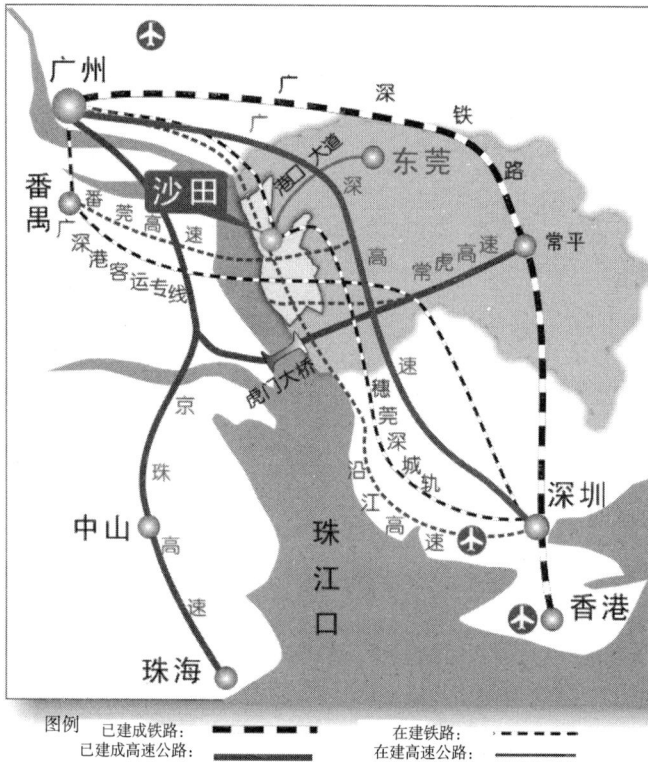

图 1—4　沙田镇地理交通

由东北向西南走向，形似蛇体。山体西北面多由石英石组成，山体东南面土层较厚，由红色砂岩组成。

根据地质专家的研究资料①，在沙田钻孔剖面可以看出沙田地质多属河口相沉积，由淡水性硅藻和偏咸水性硅藻交替出现，上部旋回反映三角洲在形成中。其覆盖层为第四纪冲积层，故土质多属黏土、淤泥、砂。

它的地质构造是一层洪积相卵石层，向上变细，然后又为另一沉积旋回，由粗砂层开始，向上由粗变细。其表层和基层的排列分布是：

表层：0—1.8 米，粉砂黏土层；

_____

① 见《东莞市志》。

照片1—13　沙田镇面向的狮子洋

照片1—14　20世纪80—90年代的阁西山

1.8—3.8米，粉砂淤泥层；

3.8—5.9米，淤泥粉砂层；

5.9—6.2米，粉泥淤泥层；

6.2—8.7米，中粗砂淤泥层；

8.7—10.1米，中粗砂淤泥层夹腐木。

照片 1—15 狮子洋与沙田的农田

基层：红色岩系。

沙田的土质黏重，土地肥沃，最适宜种植水稻。

从地图上看沙田镇，其地理形态给人们最初的印象有些像一个正在爬行的龟形动物，中围、和安、大流是头，坭洲是脖子，西大坦是背，杨公洲和稔洲是腿，齐沙是尾（见图 1—5）。如果把这个形象与20 世纪 80—90 年代经济改革初中期，沙田经济发展与周边先进镇的发展速度相比，处于相对较慢的情况看，确实有点形似。但是，进入21 世纪后，尤其是 2005 年以来，随着沙田虎门港上马，这个形态的头部和背部发生了明显质变，这两部分作为虎门港的重要新型港区，发挥着巨大和旺盛的活力、有着强劲的发展态势，好像从普通的龟形动物脱胎成为海龙王的长子，那个有着鳖形龟貌的赑屃（bì xì），呈现出明显的磅礴气势和快速增长的发展势头，向世人展现出沙田镇在21 世纪前 10 年及以后的腾飞之势。现在的沙田与 20 世纪 90 年代的情况已不可同日而语，使人感到引用《沙田镇志》中对沙田地貌的比喻，似乎更显生动与贴切。《沙田镇志》对沙田的地貌描述说："似一只正在腾飞的雄鹰。杨公洲是头部，立沙片和大洲片是一对展开的翅膀，新沙片和沙田片是鹰身。"

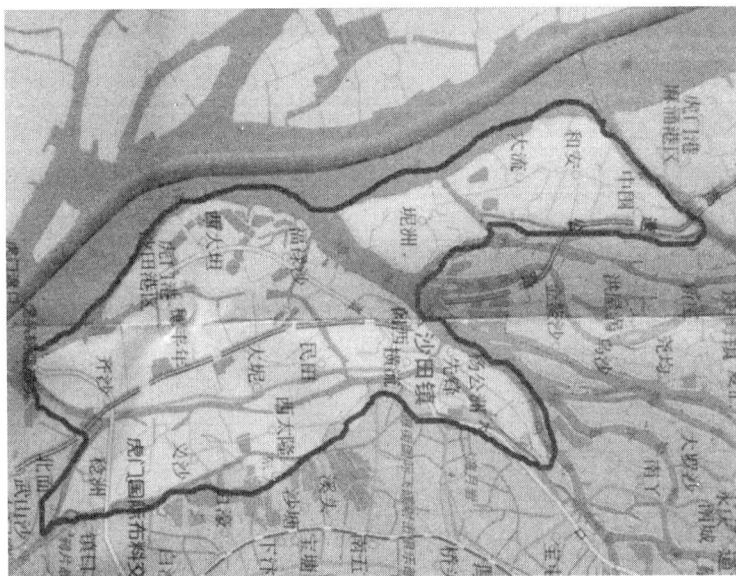

图 1—5　沙田形态

（三）气象与气候

　　沙田镇地处北回归线以南，属亚热带海洋性季风气候，夏季长冬季短，阳光充足，气候温和，温差小，季风明显。年平均气温为 22.1℃，1月份气温最低，平均在 13.4℃—14.2℃；7月份气温最高，平均在27.2℃—28.2℃。降水量丰富，多数集中在 2—9月，年平均降水量为1762.2 毫米。常受到台风、暴风雨、春秋干旱、寒露风及冻害的侵袭影响。

　　1. 气温

　　据历年气温记录，一年中有 230 多天气温高于 22℃（见表 1—3）。2009 年平均气温为 22.8℃，比 1981 年常年平均温度 22.1℃升高了0.7℃。1月份气温最低，平均在 13.4℃至 14.2℃；7月份平均气温最高，平均在 27.2℃至 28.2℃。近 10 年来，整个气温转暖升高，极少出现霜冻。

表 1—3　　　　　　　　　沙田地区历年气候变化情况

年份	年降水量 （毫米）	年平均气温 （摄氏度）	极端最高气温 （摄氏度）	极端最低气温 （摄氏度）	年日照时数 （小时）
1978	1748.3	21.9	35.7	2.7	1958.8
1979	2007.1	21.9	36.5	2.9	1991.4
1980	1434.7	22.3	37.7	3.3	2157.1
1981	2394.9	22.1	35.6	3.2	1792.2
1982	1454.1	22.1	37.5	3.8	1754.1
1983	1947.1	21.8	35.8	3.3	1909.7
1984	1444.5	21.5	35.9	3.1	1749.2
1985	1678.0	21.8	35.8	4.2	1671.7
1986	1665.2	22.2	35.9	3.0	2098.1
1987	1908.8	22.9	37.0	4.3	1816.6
1988	1735.0	22.0	37.0	7.0	1836.5
1989	1567.2	22.5	37.6	5.2	1926.0
1990	1602.9	22.8	37.8	4.3	1910.2
1991	1219.6	23.0	36.6	1.2	1968.8
1992	1827.1	22.3	37.0	4.5	1854.5
1993	2383.6	22.5	35.6	3.0	1965.7
1994	1809.1	23.0	38.2	5.4	1828.6
1995	1664.8	22.4	36.2	6.7	1935.7
1996	1547.4	22.7	37.1	3.4	2036.0
1997	2974.0	22.8	36.3	6.1	1558.1
1998	1844.5	23.6	36.5	5.6	1699.0
1999	1614.5	23.3	37.8	3.1	2015.8
2000	2019.3	23.2	37.0	5.6	2059.5
2001	2042.6	23.3	36.6	6.6	1978.2
2002	1557.4	23.6	36.7	4.5	2046.9
2003	1416.7	23.0	36.1	3.8	2268.7
2004	1705.8	22.8	38.0	3.5	2192.9
2005	1837.6	22.7	37.4	1.8	1736.3

年份	年降水量 （毫米）	年平均气温 （摄氏度）	极端最高气温 （摄氏度）	极端最低气温 （摄氏度）	年日照时数 （小时）
2006	2412.0	22.7	36.8	4.7	1616.4
2007	1806.9	22.9	35.9	6.7	1876.7
2008	2710.9	22.2	36.8	4.8	1879.3
2009	1881.6	22.8	36.3	5.3	1967.8

资料来源：《东莞统计年鉴（2010）》。

2. 降水

由于濒临海洋，沙田具有典型的海洋性气候，空气湿度较大，雨量充足。降雨性质主要有三类：一是2—4月受冷空气影响造成的低温阴雨，雨量一般不大，但温度低，阴雨天时间长，若阳光不足，对农作物春播春种影响很大。二是4—6月间受高空槽和静止锋（冷锋）影响造成的前汛期降雨，雨量、雨势较大，雨量集中，并常夹着大风雷雨。时值农历五月初五前后俗称"龙舟水"。三是7—9月间的台风雨，此为后汛期，雨水大，往往成为暴雨。年平均降水量为1800毫米左右，一天内降水最多达362毫米。

3. 日照

沙田镇阳光充足，年日照百分率达45%，年平均日照时数1800小时以上，月日照时数均可达160—200小时，夏季日照时数较长，平均可达210小时；冬季日照时数较短，平均亦可达100小时。阳光猛烈充足，气候温暖，是植物生长的好地方。

4. 风

由于受大气环流影响，风向、风速随季节不同而异。年平均风速2米/秒。风速最大的7月为2.1米/秒，最小的12月为1.7米/秒。每年平均有3次台风出现，7、8月间最盛行（见表1—4）。最大风速可达26米/秒（相当于10级），瞬间35米/秒（相当于12级以上）。受季风影响和海洋作用，一般夏季盛行偏南风，春秋季吹偏东南风，冬季吹偏北风。台风袭击时先吹东北风，后吹西北风，再转为吹南风，最后吹西风。

表1—4　沙田镇1964年至2005年台风灾害损失情况

年份	月份	日期	台风编号	风力（级）	水位（米）	决口（个）	决堤（米）	吹毁砖屋（间）	吹毁茅房（间）	损失衣物（件）	损失农具（件）	损失农药（吨）	损失化肥（吨）	损失粮食（吨）	损失甘蔗（吨）	损失香蕉（吨）	受浸面积（万亩）	工业损失（万元）	经济损失合计（万元）
小计						6408	309623	139	19565	9405	7118	24	180	1345	80400	88026		2440	21724
1964	5	28	2	8	1.9	670	17450		5074	1134	1542	2	4				6.5		92.2
1964	8	9	11	9	1.9	132	60905		6088	1834	1152	3	6.3	73	12000		6.5		218
1966	7	18	6	9	1.8	113	42350		3309	1247	889	2	3.4	138	11000		2.4		182
1969	7	29	3	9	2	86	23670		1340	890	598	2	5.9	159	10000		3.8		138
1971	6	18	8	8	1.9	78	2163		156	678	367	3	6.8	123	8000	187	2.2		113
1971	7	23	14	10	1.7	23	4301	1	276	423	253	2	2.8	113	6300	1050	1.7		93.6
1971	8	17	18	12	1.7	169	78365	103	3091	983	478	4	9.6	237	18000	4498	2.2		369
1972	11	8	20	9	2	58	15163	18	102	233		3	3.2		4500	1032	1.3		109
1974	7	22	11	7	2.1	24	9368								2300	803	1.5		89.6
1974	10	13	21	7	2	12	5679							113	3500	930	1.2		96.8
1983	9	9	9	10	2.3	502	50000	11		1983	1839	4	138	389	4800	8300	6.5	400	1800
1989	7	18	8	4	2.3	20	200										0.5	50	61

续表

年份	月份	日期	台风编号	风力（级）	水位（米）	决口（个）	决堤（米）	吹毁砖屋（间）	吹毁茅房（间）	损失衣物（件）	损失农具（件）	损失农药（吨）	损失化肥（吨）	损失粮食（吨）	损失甘蔗（吨）	损失香蕉（吨）	受浸面积（万亩）	工业损失（万元）	经济损失合计（万元）
1993	9	17	16	12	2.55	2										1500	0.6	630	1300
1997	8	2	10	12	1.72											850	0.3	420	8300
1999	9	16	10	11												660	0.3	230	3893①
2001	7	7	4	12	2.25											1300	0.5	350	950
2003	9	3	13	12	1.87											47250	1.1	360	6794
2004	8	11	龙卷风	12					129							1668			397
2005	6	24	雷雨大风					6								18018	1.13		1421.4

资料来源：沙田镇水利管理所。

① 1999年9月16日，10号台风横过珠江口，从侧面袭击沙田。这次台风对全镇农业造成重大损失，香蕉大面积折断，甘蔗倒伏，损失达3893万元。（《沙田镇志》）

5. 寒潮

由于沙田镇处在珠江口东岸，位于东江南支流出口处，濒临狮子洋，是珠江河流咸淡潮交界区，寒露后至次年惊蛰前，经常有冷空气入侵；冬至到大寒期间平均有3—5次寒潮，寒露节前后，间中有较弱的干冷空气南下入侵沙田，冬至以后，冷空气南下的次数增多，早春时期，寒潮强度稍有减弱，但仍时有寒潮南下，引起低温阴雨。

因此，一年中约有5个月是咸潮期。沙田在咸潮期间，沿岸潮汐频繁，这里的潮汐属不规则半日潮，日潮差异较大，高潮水位2.2米，低潮水位－1.4米（泗盛站），潮差较小，为0.6—1.2米不等。落潮流速为1.9—1.22米/秒，涨潮流速为0.7—1.02米/秒。（见表1—5、表1—6）

表1—5 沙田镇潮水涨退时刻

农历	日流						夜流					
日	时	分	潮谷	时	分	潮峰	时	分	潮谷	时	分	潮峰
初一	19	40	－ 1.28	11	0	1.29	6	0	－ 0.82			
初二	20	30	－ 1.35	11	20	1.44	6	50	－ 0.66	0	40	0.67
初三	21	30	－ 1.41	12	10	1.48	7	20	－ 0.64	1	30	0.57
初四	22	30	－ 1.28	13	0	1.38	8	0	－ 0.58	2	20	0.45
初五	8	0	－ 0.43	13	40	1.37	23	20	－ 1.25	3	40	0.43
初六	9	40	－ 0.35	14	30	1.26				4	20	0.41
初七	10	20	－ 0.26	15	30	0.99	0	0	－ 1.22	5	20	0.32
初八	12	20	－ 0.24	16	40	0.67	1	0	－ 1.22	5	50	0.39
初九	13	20	－ 0.32	7	50	0.47	1	40	－ 1.35	18	10	0.58
初十	14	30	－ 0.44	8	40	0.56	2	40	－ 0.96	20	40	0.35
十一	15	50	－ 0.76	8	40	0.61	3	50	－ 0.84	21	40	0.25
十二	16	40	－ 0.64	9	50	1.01	3	50	－ 0.85	23	0	0.68
十三	18	0	－ 0.79	9	50	1.3			－ 0.52	23	30	0.63
十四	18	0	－ 0.92	10	20	1.34	5	20	－ 0.48			
十五	5	10	－ 0.44	10	40	1.43	19	20	－ 1.03	0	0	0.65
十六	6	20	－ 0.48	11	20	1.4	20	10	－ 1.05	0	40	0.55

续表

农历	日流						夜流					
日	时	分	潮谷	时	分	潮峰	时	分	潮谷	时	分	潮峰
十七	6	20	-0.38	11	40	1.46	20	50	-1.17	1	30	0.55
十八	7	20	-0.35	12	30	1.42	21	30	-1.11	2	20	0.4
十九	8	20	-0.33	13	10	1.36	22	20	-1.2	2	40	0.46
廿十	8	20	-0.28	13	30	1.32	22	30	-1.13	3	0	0.38
廿一	9	20	-0.29	14	20	1.13	23	20	-1.11	3	50	0.35
廿二	10	20	-0.21	15	10	1.03	23	50	-1.06	5	30	0.3
廿三	11	20	-0.22	15	50	0.83				6	10	0.29
廿四	12	40	-0.25	6	50	0.45	0	40	-0.45	17	0	0.29
廿五	13	40	-0.36	7	40	0.54	1	30	-0.88	18	40	0.53
廿六	15	0	-0.38	7	50	0.66	2	20	-0.83	19	40	0.39
廿七	16	10	-0.87	8	40	0.87	3	10	-0.86	21	0	0.38
廿八	17	30	-1.08	9	0	1.12	3	50	-0.79	22	30	0.47
廿九	18	40	-1.29	9	50	1.28	4	40	-0.7	23	30	0.52
三十	19	40	-1.37	10	30	1.49	5	20	-0.7			

资料来源:《沙田镇志》。

表1—6　　　　　　　　　　沙田历年旱灾、咸灾情况

灾害类型	时　间	灾　害　情　况
咸潮	1954年12月至1955年5月	在5个月内总雨量为67.2毫米,江河流量减小,上游近于断流,咸潮上涌到莞城、中堂一带。沙田受旱面积达6万亩。沙田在地下挖井取淡水办田育秧,直至5月22日降大雨后开始缓和,误了农时1个多月,使早稻生产受到严重损失
咸潮	1956年1月至4月	从1956年1月开始,咸潮期达128天,咸害严重,泗盛水文站测得咸度从4%上升到6%。沙田农民要到外地买秧苗回来插秧,使早稻延迟了时间,贻误了农时。直至4月19日为咸水期

续表

灾害类型	时 间	灾 害 情 况
咸潮	1959 年冬至 1960 年 4 月	5 个月无雨，咸潮上涌到中堂、万江一带，水乡一带到处堵河，防咸蓄淡。沙田无法春耕，到厚街等地播秧，回来插秧。直至 4 月 28 日为咸水期
咸潮	1962 年 9 月 3 日至 1963 年 5 月立夏	整整 250 天无大雨。连续咸期 274 天，咸水线至中堂斗朗一带，咸害严重，泗盛水文站测得咸度为 20%，使农业生产遭受严重损失
秋旱	1966 年 10—12 月	总雨量为 29 毫米
秋旱	1967 年 10—12 月	总雨量为 5 毫米
秋旱	1969 年 10—12 月	总雨量为 26 毫米
中旱	1970 年 1—3 月	总雨量为 54 毫米，咸潮上涌，影响春种。5 月 2 日为咸水期
中旱	1971 年 1—3 月	总雨量为 38 毫米，咸期长，咸害严重，贻误了春耕。直至 5 月 11 日为咸水期
秋旱	1973 年 11—12 月	总雨量只有 10.3 毫米
大旱	1977 年 1—4 月份	总雨量为 55.5 毫米，咸期长，农民要到厚街等地租田播种育秧，延误了春耕时间。直至 6 月 3 日为咸水期
秋旱	1979 年 10—12 月	据莞城测得总雨量仅 4 毫米
小旱 秋旱	1984 年 1—3 月 10—12 月	总雨量为 76.2 毫米 总雨量为 28.6 毫米
秋旱	1985 年 10—12 月	总雨量为 48.8 毫米
秋旱	1989 年 10—12 月	连续 3 个月无雨
春旱	1993 年 12 月至 1994 年 3 月	一共 4 个月基本无雨，咸潮上涌，咸期长
秋旱	1997 年 10—12 月	总雨量为 49.9 毫米
春旱	1999 年 1—3 月	总雨量为 30.6 毫米

资料来源：《沙田镇志》。

（四）水文

沙田的水系属珠江水系，东江水道。境内河流较多，属于一个河涌纵横的水网地带。境内主要流域水道有 6 条，河面平均宽度为 246.6 米，总长为 67 公里，流域河道面积为 165222 平方米，折合 24785 亩。主要有以下 6 条河道（见表 1—7、表 1—8）。

表 1—7　　　　　　　　　沙田河涌水系情况一览

名称	总长度（公里）	平均宽度（米）	总面积（万平方米）
珠江水道沙田段	19.1	2400	
东江南支流东莞水道沙田段	11	200—810	758.5
立沙水道	9.3	215	199.95
淡水湖	11.5	150	172.50
东引运河	8.7	185	160.95
东沥仔水道	7.4	30	22.20
稔洲涌	3.8	20	7.77
义沙涌	3.3	20	6.30
义沙北涌	1.5	20	—
义沙南涌	1.6	20	2.39

资料来源：《沙田镇志》。

（1）珠江水道沙田段。珠江由东江、西江、北江汇合以后至出海口处。其中东江是从东莞境内流入珠江，东江南支流在沙田福禄沙注入珠江。珠江水道沙田段又名狮子洋，从和安起至齐沙止，总长 19.1 公里，河面宽 2.4 公里。

（2）东江南支流东莞水道沙田段。东江南支流东莞水道是东莞至珠江口狮子洋主航道，从石龙分为北干流和南支流。南支流经峡口、石

表 1—8　　　　　　　沙田镇水域的水质和主要功能分布情况

河涌名称	起点	终点	所属水系	长度（公里）	水质现状	水质目标	主要功能（饮、工、农、航、综合）
淡水湖（黄泥沥水道）	十八孔水闸	泗沙横堤		6	一般	标准	农
	土地洲大桥	福禄沙水闸		3	一般	标准	农
东江南支流东莞水道沙田段	杨公洲	阁西			一般	标准	农、工
立沙水道					一般	标准	农、工
银河水道					一般	标准	农、工
珠江水道沙田段			珠江水道		一般	标准	农、工
东沥仔水道	民田	齐沙			一般	标准	农、工
合计							

资料来源：《东莞市沙田镇环境卫生专项规划（2007—2020）》。

碣、樟村、莞城、道滘、沙田，于福禄沙注入狮子洋。沙田段从鳌台水闸至杨公洲，由杨公洲至福禄沙，全长 11 公里。其中老鼠涌即从鳌台水闸至杨公洲长为 3.5 公里，河面平均宽度为 200 米，河道面积为 70 万平方米（大约 1051 亩）。东江南支流即从杨公洲至福禄沙河段，长为 8.5 公里，河面平均宽度为 810 米，河道面积为 688.5 万平方米（大约 12328.5亩），河底高程为 -8.1 米至 -5.7 米，地降 0.00028。在此河段中有两个入水口，一是从鳌台水闸入口，南流黄泥沥；二是从横流涌入口，东流至黄泥沥。1958 年沙田为发展农业生产，减小咸潮对沙田的威胁，在东段即今横流涌水闸至振海路，堵河筑堤，成为现在的横流大街的一部分。

（3）立沙水道。源于东江北干流，由北干流注入横涌水道，再流入倒运海水道。倒运海水道在中围沙头分支，一支由中围和彰澎隔界的淡水河流入狮子洋；另一支是立沙水道由沙头开始，从立沙岛东境南流，至坭洲头分支，一支向西南，流经沙尾和坭洲岛头之间的河流注入狮子洋。为连通立沙岛的交通，现已筑堤；另一支向南流，经太阳洲西海（即稍潭水）流入东江南支流，再注入狮子洋。立沙水道全长 9.3 公里，河面平均宽度为 215 米，河道面积为 199.95 万平方米（大约3000 亩）。

（4）黄泥沥水道。现在名为淡水湖，分为上湖和下湖两部分。其中上湖总长为 7.5 公里，平均宽度为 150 米，河道面积为 112.5 万平方米（大约 1687.6 亩）。下湖长为 4 公里，平均宽度为 150 米，河道面积为 60万平方米（大约 900 亩）。黄泥沥水道由东江南支流分出，从鳌台水闸入口经杨公洲东境，西东境至土地洲分支。一支向南流经民田、大坭东境，至稔洲鞋底沙河，从金和尾汇入蛇头湾河，注入狮子洋；另一支由土地洲向西，经西至福禄沙、石塘头注入狮子洋，这支流还在福禄沙分支转向南，流向西大坦尾汇入狮子洋。为了解决沙田民众食水和农业用水问题，防咸引淡，于 1958 年 2 月，开始实施为期三年的联围工程。该工程堵河35 处，建水闸 5 座。并于 1970 年在西太隆筑一横堤把围内分为上下两个湖，上湖由鳌台至明珠路，另一分支至聚丰横堤；下湖由明珠路至金和尾水闸。湖内和外河相通全由水闸控制。

（5）银河水道。现称东引运河，全长 8.7 公里，平均宽度为 185米，河道面积为 160.95 万平方米，大约 2414.5 亩。源于黄泥沥水道，从西太隆东兴围分支向南流，经西太隆东境、义沙东境、稔洲东境，至东引水闸。为了解决虎门、长安、沙田等镇饮水问题，由当时的东莞县出面，于 1970 年 1 月动工，建设东江引水工程。以 1957—1958 年兴建的东莞运河及沙田引淡渠为基础，上伸下延连接而成。引水口位于桥头镇建塘口，从东江引水进入企石河，挖新河经南坑进入寒溪河道，经横沥、茶山至峡口水闸接东莞运河，经樟村、穿莞城、至石鼓，堵口建闸。接通沙田引淡渠至厚街石角东闸进入沙田围，在其左侧建节制闸后开新河连接银河直达镇口。东引运河流经14个镇，全长102公里。

（6）东沥仔水道。全长7.4公里，平均宽度为30米，河道面积为22.2万平方米，大约333亩。源于黄泥沥水道，从官洲头分支入口向南流经民田、大泥、穗丰年至齐沙旧围，注入蛇头湾再入狮子洋。

照片1—16　灌溉水利窦泔

照片1—17　沙田坭洲南新洲的河涌

三 土地使用和自然资源状况

沙田镇面积为 107.13 平方公里，除去虎门港占用的大约 28.33 平方公里土地外，还有近 78.8 平方公里的面积。根据 2008 年年底的数据，这部分镇域面积在功能上划分为：城镇建设用地 11.07 平方公里，村庄建设用地 15.41 平方公里，农业生产用地 11.52 平方公里，水域 37.55 平方公里，以及其他用地 3.13 平方公里（见表 1—9、表 1—10）。

沙田与周边乡镇相比，其特点是可利用的空间资源存量较大。其中，沙田镇建设用地资源较丰富，沙田土地资源丰富的现状，是东莞市其他先期发展镇区无法比拟的，在一定程度上为沙田在未来城市发展和产业转型提供了资源的保障。

由于虎门港上马使得沙田区域战略地位提高，在未来的发展中，如果从工程地质角度来考虑未来建设用地的拓展，镇域范围内除了水域、现状建设用地，其余均可视为存量用地。存量用地主要分布于立沙岛、穗丰年、西大坦、杨公洲等地区，占总用地的 50.56%，是江河岸线的主要分布地段，除去立沙岛片已定为虎门港和东莞市的石化基地外，其他部分可以且可能成为未来沙田城市建设和产业发展的主要拓展方向（见表 1—11、表 1—12）。

表 1—9 沙田镇域土地利用构成现状

序号	类别名称		面积（公顷①）	占总用地比例（%）
1	镇域总用地		7879.78	100.00
2	其中	城镇建设用地	1107.42	14.05
		镇建成区	792.2	10.05
3	村庄建设用地		1540.79	19.56
4		农业生产用地	1152.1	14.62
	其中	耕地菜地园地	943.73	11.98
		基本农田保护用地	1143.92	14.52

① 1 平方公里 = 100 公顷 = 1500 亩。

续表

序号	类别名称		面积（公顷①）	占总用地比例（%）
5	水域和其他用地		4079.47	51.77
	其中	水域	3754.59	47.65
		山体		
		其他用地	312.57	3.97

资料来源：沙田镇国土分局。注：按二调数据。

表1—10　　　　　沙田及周边地区可利用土地面积统计（2003年）

城镇	总面积（平方公里）	可利用面积占总面积百分比（%）	已利用面积占总面积百分比（%）	未利用面积占总面积百分比（%）
长安镇	90.01	57.35	47.72	9.63
虎门镇	184.05	44.07	31.09	12.98
厚街镇	124.26	48.19	38.98	9.21
沙田镇	107.13	42.89	17.19	25.70
道滘镇	55.10	42.06	30.53	11.52
洪梅镇	33.29	32.38	24.78	7.60
麻涌镇	86.68	24.61	18.88	5.73

资料来源：东莞市市域总体规划（2005—2020年）。

表1—11　　　　　沙田土地存量情况分析

类别	可建设用地（平方公里）	可建设用地存量（平方公里）	备注
2010年土地利用指标	36.99	18.71	可建设用地包括沙田镇（不包括虎门港）24.53平方公里，虎门港12.46平方公里。存量用地包括已批未建用地5.52平方公里
工程地质状况	72.44	54.16	沙田地区海拔较低，地势平坦，从工程角度来看，除水域以外，均可利用。存量用地包括已批未建用地5.52平方公里

资料来源：东莞市市域总体规划（2005—2020年）。

①　1平方公里＝100公顷＝1500亩。

表 1—12　　　　　　　　　沙田土地存量用地分布情况

存量用地区划名称	存量用地面积（公顷）	比例（%）	存量用地区划范围内包括的村落
立沙岛片	1654.70	30.55	中围、和安、大流、坭洲
杨公洲片	313.02	5.78	杨公洲、先锋、横流
中心区片	266.55	4.92	横流、阖西
民田片	389.32	7.19	民田、西太隆
西大坦片	1204.75	22.24	西大坦、穗丰年
大坭片	716.04	13.22	大坭、穗丰年
环保城片	595.32	10.99	西太隆、义沙、稔洲
齐沙—稔洲片	276.42	5.10	齐沙、稔洲
合　计	5416.12	100	

资料来源：东莞市市域总体规划（2005—2020 年）。

　　沙田镇湿润的季风性气候、肥沃的土壤、充沛的雨水为很多生物的生长繁殖提供了优越的自然环境。沙田镇的主要自然资源是当地生长和繁殖的动植物（见表 1—13）。动物包括哺乳类、鸟类、鱼类和两栖类、爬行类、昆虫类等；植物有树类、藤类、蕨类、苔藓类、水生类等。每年春夏之交很多季候性鸟类来此繁育生殖；夏秋季节，河涌上多有水面浮生植物，如浮萍、水仙等。沙田盛产河鲜、海鲜类水产品，比较著名的有蟛蜞、膏蟹、鲈鱼、鲚鱼、风鳝等。

表 1—13　　　　　　　　　沙田的动植物、土特产分类

动　物	
（1）兽类	
家畜	水牛、黄牛、猪、狗、猫、兔、山羊
野生	鼠、蝙蝠、盲苏（苏鼠）、野猫
（2）鸟类	

续表

动物		
家禽	鸡、鹅、鸭、鸽、火鸡、鹌鹑、番鸭	
野生	麻雀、画眉、白头翁、燕子、鹰、水鸭、禾花雀（黄胸鹀）、鹤、翠鸟、喜鹊、伯劳、黄莺、田冰鸡（白胸秧鸡）、白眼圈（绣眼鸟）、猫头鹰、禾谷（百舌）、海鸥、百灵鸟、相思鸟、布谷鸟、鹤、雁	
（3）昆虫类	蜜蜂、蝶、蜻蜓、螳螂、蝉、蟋蟀、三化螟、赤眼蜂、蜈蚣、黄蜂、黏虫、竹虫、金龟子、象鼻虫、椿象、蚂蚁、龙虱（水蟑螂）、蜘蛛、蟑螂、蚱蜢、松毛虫、禾虫（疣吻沙蚕）	
（4）爬行类和两栖类动物	眼镜蛇、银环蛇、金环蛇、草花蛇、水蛇、四脚蛇、蜥蜴、石子龙、壁虎、甲鱼（水鱼）、乌龟、过树龙、黄水岭（水律蛇）、青蛙、蟾蜍、上树蚧（树蛙）	
（5）鱼类	鳊、鳙、鲩、鲮、鲤、鲫、胡子鲶（塘虱）、红眼衬、泰国鲮、非洲鲫、黄鳝、白鳝、藤鳝、左口鱼、马鲚鱼、矛尾狼虾虎（奶鱼）、花鱼（弹涂鱼）、银鱼、乌头鲈、马鲚、鲢、鲛、乌头、黄鳍鲷、黄鱼、狮头鱼、鲥鱼、大鳌、鱼钉、斑鱼（乌鳢）、虎鱼、中华鱼奄（奄丁）、蓝刀、泥鳅、针鱼、河豚、鲇鱼、黄斑兰子鱼（坭猛）	
（6）观赏鱼类	金鱼、金火鲤、热带鱼、锦鲤、塘锦皮（锦鳞鱼）	
（7）甲壳类和贝类	毛蟹、肉蟹、白槽虾、麻虾、基围虾、雪虾、九节虾、对虾、鬼虾、濑尿虾（口虾蛄）、蚌、蚬、田螺、花蟹、扁蟹、蛏蛳、花蚬、珍珠蚌、青口、鸭螺、福寿螺、蜗牛	
植物		
（1）粮油类	籼稻、粳稻、小麦、玉米、番薯、花生、芝麻、油菜、糯米	
（2）糖类	甘蔗、果蔗、白蔗	

续表

植物

（3）水果	橙、柑、橘、香蕉、大蕉、奶蕉、西瓜、荔枝、龙眼、三华李、富贵子（凤眼果）、杨桃、蒲桃、石榴、黄皮、芒果、葡萄、番石榴、桃、枇杷
（4）豆类	红豆、黄豆、绿豆、眉豆、黑豆、蚕豆、豌豆、四季豆、荷兰豆
（5）蔬菜	白菜、芥菜、生菜、椰菜（甘蓝）、通心菜、萝卜、菠菜、西洋菜、黄牙白（大白菜）、芥兰、芥兰头（球茎甘蓝）、潺菜、苋菜、芹菜、椰菜花、韭菜、芋头、马铃薯、粉葛、沙葛、番茄、头菜、豆菜、豆角、莲藕、茼蒿、葱、大蒜、姜、菜心、大豆菜、茄、芽菜、马蹄、灯笼椒（园椒）
（6）瓜类	水瓜、南瓜、冬瓜、节瓜、苦瓜、黄瓜、丝瓜、青瓜、蒲瓜
（7）树木	苦楝树、木麻黄、水松、大叶桉、细叶千层桉、大叶相思、白玉兰、关刀豆（凤凰木）、杉树、榕树、木棉树、松、仁面、乌桕、桑槐、南洋杉、柚木、皂角、禾碌（柚树）、川楝、水翁、高山榕、大叶榕、樟树
（8）中药材	蒲公英、金银花、冬瓜皮、冬瓜仁、百合、丝瓜布、艾叶、茅根、苦楝皮、竹茹、鸡矢藤、地坦头、凉粉草、车前草、臭草、红背草、红白花舌草、芦根、蛇舌草、黑芝麻、陈皮、桑白、麦冬、金银花、大小飞杨草
（9）麻类	黄麻、红麻、剑麻
（10）观赏植物	罗汉松、盆松、文竹、海棠、芍药、米兰、山茶花、杜鹃、勒杜鹃、夜合、百合花、夜来香、月季、仙人掌、石榴花、凤仙、菊花、芭蕉、水仙、牵牛花、万年青、富贵竹、含笑、九里香、吊兰、金柑、吊钟、铁树、爬山虎、丁香、桂花、荷花、鸡冠、日日花、玫瑰、蔷薇、素馨、狗牙花、鸡蛋花、兰、红杏、茉莉、杨桃吐蝶、鸡瓜兰、茶花、大红花（扶桑）、水横枝、白蝉、天冬、柏、凤尾葵、散叶葵、虎尾兰、满天星、芙蓉、夹竹桃、佛肚竹

续表

土 特 产	
（1）沙田麻虾	沙田麻虾（近缘新对虾），又名沙虾，肉爽脆、味鲜、可口、蛋白质含量高。农历三、八、九月丰盛期，但全年均可捕获，以齐沙、西大坦、穗丰年、福禄沙等区为多
（2）虎鱼	虎鱼，俗称白甲鱼，肉肥而鲜嫩、味美。蒸、煎皆宜。产于农历二、三月的鱼体更肥，其余月份稍瘦，全年均可捕获
（3）禾虫	禾虫（疣吻沙蚕），产于河边低壤之中，为自断自生的环节动物。身体扁平，须状肢，比蜈蚣体形略小，软体有红绿色条纹，随流水自稻田流动。农历八、九月最肥美。加盐、蒜即可吐出膏状物，蒸熟如蛋糊，含丰富的蛋白质，入口鲜甜，不肥不腻，为不可多得的海鲜佳品
（4）禾花雀	禾花雀（黄胸鹀），候鸟，体形比麻雀略小。每年晚造水稻灌浆季节自我国东北迁徙而来，数量颇多，专食水稻采胎，故异常肥美，有"天上人参"美誉。沙田人过去有捕食禾花雀习惯，为保护生态，2000 年开始禁捕
（5）鲥鱼	鲥鱼，俗称三黎鱼，是洄游鱼类。味道鲜甜，形似黄鱼，体大，产于四月间肉肥，可煎、蒸，出名的是苦瓜煮三泥。以狮子洋沿海较多
（6）水草	水草。包括咸水草、大尾草。产于河滩中，形三边形，长两米左右，嫩时可作耕牛饲料，成草晒干可加工草席

资料来源：《沙田镇志》。

第二章　经济社会发展总体评估

从全国视角看，改革开放以来沙田镇社会经济增长速度一直是处于相对较快位置。如果从 20 世纪 90 年代以来的发展轨迹观察，沙田镇经济发展运行可划分为三个阶段：第一阶段是在 20 世纪 90 年代的 10 年；第二阶段是 21 世纪初的前 5 年（从 2000 年到 2004 年）；第三阶段是 2004 年以后。三个阶段的共同特征是增速明显，地区生产总值年均增长速度都保持在 20% 以上。其中，第一阶段的地区生产总值年增长率平均保持在 27.18%，第二阶段的地区生产总值年增长率平均保持 29.20%，第三阶段的地区生产总值年增长率平均保持 24.02%。三个阶段的主要区别是在规模和质量上有所差异和不同。分阶段观察沙田经济规模的增长，则呈现出前慢后快的加速态势。第一阶段的经济规模较小，1991 年全镇经济增加值仅为 1.26 亿元，经过了 9 年的经济改革实践与发展，到 1999 年达到了 8.63 亿元。这个阶段与其自身原有的经济条件相比较来说，增长速度确实很快，成绩较突出，然而，与周边发达乡镇相比还是有着较大的差距。进入了 21 世纪后，随着沙田经济总量不断扩大，经济增长速度仍能保持着长时间的较快水平，使得规模效益的作用突显出来。地区生产总值在 2000 年迈入了 10 亿元门槛，达到了 10.91 亿元，其后的 9 年间，更是表现出接续发力的状态，几乎是一年一个台阶。从数据上看，2001 年是 14.21 亿元，2002 年是 18.24 亿元，2003 年达到 23.68 亿元，2004 年为 31.09 亿元，2006 年是 45.16 亿元，2007 年为 52.04 亿元，2008 年是 58.22 亿元，到 2009 年已经达到了 61.41 亿元（见图 2—1）。9 年间，增长了 5 倍，成果非常显著。

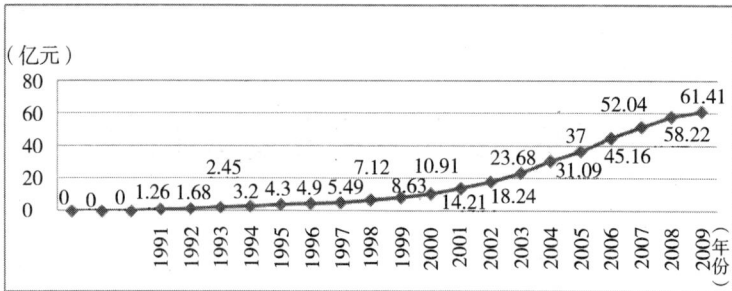

图2—1　1991—2009年沙田生产总值变化

一　三次产业结构的变化

沙田经济之所以能够从20世纪90年代以来一直保持着快速增长态势，应与其三次产业结构调整的力度不断加强和投入持续增加直接相关，因此，观察沙田经济增长的内在因素，有必要从三次产业结构的变化入手。

（一）三次产业的基本状况与速度变化

沙田镇产业结构在20世纪90年代以来的变化很大，三次产业比例从1991年的51：36：13，发展到2009年的2：59：39，实现从以农业为主导的经济状态向工业化中期转变的大跨度调整。使得第一产业对地区经济的贡献度由20世纪80年代以前长期占据沙田经济主体地位，快速退居到影响力微小的陪衬位置，下降幅度之大非常明显。同时，沙田在90年代完成了进入工业化社会的进程，第二产业迅速扩大，稳定地占据经济结构的绝对主导地位。进入21世纪后，第三产业的比重开始得到明显提升，时至今日，增长势头仍然非常强劲。

如果进一步把沙田三次产业结构变化按照1991—1999年、1999—2004年、2004—2009年，三个相互连接与交叉的时间段划分，分别观察各阶段的发展特点则可以看到：

第一阶段（1991—1999年）的主要特征是：经济总量不大，地区年生产总值居于1亿—10亿元。产业结构中，第一产业正在从主导位置快速退居到从属地位，第二产业保持高速发展状态，第三产业的增长速度突出，但因其原有基数小，在规模和权重上还难以与第二产业相抗衡，处于配角位置。由于沙田整体经济体量较小，这个阶段经济增长的主导因素主要是国家和地方政府政策的推动。同样因经济总量基数低，经济增长速度表现为相对较快。这段时期，沙田镇地方生产总值年增长率平均保持在27.18%左右，1999年沙田镇地方生产总值与1991年相比，增长584.36%，达到8.63亿元；其中第一产业增加值12167万元，第二产业增加值53505万元，第三产业增加值20667万元，分别比1991年增加0.88倍、10.75倍和11.94倍。

第二阶段（1999—2004年）的主要特征是：第二、三产业持续快速发展。其中，第二产业中的工业处于较快的增长阶段。沙田镇地方生产总值年增长率平均保持在29.20%左右，2004年沙田镇地方生产总值达到31.1亿元，是1999年的3.60倍。其中，第一产业增加值13975万元，第二产业增加值202383万元，第三产业增加值94563万元，分别比1999年增加了0.15倍、2.78倍和3.58倍；与第一阶段相比，增长速度有所增加，但是，因其基础值已经明显扩大，增加的倍数有所降低。

第三阶段（2004—2009年）的主要特征是：沙田经济进入产业的调整优化时期。沙田镇地方生产总值年增长率平均保持24.02%左右，2009年沙田镇地方生产总值达到61.42亿元（当年价），比2004年增长97.49%，是2004年的1.97倍。其中，第一产业增加值12894万元，第二产业增加值360064万元，第三产业增加值241146万元，分别比1999年增加了0.06倍、5.72倍和10.67倍；与2004年相比，一产下降了0.08倍（-0.08），二产和三产分别增加了0.78倍和1.55倍。

把三个阶段联系起来进行整体考察，可以明显观察到在近20年的长周期中，第三产业增长速度最快，从比例上看，在进入21世纪前10年的后期，第三产业已占到地区生产总值的四成；第二产业虽然在增长速度上处于第二位，但是，因为自身基数比第三产业大很多，因此，比重上第二产业仍长期占据着沙田产业结构的大头；90年代以来，第一产业在比例上一直处在持续萎缩之中。

进入21世纪后，沙田镇大力推进产业调整，制定了产业结构调整和转型升级工作规划等一系列方案，进一步明确产业的目标定位、整体布局和发展导向，促使产业结构逐渐向趋于合理的方向发展。

从 2002 年以后的数据变化观察，可以看到沙田产业结构在发展趋势和取得成果之间的内在联系。这段时间沙田镇地区生产总值年均增长 21.3%，从年度间的产业增长速度看，第一产业增加值年均下降 1.1%，第二、三产业增加值分别增长 18.8% 和 29.8%。三次产业增长速度的不同导致了产业结构比例上的调整。

三次产业增加值在地区生产总值中所占比重的变动，更能较清晰地说明近期沙田产业发展的规律，第一产业比重呈逐步下降趋势，第二产业前期相对稳定，后期出现明显下降的趋势，第三产业比重呈不断上升的长期走向，这是 21 世纪以来沙田经济结构的总体发展态势。其中，第二产业中的工业因一直处于比重大的位置，仍是拉动沙田镇经济增长主力军，但不容忽视的是，随着近年来第三产业的增速明显，对沙田镇经济增长的贡献度在逐渐加大。

因此，三次产业增加值在宏观经济总量中的比例关系和总体趋势是：第一产业和第二产业的比重逐步下降，第三产业比重逐步上升；由 2002 年的 7.6∶65.7∶26.7，调整到 2008 年的 2.2∶57.7∶40.1；6 年间第一产业的比重下降 5.4 个百分点，第二产业比重下降 8 个百分点，第三产业比重上升 13.3 个百分点（见表 2—1）。

表 2—1　　　　　　1991—2009 年沙田镇地区生产总值及三大

产业结构变化（按当年价计算）

年份	地区生产总值（亿元）	第一产业		第二产业		第三产业	
		（亿元）	构成（%）	（亿元）	构成（%）	（亿元）	构成（%）
1991	1.27	0.65	51.3	0.46	36.1	0.16	12.6
1992	1.68	0.65	38.7	0.79	47.02	0.24	14.3
1993	2.44	0.66	26.9	1.44	59.0	0.34	14.1
1994	3.19	0.62	19.4	2.06	64.6	0.51	16.0
1995	4.29	0.77	18.0	2.94	68.5	0.58	13.5

年份	地区生产总值（亿元）	第一产业		第二产业		第三产业	
		（亿元）	构成（%）	（亿元）	构成（%）	（亿元）	构成（%）
1996	4.91	1.07	21.7	3.24	66.0	0.60	12.3
1997	5.48	1.13	20.7	3.66	66.7	0.69	12.6
1998	7.12	1.68	23.6	4.22	59.3	1.22	17.1
1999	8.64	1.22	14.1	5.35	62.0	2.07	23.9
2000	10.91	1.27	11.6	7.15	65.5	2.49	22.8
2001	14.21	1.36	9.6	9.23	65.0	3.62	25.4
2002	18.24	1.39	7.6	11.98	65.7	4.87	26.7
2003	23.67	1.39	5.9	15.54	65.6	6.74	28.5
2004	31.10	1.40	4.5	20.24	65.1	9.46	30.4
2005	37.00	1.37	3.7	24.14	65.2	11.49	31.1
2006	45.16	1.26	2.8	29.50	65.3	14.40	31.9
2007	52.04	1.24	2.4	32.89	63.2	17.91	34.4
2008	58.22	1.30	2.2	33.61	57.7	23.31	40.1
2009	61.42	1.29	2.1	36.01	58.6	24.12	39.3

注：本表1991—2003年沙田镇镇生产总值根据东莞市第一次全国经济普查结果重新核定。其余各年份的数据引自《东莞统计年鉴（2010）》。

从更长时间段上看，第一产业自改革开放前至20世纪90年代初一直长期居于经济主导位置，但是，以90年代初为分水岭，在此时段后，出现了快速下降。尤其是在1992年以后的7—8年间，比重上一直处于不断下降的趋势，从首位直接滑到末位。进入21世纪后下降比例更加明显，从1999年的14%进一步下降到2009年的2%；第二产业在改革开放前期增长很快，但自1994年至2009年长达25年中处于相对稳定状态，比重上没有发生多少变化，一直居于沙田经济的主导地位；第三产业进入21世纪后明显增速，产业比重从1999年的24%上升到2009年的40%。

就上述数据变化和分析可以看出，1991年至2009年年底，沙田镇域的经济发展主要依赖工业增加值的贡献，地区生产总值中工业比重占绝对的主导地位。同时，由于第三产业发展处于不断上升的状态，增长速度在2002年以后明显快于第二产业，虽然第三产业增加值比重仍远落后于第二产业，但产业的带动作用正在不断加强。如果参照美国著名发展经济学家钱纳里的由经济发展阶段模型所提出的"标准结构"分析法判断这时沙田的产业结构，沙田镇经济发展应正处于工业化中期后部的结构升级和加速阶段。

（二）三次产业内部结构变化

就三次产业各自的内部结构看，第一产业的内部结构从传统的农业种植转向渔业，调整的力度不断加大，投入力度正在向渔业倾斜。从2002年至2008年间的数据看，沙田镇农业经济中，渔业比重在逐步上升，林业相对稳定，种植业和牧业有所下降（见表2—2）。但是，从绝对量上观察，可以看到该产业内部结构的调整主要是种植业和牧业的规模和产值减少，导致结构比重不断向渔业转移的结果使然。

表2—2　　　　　　　　2002—2008年沙田镇农业内部结构变化

年份	万元	农业总产值							
		种植业	比重	林业	比重	牧业	比重	渔业	比重
		万元	%	万元	%	万元	%	万元	%
2002	31152	12579	40.4	3	0.0	4813	15.5	13758	44.2
2003	31319	12525	40.0	0	0.0	4866	15.5	13928	44.5
2004	29893	8297	27.8	0	0.0	5967	20.0	15628	52.3
2005	26761	6866	25.7	1	0.0	5942	22.2	13952	52.1
2006	25065	7073	28.2	1	0.0	3981	15.9	14010	55.9
2007	24252	6463	26.6	1	0.0	4317	17.8	13471	55.5
2008	25266	9069	35.9	1	0.0	2442	9.7	13754	54.4

注：本表产值按当年价计算。

资料来源：沙田镇政府农业办公室。

第二产业中，工业内部结构支柱产业凸显。沙田镇工业以重工业（指为国民经济各部门提供物质技术基础的主要生产资料的工业）为主。以 2008 年的数据为例，全镇规模以上工业总产值中，轻工业（如食品、纺织、皮革、造纸、日用化工、文教艺术体育用品工业等）占 40%，重工业（如电子及电器机械业、化工、金属制品业、建筑材料业等）占 60%。同时，产业集中度的作用开始显现，沙田镇工业行业中，以纺织服装鞋帽制造业、通信设备、计算机及其他电子制造业、电气机械及仪器仪表制造业和化工制品制造业的主导地位突出，2008 年沙田镇规模以上纺织服装鞋帽制造业总产值 23.9 亿元，占八大支柱产值的 52.7%，占全镇工业总产值的 18.1%，比重比 2007 年分别增加 3.9 个百分点和 0.5 个百分点，比重不断提升。

第三产业结构正在进行优化调整。近几年，沙田镇在加大工业发展力度的基础上，高度重视第三产业发展，使第三产业不断发展壮大，主要表现在：（1）第三产业在国民经济中的比重不断上升。随着国民经济持续向前发展，沙田镇三次产业结构逐步趋向合理，第三产业的比重不断上升。2008 年沙田镇第三产业占国民经济的比重为 40%，比 2002 年上升 13.3 个百分点，成为拉动国民经济增长的又一重要力量。（2）内部行业结构处于积极调整阶段。第三产业增加值中，批发零售贸易餐饮业发展迅速，商业企业兴起，城镇化景象初步显现。2008 年全镇批发零售和住宿餐饮业增加值分别为 78384 万元和 15009 万元，比 2007 年同期分别增长 23.7% 和 25.4%，分别占第三产业增加值的 33.6% 和 6.4%，对地区生产总值增长的贡献率分别为 24.3% 和 4.9%。批发零售和住宿餐饮业在沙田镇的第三产业中占据着重要地位。（3）交通、运输和仓储业迅速发展。交通运输和仓储业是国民经济的基础产业之一，也是一个城市投资环境好坏的重要体现。2008 年该行业增加值为 17974 万元，比 2007 年增长 29.8%，对全镇经济增长的贡献率为 6.7%，分别比 2005 年、2006 年上升 3.4 个和 3.8 个百分点。（4）房地产业作为现代服务业，在沙田镇经济发展中的作用越来越明显。2008 年全镇房地产开发投资总额 32429 万元，增加值 13045 万元，比 2007 年增长 23.8%，增加值占第三产业增加值的 5.6%，对全镇经济增长的贡献率为 4.1%，比 2005 年上升 2.1 个百分点。

（三）三次产业发展存在的问题

由于历史原因和近年来对工业发展的过分倚重，沙田镇的三次产业所占地区生产总值的比例与东莞市 2008 年的整体产业结构的平均水平（0.4∶51.3∶48.3）和 2009 年的整体产业结构平均水平（0.4∶48.4∶51.2）相比还有相当大的差距，第三产业发展略显滞后，产业结构有待进一步优化。所存在的问题是：

（1）工业经济结构不合理，过分依赖三资经济。2008 年，全镇规模以上工业增加值中，外资经济占 83.5%，集体经济占 1.5%，民营经济占 15%。内资经济发展不充分，集体、民营经济所占比例偏小。外资经济在技术市场上均由外资控制，对外来资本和国外市场的依赖程度过高，因此，沙田镇产业的发展受国际因素影响较大，经济安全存在隐忧，2008 年以来的世界性金融与经济危机给沙田镇经济带来的冲击正是此问题的一个具体体现。

（2）第三产业比重仍相对偏低，内部结构需着力调整和提升。与全市水平相比，2008 年沙田镇第三产业增加值在 GDP 中所占比重依然偏低，仅占 GDP 的 40.1%，比全市水平低 6.8 个百分点。从第三产业内部结构看，沙田镇以传统的商业、服务业为主，新兴的第三产业，如金融保险、现代物流业、房地产、科技文化、信息咨询、中介服务等，仍发育不足，所占比重低。

（3）第三产业管理体制有待完善。由于第三产业涉及门类多、范围广，在沙田镇，管理职能分散在各部门，管理体制尚未完善，机制有待加强。另外，对第三产业的全局发展的指导力度还不足，对于一些亟须发展的行业还需加强统一的管理、规划和监督。

从我国经济结构的调整和发展趋势的大方向上看，沙田经济发展的今后走向，很可能要在以下两个方面进行努力和拓展：

首先，注重民营经济发展、平衡内外资比例。既要抓海外资本投入，进一步完善投资环境，形成一个政策透明、行政规范、营商便利、公平竞争的投资环境，加大招商引资力度，继续加强对外资的吸引；鼓励和引导外资企业开拓国内市场，充分发挥国外资本的带动作用。另一方面，又要抓民营发展，抓好民营经济的引进、培植和发展。近年来，民营经济在沙田镇的作用越来越大，民营经济根植性强，对国际市场的依赖较小，对稳定沙田镇宏观经济发展，保障经济健康增长起着至关重要的作用，因此，完善和加强鼓励、扶持民营经济的政策，培植发展民营经济的环境，发挥民营经济的作用应是其长期工作的重点。

其次，继续优化第三产业内部结构。着力加强发展新兴第三产业，围绕"港口经济"重心，大力发展现代物流业，充分发挥地理、交通和产业优势，加快沙田镇保税物流园区（B 型）建设，发展布局合理、功能齐全的物流体系，引导第二产业向第三产业的业务延伸、品牌延伸和资金延伸，开展运输、仓储、装卸、分类、包装、加工、配送等一条龙服务，积极培育物流中心中转集散、临港加工、临港贸易、产品产销、物流咨询及商务等产业发展。

二　沙田经济发展阶段的理论分析

（和讯财经原创）美国经济学家钱纳里对 34 个准工业国的经济发展进行实证研究后，提出了一个理论观点，即任何国家和地区的经济发展都会规律性地经过 3 个阶段 6 个时期。钱纳里所指的 3 个阶段是初级产品生产阶段、工业化阶段和发达经济阶段，6 个时期则分别是传统社会、工业化初期、工业化中期、工业化后期、后工业化社会和现代化社会。其中，初级产品生产阶段对应的是传统社会，即第一时期；工业化阶段包括工业化初期、工业化中期、工业化后期，即第二、三、四时期；发达经济阶段又可分为前期的后工业化社会和后期的现代化社会，即第五、六时期。钱纳里认为，从任何一个发展阶段向更高一个阶段的跃进都是通过产业结构转化来推动的。因此，产业结构的变动和升级是划分区域经济发展阶段的基本依据。

参照钱纳里对 3 个阶段 6 个时期归纳的主要特征，来观察分析沙田经济的发展阶段可以看到：钱纳里（和讯财经原创）第一时期"传统社会"的主要特征是，产业结构以农业为主，绝大部分人口从事农业，没有或极少有现代化工业，生产力水平很低。也就是说，这个时期的社会发展水平低，基础设施、技术水平都比较低。沙田在改革开放以前和改革开放初期，就属于这个典型的传统社会状态。那个时期的沙田完全是一个农业经济占据主导地位的地区，几乎没有成规模的工业和商业体系。直到1991年，沙田的三次产业结构还是农业居于主导的地位状态。三次产业的结构比例为51∶36∶13。

（和讯财经原创）钱纳里对"（和讯财经原创）工业化初期阶段"的定义为：产业结构由以落后农业为主的传统结构逐步向以现代工业为主的工业化结构转变，工业中则以食品、纺织、烟草、采掘、建材等初级产品的生产为主。区域经济开始走上工业化的发展道路，人民生活水平逐步提高，市场逐步扩大，投资环境得到改善。这一时期的产业主要是以劳动密集型产业为主，利用区域内廉价劳动力降低成本，提高产业和区域的竞争能力。以此为对照，沙田在20世纪经济改革开放后，从发展乡镇企业入手，逐步引入外资发展地方工业，以及1992年以后，明确了发展市场经济后的民营企业开始涌现，使得工业经济的比重在沙田的经济结构中快速提升。从90年代平均的工业产值、产品结构和产业比重看，沙田经济在这段时期里应是处于工业化初期的发展阶段。实际上，就沙田经济结构主要特征来观察，在2003年或2004年以前，仍可能处于这个阶段之中。

（和讯财经原创）钱纳里第三时期的"工业化中期阶段"的特点主要集中在三个方面：（1）制造业内部由轻型工业的迅速增长转向重型工业的迅速增长；（2）非农业劳动力开始占主体；（3）第三产业开始迅速发展。人们习惯上把这个中期阶段称为重化工业阶段。重化工业阶段的主要特征是规模经济效益最为显著的产业——制造业的大规模发展能够支持区域经济增长达到较高的速度，因此，工业化中期阶段通常也是区域经济实现高速发展的阶段。由于这一阶段的产业大部分属于资金密集型，对资金需求量大，同时工业劳动力开始占主体，城市化水平迅速提高，市场稳步扩张，投资领域宽广，选择余地大。这时处于主导地位的是作为支柱产业的重化工业，作为先导产业的机械工业和电子工业，为生活水平不断提高的居民服务的轻工业、耐用消费品工业以及第三产业等。沙田在 2000 年纳入虎门港发展战略之后，由于港口经济的带动作用，经济结构发生了改变，尤其是 2004 年以后，石化基地的建设被提上日程，工业化中期的特征开始逐步显现。

（和讯财经原创）钱纳里对"工业化后期阶段"的主要特征描述为：在第一、第二产业协调发展的同时，第三产业开始由平稳增长转入持续的高速增长，成为区域经济增长的主要力量。该时期主要特征是在第一、第二产业获得较高水平发展的条件下，第三产业保持持续高速发展，是区域经济增长的主要贡献者。这一时期发展最快的领域应是第三产业，特别是新型服务业，如金融、信息、广告、公用事业、咨询服务等。沙田近期因交通条件的大幅改善，土地资源储备相对充裕、经济与周边镇区的融合，以及沙田因经济体量和区位周边发达镇区经济的扩散等因素的作用，第三产业已开始出现持续高速发展的态势，今后的一段时期里，沙田有可能向工业化后期方面发展。这不仅是因为沙田自身经济的发展变化，更主要的是受东莞整体上进行的产业转型和经济发展的影响。

如果采用联合国工业发展组织和世界银行提出的判断标准，即：根据制造业增加值占总商品生产部门（第一产业、第二产业和交通、通信、商业）增加值额的比重把一个国家和地区的工业化水平划分为非工业地区（20％ 以下）、正在工业化地区（20％—40％）、半工业化地区（40％—60％）和工业地区（60％以上）的角度来观察沙田的经济，那么在 1991 年沙田就进入了正在工业化的状态，1993 年进入了半工业化状态，1994 年以后沙田已迅速成长为工业地区了，在这个时点上，沙田的制造业增加值占商品生产增加值的比重已经达到 60％以上。

从工业结构演进理论看，基于德国经济学家 W. 霍夫曼提出的霍夫曼定理，一般工业结构存在由轻纺工业占优势向重化工业占优势、由重化工占优向技术密集型产业占优势的演进规律，当一国和地区重化工业成为经济增长的主要力量时，就称该国或地区的经济发展进入重化工时代。沙田在重点发展港口经济的同时，正在向重化工业方向发展。2008 年，提出了以港口物流产业和石化产业为突破口，培育特色产业，壮大产业集群，提升产业竞争力。这些思路和提法与进入 21 世纪后，国内前期的总体发展趋势相一致，在 2003 年以后，国内一些经济学者们提出，无论是从中国工业结构变动的历史、现状和趋势看，还是从国际经验的比较看，我国经济实质上已经进入一个适应居民消费结构升级需要、以市场为基础、技术含量和附加价值逐步提高、可持续性较强的新的重化工业发展阶段。这也是沙田特殊的区位和所处地位所要求的。

进入 21 世纪后中国境内几乎出现了全国性的产业结构重型化趋势，由于重化工业资本有机构成较高、投资需求大、能源消耗大等特征，使得国内一些经济学者反对中国进入重化工阶段的提法，认为重型化经济增长实际是旧式的工业化道路，是先行工业化国家在 19 世纪所走的那种依靠大量资源和资本投入支撑的外延增长（粗放增长），我国不能够走他们错误的道路。但是，沙田有自己特殊的区位，其具有发展港口的地理条件和石化基地的机遇，因此，发展重化工业是其必然的选择。近几年明显可以看到，因虎门港沙田港区的快速发展，促进了沙田产业转型的速度和当地经济发展的步伐。

总之，沙田经济与全国工业化的总体进程是相一致的。虽然国内外的经济研究人员对诸如人均收入、GDP 结构、工业结构、城市化水平、就业结构、消费结构等判断指标的选择和具体计算方法上存在差异，迄今为止并没有形成较为统一的判断，但大多数学者基本认为到 20 世纪末 21 世纪初中国工业化的进程已经进入到经济发展的第三个时期——工业化中期阶段（全国的状态）。

从产业结构的演进规律看，沙田的产业结构从 20 世纪 90 年代初期以第一产业为主，已经在其后的几年里迅速转变为第二产业为主的状态，至 2010 年，第二产业占据主要经济结构的位置达十几年了。从产值规模按照所占比例大小排序的角度观察，沙田三次产业结构变化自改革开放以来已经经历了从"一、二、三"到"二、一、三"，再到"二、三、一"的转变，根据配第一克拉克定理，这与国外后工业化国的"三、二、一"

的结构仅相差一个阶段。

三　沙田经济的区域比较

沙田自身的经济发展路径选择、运行状况、增长速度和发展前景离不开周边镇区经济发展条件和水平的作用及影响。因此，把沙田的经济放到与周边经济发展相比较的大环境中去观察可以更清楚沙田镇的位置和可能的发展趋势。

（一）沙田镇与广东省和东莞市的经济增长数据比较

将沙田经济在广东省和东莞市经济总量中的位置和与近些年的发展数据相对照，可以看到，沙田的地区生产总值在2003年到2009年之间，一直占到广东省地区生产总值的0.1%左右，占到东莞市地区生产总值的1.5%左右。如果把广东省的地区生产总值按照全省1585个乡镇和街道①平均分配的话，每个乡镇和街道应占比为0.063%左右，以这个数据来对照，这些年沙田的经济数据处于全省平均数之上。如果按照东莞市32个乡镇和街道来平均东莞市经济总量，每个乡镇应占到3.2%左右，沙田数据处在这个平均数之下。就动态变化来看，沙田地区生产总值的数据2005年与2003年相比，在广东省的比例从占比0.1%上升到0.16%，有了较明显的上升，这个比例一直保持到2009年没有发生变化；同时，沙田在全市所占比例也从2003年的1.42%，上升到2005年的1.69%，虽然在2009年出现了略微下降0.06个百分点的情况，但总体上保持稳定。

从人均生产总值来看，2003年沙田人均生产总值为13650元，低于同期广东省平均水平（17123元/人·年），也低于东莞市平均水平（15815元/人·年），在东莞市域各乡镇中排位靠后，排在第23位。但是，到2005年，沙田人均生产总值明显超过同期广东省平均水平（24647元/人·年），达到人均32569元，是广东省平均水平的132.14%。与东莞市平均水平（33277元/

---

①　广东省有429个街道办事处、1145个镇、4个乡、7个民族乡。

人·年）虽然还有些许差距，但并不大，已达到平均水平的 97.87%。2009
年，沙田高于广东省平均水平（41166 元/人·年）的状态开始有所缩小，下
降为 128.93%，而低于东莞市平均水平的差距出现了逐步拉大现象，与平均
水平相比，下降了 5.09 个百分点，仅为平均水平的 93.78%。（见表 2—3）就
这些数据来看，沙田的经济增长与所处大环境相比，还是存在着一定的上下
波动幅度，发展速度具有一定的不稳定性。

表 2—3　　　　　　2003 年、2005 年、2009 年沙田镇地区生产总值与
人均生产总值在广东省、东莞市的地位

项目 \ 地区		广东省	东莞市	沙田镇	沙田镇	
					总量占全省的份额	总量占全市的份额
2003 年	地区生产总值（亿元）	13625.87	947.97	13.50	0.1%	1.42%
	人均生产总值（元）	17123	15815	13650	—	—
2005 年	地区生产总值（亿元）	22557.37	2183.20	37.00	0.16%	1.69%
	人均生产总值（元）	24647	33277	32569	—	—
2009 年	地区生产总值（亿元）	39482.56	3763.91	61.41	0.16%	1.63%
	人均生产总值（元）	41166	56601	53077	—	—

资料来源：《东莞统计年鉴》（2004、2006、2010）、《广东统计年鉴（2010）》。

从沙田 2002 年以来固定资产投资总额的增长速度与广东省、东莞市
比较来看，沙田年均增长速度为 27.40%，超过广东省年均 16.92% 的增
长率，略微低于东莞市的 28.26%（见表 2—4、表 2—5）。主要原因是
2004 年以前，沙田还处于相对滞后的起步阶段，吸引的外部资产投资数
额较少，与东莞市较发达的乡镇差距较大，位于增速较慢位置，低于全市
的平均速度，两者之间相差了 17.69 个百分点。2004 年以后沙田的固定
资产投资增长速度虽然有所下降，但是，与东莞市的平均增长速度的降幅
达到 30.18 个百分点的状况相比，要好上很多，仅仅下降了 7.51 个百分
点，因此，观察 2004—2009 年这 6 年间的数据，沙田固定资产投资的平
均年增长速度要高于东莞市的年平均增长速度 5 个百分点，这使得

2002—2009 年相对较长观察期内的数据也有所改观，明显缩小了沙田固定资产投资增长速度与全市平均增长速度的差距。

表 2—4　　　　广东省、东莞市和沙田镇历年固定资产投资总额比较（亿元）

年份	广东省	东莞市	沙田镇
1990	381.47	7.51	—
1995	2327.22	63.14	—
2000	3233.70	102.89	3.27
2001	3536.41	125.49	3.32
2002	3970.69	191.57	3.98
2003	5030.57	319.39	4.12
2004	6025.53	433.90	7.02
2005	7164	597.24	
2006	8117	705.45	12.03
2007	9595	841.21	15.21
2008	11165	944.34	18.25
2009	13353	1094.08	21.68

资料来源：各年《东莞统计年鉴》和《广东统计年鉴》。

表 2—5　　　　广东省、东莞市和沙田镇各时间段固定资产

投资增长率比较（%）

时间段	广东省	东莞市	沙田镇
2002—2004 年年均增长率	23.19	50.50	32.81
2004—2009 年年均增长率	17.25	20.32	25.30
2002 年以来年均增长率	16.92	28.26	27.40

资料来源：各年《东莞统计年鉴》和《广东统计年鉴》。

（二）沙田镇与周边镇的经济规模比较

沙田镇从地理位置和自身特点上看，属于东莞市西部沿海经济带的乡镇之一，并归类为亲水的沿海镇和水乡镇，周边与沙田区位相同并同属于西部沿海经济带的有虎门、长安和厚街三个沿海镇，以及麻涌（也是沿

海镇和水乡镇）、道滘和洪梅三个水乡镇（见图 2—2）。

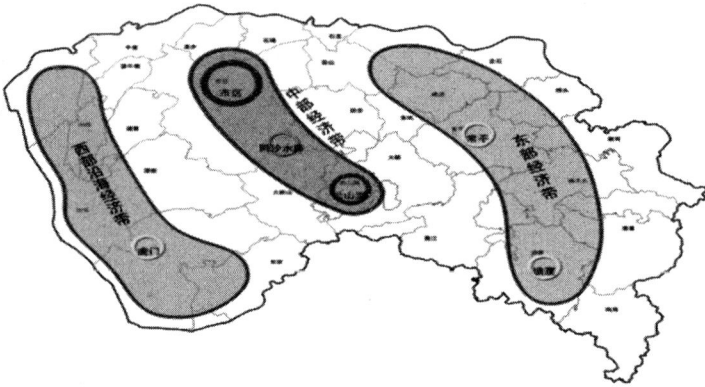

图 2—2　东莞市经济上的"三带联动"发展格局

其中虎门、长安、厚街三镇是东莞市的经济发达镇，改革开放后，一直起着引领全市经济发展的先导作用；虎门、长安、厚街三镇 2003 年的地区生产总值分别为 53.27 亿元、49.5 亿元和 44.91 亿元，分列东莞市镇级经济的第一、第三和第四位；2008 年三镇地区生产总值分别增加到 214.77 亿元、202.10 亿元和 160.87 亿元，分列东莞市的第一、第二和第五位（见表 2—6）。这三镇的综合经济实力在全国镇级经济中也名列前茅，2005 年全国千强镇评比中，虎门、长安、厚街分别占据第一位、第三位、第二十六位。2007 年全国千强镇评比中，虎门、长安、厚街分别占据第二位、第九位、第四十二位。

表 2—6　沙田及周边地区经济在东莞市的位序、三次产业比例比较

镇区	全市位序		三次产业比例（%）	
	2003 年	2008 年	2003 年	2008 年
全市			3：54：43	0.3：52.8：46.9
虎门	1	1	5：52：43	0.6：51.2：48.2
长安	3	2	3：69：28	0.2：64.3：35.5
厚街	4	5	3：53：44	0.5：48.7：50.8
麻涌	17	15	4：76：20	1.0：84.8：14.2

续表

镇区	全市位序		三次产业比例（%）	
	2003 年	2008 年	2003 年	2008 年
沙田	27	20	10∶66∶24	2.2∶57.7∶40.1
道滘	28	26	7∶61∶32	1.7∶53.3∶45.0
洪梅	31	32	10∶77∶13	2.1∶68.1∶29.8

资料来源：《东莞市统计年鉴》（2004、2009）。

　　麻涌镇与沙田镇一样具有沿海镇和水乡镇的双重身份，同时也都是虎门港的组成部分。麻涌镇的经济比沙田强一些，处于全市的中等水平。而道滘和洪梅与沙田同属于经济排位比较靠后的镇区。

　　但是，2003 年以来沙田的发展比较快，从两个表（见表 2—7、表 2—8）中可以看到，沙田在东莞市 32 个镇区中的排位，在 2003 年处于 27 位，仅经过 6 年，在 2009 年就上升到 19 位，提升了 8 个位次。而其他 6 个参照镇在这段时间内的变化仅在 1—2 个位次。沙田的增长速度相对明显和突出。

表 2—7　　　　　　2003 年沙田及周边地区经济、人口规模比较

镇区	全市位序	经济		人口（万人）		
		生产总值（亿元）	人均生产总值（元）	总人口	户籍人口	外来人口
全市		947.97	15815	599.41	158.96	440.45
虎门	1	53.28	8896	59.89	11.50	48.39
长安	3	49.50	7173	69.01	3.66	65.35
厚街	4	44.91	17273	26.00	8.98	17.02
麻涌	17	20.13	20969	9.60	6.87	2.73
沙田	27	13.50	12500	10.80	3.67	7.13
道滘	28	13.49	9768	13.81	5.33	8.48
洪梅	31	5.28	12816	4.12	1.96	2.16

资料来源：《东莞统计年鉴（2004）》。

表 2—8　　　　　　　2009 年沙田及周边地区经济、人口规模比较

镇区	全市位序	经济		人口（万人）			
		生产总值（亿元）	人均生产总值（元）	总人口	户籍人口	外来人口	外来人口占比（％）
全市		3763.91	56601	635.00	178.73	456.27	71.85
虎门	1	243.76	44899	53.67	12.61	41.15	76.67
长安	2	208.37	33507	55.28	4.25	51.03	92.31
厚街	6	169.60	35618	42.07	9.60	32.47	77.18
麻涌	15	93.24	85341	10.69	7.18	3.51	32.83
沙田	19	61.41	53077	11.18	4.01	7.17	64.13
道滘	26	44.91	33654	13.11	5.56	7.55	57.59
洪梅	32	25.30	52382	4.80	2.16	2.64	55.00

资料来源：《东莞统计年鉴（2010）》。

从外来人口的比例看，沙田的经济和社会开放度在 4 个相对落后的沿海和靠水乡镇中是比较好的。外来人口占到总人口的 64.13%。

其主要原因，应与特殊的沿海位置和港口经济的快速发展有关。通过省市对沙田发展的定位（见表 2—9），和沙田与周边镇区的定位（见表 2—10），可以看出沙田的发展动力、差异和前景。

表 2—9　　　　　　　上层次规划对沙田镇发展的地位分析

项目名称	功能定位
《珠江三角洲城镇群协调规划（2004—2020)》	虎门—长安属于地区性副中心。虎门—长安位于"脊梁"重要发展节点； 提出重点培育虎门—长安等重要节点区域性专业化服务功能和产业成长，强化中轴的核心功能。加快发展商贸、物流等现代服务业，建设东莞等地区性物流中心；大力发展沿海休闲旅游带

续表

项目名称	功能定位
《东莞十二五规划》（2011 年 1 月）	打造珠三角新兴物流城市……重点发展港口物流……将虎门港打造成现代综合物流示范基地，建立立沙岛石化物流园……建立立沙岛石化产业基地。重点推进麻涌港区和沙田港区建设
《东莞市城市总体规划》	滨海港口工业城镇
《东莞市域总体规划》	构建"虎门—厚街"专业中心：区域性商贸流通中心，会展中心、文化娱乐中心；电子和轻纺工业基地；虎门—沙田临港产业基地。综合服务功能的宜居地区。建设沙田中部和北部农业区，主要发展香蕉、粮食种植和流通中心
东莞市沿海经济带发展策略	东莞主城区向滨水地带伸展的重要节点，也是近期港口建设的重点。结合产业区外围的沙田镇形成两港两城的城镇格局
《沙田镇总体规划（2000）》	以港口工业、加工制造业为依托，商旅兴旺的生态型港口城镇
《沙田产业区总体规划》	以集装箱港口为主要依托，集临港型工业、出口加工工业、物流、服务、居住于一体的生态型综合产业区

资料来源：《珠江三角洲城镇群协调发展规划（2004—2020）（上）》，建筑工业出版社 2007 年版；《市城市总体规划（2000—2015）》，东莞市规划局；《东莞十二五规划》（2011 年 1 月）。

表 2—10　　　　沙田及周边镇区的功能定位与产业选择对比

镇区	功能定位	产业选择
沙田镇	以港口工业、加工制造业为依托，商旅兴旺的生态型港口城镇	港口工业、加工制造业、海产品加工工业和仓储业
道滘镇	现代化水乡新城	加工制造业、旅游业、房地产业、商贸业
洪梅镇	具有水乡特色的以制造业为主导的重要工业城市	制造业、房地产业

续表

镇区	功能定位	产业选择
麻涌镇	海陆联运基地、港口工业中心镇	港口工业、物流运输业、生态旅游业
厚街镇	国际制造业名城的重要组成部分；以会展业为龙头，第三产业发达的知名城镇	家具、服装、鞋类和食品等传统产业；高新技术产业；酒店业、家具制造业、会展业
虎门镇	珠江三角洲的区域商贸物流中心；东莞国际制造业名城的重要基地；历史文化名镇	服装、电子和文教体育用品制造业、商贸与餐饮服务业、物流业、休闲旅游业、信息咨询
长安镇	珠三角综合性的加工制造业基地（2010 年）；珠三角核心圈层中的地区级中心城镇（2020 年）	以电子工业为主体的高新技术制造业和以服务业为主的商贸服务业

资料来源：东莞市各镇发展规划。

从表 2—10 可以看出，虎门镇的发展重点不是落在虎门港的建设上，而沙田和麻涌的重点是虎门港建设和港口物流。也就是说，东莞市的港口物流主要是由麻涌和沙田承担的，而且，沙田还承担着全市石化产业基地的重任。

近年来沙田的快速发展，应与其在东莞市内的区位分工得到明确，定位特点突出有关，尤其是沙田在虎门港建设中的受益较大，相辅相成的发展前景较好。

2012 年 12 月，东莞市进一步调整了沙田和虎门港的管理体制，把两个班子合一，虎门港党工委书记、沙田镇委书记由一人兼任，虎门港管委会主任、沙田镇镇长也由一人兼任。这为沙田镇和虎门港的快速发展和腾飞奠定了坚实的基础。

（三）沙田镇与周边镇的城镇化水平比较

从见表 2—11、表 2—12 可以看出，沙田镇近年来城镇化水平同样发展比较快，从 2003 年的 10.35%，快速上升到 2009 年的 67.71%，取得的成绩还是不小的。虽然城镇化水平仍然低于全市平均水平的

84.68%，也低于发达镇的 80%—100% 的高城镇化水平，但是，这个增长速度不仅超过了东莞市的平均水平（同一时期，东莞市全市平均水平从 35.78% 上升到 84.68%），也超过周边的麻涌镇、洪梅镇，以及原来比沙田城镇化水平高的道滘镇。说明了，沙田镇在东莞市域中的经济地位正在快速提升，处于一个从后部向前不断赶超的状态。而且，沙田镇经济快速发展的状况，也在某种程度上影响和推进着其城镇化进程。

表 2—11　　　　　　2003 年沙田与周边城镇经济发展指标比较

项目＼地区	全市	虎门	长安	厚街	道滘	麻涌	洪梅	沙田	沙田在全市镇（区）的位次
地区生产总值（亿元）	947.97	53.28	49.50	44.91	13.49	20.13	5.28	13.50	27
人均地区生产总值（元）	60158	46751	137537	50408	25430	29361	27051	37069	23
户籍总人口（万人）	158.96	11.50	3.66	8.98	5.33	6.87	1.96	3.67	20
非农业人口（万人）	56.87	3.99	0.47	1.14	1.16	0.54	0.13	0.38	23
城镇化水平（%）	35.78	34.70	12.84	12.69	21.76	7.86	6.63	10.35	——

注：城市化水平按非农业人口计算。

资料来源：《东莞统计年鉴（2004）》。

表 2—12　　　　　　2009 年沙田与周边城镇经济发展指标比较

项目＼地区	全市	虎门	长安	厚街	道滘	麻涌	洪梅	沙田	沙田在全市镇（区）的位次
地区生产总值（亿元）	3763.91	243.76	208.37	169.60	44.91	93.24	25.30	61.41	20
人均地区生产总值（元）	56601	44899	33507	35618	33654	85341	52382	53077	7
户籍总人口（万人）	168.73	12.61	4.25	9.60	5.56	7.18	2.16	4.01	
常住人口（万人）	635.00	53.76	55.28	42.07	13.11	10，69	4.8	11.18	25

项目 ＼ 地区	全市	虎门	长安	厚街	道滘	麻涌	洪梅	沙田	沙田在全市镇（区）的位次
非农业人口、包括非户籍的常住人口（万人）	537.73	45.63	55.18	33.70	8.71	4.5	2.76	7.57	
城镇化水平（％）	84.68	84.88	100.00	80.11	66.44	42.10	57.50	67.71	——

注：城市化水平按非农业人口和非户籍常住人口计算。

资料来源：《东莞统计年鉴（2010）》。

四　沙田发展思路演变

改革开放以来，沙田一直在寻找适合当地经济发展的产业方向，努力跟上周边先进乡镇的发展步伐，尤其是进入 21 世纪以来，沙田一直没有放弃对发展道路的探索、研究和调整。2004 年后，当珠三角及广东省工业化进入以汽车、石化、钢铁、造船、装备制造等重型化产业集群为主导的新一轮快速增长期后，沙田利用本地拥有东莞市建设港口、发展规模临港工业、港口物流业的重要资源；及时调整发展思路，把握住重型产业化的机遇，为重化工业、先进制造业的发展积极创造条件，充分利用重化工业的发展所衍生的产业发展空间，把握重化工业重新布局和发展的有利时机，努力融入全国和广东重化工业产业链，发展重化工业以及相关的配套产业。并利用自身拥有建设东莞滨海居住新城、旅游休闲度假和产业化基地、水网特色和湿地景观的个性化绿色城镇的条件的优势，发展滨海城市，创建和谐、宜居的新型城市。

从 2001 年以来沙田镇的发展思路演变可以看出，沙田镇始终把"现代化港口工业重镇"作为发展目标，并在 2004 年提出走"滨海城市"之路，在 2007 年提出"和谐沙田"，提升城市形象、发展壮大临港工业，大力发展第三产业（见表2—13）。在城市建设、产业选择和发展上都紧紧围绕着这些目标进行。城市建设以港口建设、城市建设和园区建设为重点；产业的选择和发展重点则是以港口战略带动外向型经济发展，农业向产业化方向发展，大力发展港口工业、港口服务配套产业，高新技术和现代物流业，港口特色的餐饮业等第三产业。

对沙田来说，今后（"十二五"至2020年）将是一个重要的机遇期，把握住重型产业化的机遇，为重化工业、先进制造业的发展积极创造条件，充分利用重化工业的发展所衍生的产业发展空间，把握重化工业重新布局和发展的有利时机，努力融入全国和广东重化工业产业链，发展重化工业以及相关的配套产业，将会有力、持久地推动沙田产业结构的升级和提高。

表 2—13　　　　沙田镇历年城镇建设和产业发展思路演变

年份	发展目标	城镇建设重点	产业发展方向
2001	新兴的港口工业城市	港口发展	以港口战略带动外向型经济发展，与港口相配套的集生产、加工、出口、仓储、物流为主，以商品农业生产为辅
2002	现代化港口工业重镇	工业园区规划，加强基础设施建设	实行外向带动战略，打好"外资牌"；拓展民营经济，发展第三产业，特别是房地产业；农业向产业化方向发展，尤其是渔业产业化
2003	两港两城三园	以港口建设为龙头，以城市建设和工业园建设为两翼 两城：港口生活服务区、港口服务区；三大园区：环保工业园、沿海产业园、立沙石化工业园	大力发展港口经济、外向型经济、民营经济和第三产业。推进农业产业化，调整渔业生产结构；充分发挥港口优势，发展现代经贸物流业；大力发展房地产业、商业

续表

年份	发展目标	城镇建设重点	产业发展方向
2004	现代化港口工业重镇	推进园区建设，确立走中等城市与村中心区协调发展的有滨海城市特色之路	实施园区带动战略，实现经济结构和城市布局的优化；大力发展物流业，提升农村的经济实力、制造业的带动力、民营经济的活力
2005	现代港口工业重镇和滨海城市	营造滨海城市	港口工业、港口服务配套产业，高新技术和现代物流业，港口特色的餐饮业等第三产业
2006			
2007	港口经济、滨海城市、和谐沙田	优化产业结构，打造四大园区，优化城市环境，提升城市形象	实施"物流培育壮大工程"，发展壮大临港工业，大力发展第三产业
2008	推进经济社会双转型、实现跨越式发展	突出抓住重点，着力优化产业结构。加快园区开发建设，打造龙头引领点。加强城市建设，提升城市形象	以港口物流产业和石化产业为突破口，培育特色产业，壮大产业集群，提升产业竞争力。以商贸工程为抓手推动服务业大发展。以企业培育为重点壮大民营经济
2009	抓落实、保增长、建新城、惠民生、强管理、维和谐	构建现代产业体系。抓招商，加速经济总量增大。抓扶持，推动企业做大做强。抓平台，加快园区功能配套完善	发展临港工业、物流产业、石化产业、港口配套产业，发展现代服务业，发展绿色生产力
2011	五方面升级：产业、城市、幸福、观念、管理	力争创建国家园林城镇、国家卫生镇、国家生态镇，使城市发展水平更高、水韵更具魅力、更适宜居住和创业	发展先进装备制造业、现代物流服务业、高端新型电子信息产业、节能环保产业、海洋产业五大特色产业

资料来源：沙田镇政府工作报告（2001—2009 年）。

　　总之，近些年，沙田依据其资源特点构成新发展背景下的后发优势，充分利用自身充足的港口岸线资源、建设用地资源，正在把沙田上升成为东莞市各镇区中独一无二的，将承接珠三角地区港口产业、重工业发展的重要节点。

　　目前，沙田镇各类产业发展迅速，产业结构处在"二三一"的发展阶段，农业比重逐渐减小，第二产业稳中有升，第三产业快速增长；产业布局逐步成形，并趋向合理。在产业的分布与区域资源优势（尤其是区位、交通优势）的结合上取得了一定的效果，地域分工与协作日益加强。

　　虽然，沙田当前发展仍有些相对滞后，特别是还存在产业特色不够明显、大型优质企业不多的劣势，未形成比较突出的优势产业和主导产业，但是，沙田今后发展的重点和方向既符合东莞城市经济的发展战略，也符合区域经济的空间战略，即沿海、推进国际交往与循环、临海基础装备业、适度重型化等发展方向。沙田未来的发展有虎门港的带动，有交通的优势，发展条件和势头应是良好的。把握突出的区位优势、得天独厚的水资源，以及珠三角一体化和虎门港开发建设将为沙田发展带来难得的发展机遇。

第三章　人口状况与变化趋势

沙田镇从清前期有人开始围江造田、迁移定居,到改革开放前的200多年历史中,一直是个相对封闭,以农、渔业为主的沿江地区。新中国成立前因环境艰苦、交通不便,生活居住在这里的人们主要是由佃户和疍户组成,新中国成立后沙田户籍人口中也绝大多数是以农民和渔民构成。在农业社会,一个地区居住人数的多少,主要是由农作物产出量和相关自然环境变化所决定,因此,沙田历史人口长期呈现出的是缓慢增加态势。20世纪70年代经济改革以来,随着广东珠三角地区和东莞市的经济结构不断提升,沙田的人口数量和结构也出现了较大变化,外来人口开始迅速增加。进入21世纪后,常住人口快速增长的发展趋势在沙田更加凸显出来,现在沙田外来人口已大大超过户籍人口,对沙田地区人口的组成产生了巨大的影响。

一　沙田户籍人口的来源及姓氏分布

(一)沙田户籍人口来源

从沙田当地有关社会发展历史的文字记录看,这里最早的居民是在200年前清雍正时期前后从周边迁徙而来,主要来源是东莞的麻涌、道滘、厚街、虎门、万倾沙等乡镇,和中山、顺德、番禺等地的贫苦农民,以及一些常年居住在小艇上、在长江入海口和广东沿岸洋面上四处流浪的疍户。长期以来,沙田当地居民的生活环境和居住状态非常艰苦和简陋,居住的房屋都是用稻草、水草或蔗叶在河涌旁或田埂上搭成,再加上许多居民原来就有生活在船上的历史，因此，沙田人在过去常被人称为"水流柴""旦家佬"。

从人口学的角度观察，沙田地区的农民与国内其他地区农民有一个明显不同的特征是，本地各村的村民都没有族谱和宗祠，也缺乏回溯数代以上家族历史的文字和传承，因此，现在难以找到当地居民的家族沿袭历史和祖上迁徙踪迹。但是，由于沙田户籍人口中的先辈在沙田落户时，主要采取的是相同背景的人群共同居住在自然形成的村落中，因此，对这些由相邻自然村落组成的 16 个行政村进行历史考察，还是可以部分追溯到沙田人口的来源、成分构成及聚集变化的痕迹。

照片 3—1　历史上沙田居民的生活状况。照片中的茅寮和生活环境不仅在新中国成立前就普遍存在，实际上，就是在 20 世纪 60—70 年代的沙田这也是一种可以常常见到的景象

观察和分析沙田村庄形成的历史原因是一个较好的溯本寻源方式。《沙田镇志》中有对各行政村中自然村落形成的较为详细描述，其内容

如下：

（1）中围村委会的村民。相传是 200 多年前，由麻涌迁此，围滩造田，初名"君宝"，后因人多，分村而居，即沙头、中围和下围。

（2）和安村委会的村民。相传是 200 多年前，附近水上疍户迁此，围滩造田，定居；取和平安定之意，定名和安。其中新涌村民，相传 200 年前，麻涌人在此围滩造田，因是新垦新建村，定名为新涌村。

（3）大流村委会的村民。相传是 200 多年前，番禺的市桥、顺德等地疍户"流居"在此地建村，定居"大流"。其中四合村民大约是在 100 年以前由麻涌四股人来此联合围垦造田，后人移此定居建村，是今四合村的始人。而埠城村民，则是 100 多年前，麻涌人到此沙滩围垦耕种，后人迁居形成村庄。

（4）坭洲村委会的村民。大约 150 年前迁入，此地是烂水田，都是水上疍户，因水上谋生艰难在此筑堤、垦滩、造田立村。其中日田村，因海水浸入，故取名"溢田村"，1968 年改为雅称：以"日"代"溢"，沿用至今；新村是 1962 年从坭头迁此建村；坭尾村原名"四顷"，1958 年改用今名；坭中村民则源于道滘。

（5）杨公洲村委会的村民。相传是 200 多年前，厚街涌口官姓人家到此耕作，是由厚街"公元庙"杨氏所辖。而鹤洲村民则是 200 多年前，由厚街王氏到此筑围、开垦耕种定居，王氏祠堂称"鹤簿公"故取名"鹤洲"。

（6）阇西村委会的村民。相传是 200 多年前，因道滘、麻涌人在三盛围滩造田，请水上疍户耕种，后来定居，立村三盛。勒仔围村原是厚街人到此耕种，在村四周种勒仔树围村。泗盛村民则是番禺、万顷沙疍户流居此地边渔边农，后而立村。拐排村民原是游散人到此定居。南环村民则是附近水上疍户在此边渔边农定居成村，后来人多，部分村民分居蛇头仔村。赖家庄村民源于篁村白马，最早迁入人家姓赖，后来李氏、蔡氏迁此定居。山边村民源于厚街人氏，到山边种草定居。

（7）民田村委会的村民。相传在100多年前，此还是一小岛，有些耕田人家迁往此地，围滩造田，平整沙洲取名民田。其中官洲村民是厚街人到此开发，后为官府所收，而取名官洲。水浸围村民是厚街人到此围滩造田，由于地势低水浸而取名水浸围。牛栏角村民则是南海、顺德移民到此，建村在形象牛角的河堤上，而取名牛栏角。泗沙村民则是疍户流居此地，以捕鱼为生，水上谋生艰难，上岸定居耕田，居住第四条沙洲，故取名泗沙村。

（8）福禄沙村委会的村民。相传100年前，村民从番禺、顺德、南海迁此定居，其中石塘头村民是在新中国成立前从各处迁此定居，打鱼耕田，住在石塘头涌两旁，故取名石塘头村。而洲仔村民则是疍户常在此地避风，后上岸定居，边渔边农，以农为主，因住在一个小洲上，故取名洲仔。桂轩洲村民原是厚街人到此请水上人家耕种，后来定居。石塘尾村民是由疍户定居成村民。

（9）西大坦村委会的村民。相传200多年前，此地为海滩，附近疍户流居此地，部分疍户上岸围滩造田，由于土地肥沃，渔农丰收，人口增多，分居东、西、上、下四周居住。新围村民原是100多年前从番禺迁此，建新村定居。

（10）穗丰年村委会的村民。相传200多年前，厚街、虎门两地有钱人家在此一带投资围滩造田，请水上疍户耕种，由于粮食丰收，百业兴旺，农民富裕，而定居取名穗丰年。

（11）齐沙村委会的村民。相传150年前，从万顷沙、番禺等地以及附近疍户来此定居，围滩造田建村。

（12）大坭村委会的村民。相传150年前，此为浅海，有很多小土丘，人们居住在高大的土丘上，而取名大坭。其中大有围、满丰村、祥盛村是番禺万顷沙人最早定居，其余村的人是从外地疍户在此围滩造田建村。

（13）稔洲村委会的村民。相传150年前，太平镇口和水上疍户来此定居。

（14）义沙村委会的村民。清朝时期，这里是海滩，为厚街桥头管辖，请附近疍户在此围滩、造田、建村。

（15）西太隆村委会的村民。清朝中期（约200年前）厚街人在围滩建村，雇人耕种，后人多发展定居。

（16）先锋村的村民。由渔民组成，形成于1958年10月，最初是由4个聚居点的渔民在道滘闸口村合并成"道滘渔民大队"，属莞城渔业公社管辖。1968年7月迁入沙田，以"学雷锋、争先进"之意取名"先锋"，原属新湾镇管辖。1998年9月划归沙田镇管辖。

（17）横流社区的居民。横流社区（横流镇）是20世纪60年代新建的居民点，是沙田当时小店铺等商业活动的集中地，居民来自虎门厚街等地。横流的名字是因其所在地有横流涌，连接东江南支流和黄泥沥，潮水涨退时，水就横向流动，故取名横流。

对上述记载进行分析，可以看出，除横流社区和先锋村是新中国成立以后在20世纪50—60年代新建立和迁来的居住点外，沙田另外15个行政村中具有200年以上人类居住和建村历史的有8个；150年以上建村历史的有4个；100年以上建村历史的有2个。在8个有200年历史的村庄中的5个是由疍户，或者是由周边地区的地主开垦土地后，雇用疍户们建立起来的。4个有150年以上的历史的村庄都是疍户或有疍户参与建立的村落。2个有100年以上的历史的村庄也都有相当多的疍户参与其中。而2个20世纪60年代建立和迁来的新居住点居民中，有一个完全是由渔民组成。从上述的文字叙述中可以看出，沙田户籍人口的祖上主要是由当时社会中处于底层的疍户和贫苦农民组成。

（二）沙田的姓氏

沙田第五次人口普查（2000年）资料显示，沙田户籍人口中姓氏种类较多，在沙田有户籍人口登记的36342人中，共有108个姓氏，其中，千人以上的姓氏有11个，千人以下百人以上的姓氏有12个，百人以下50人以上的有12个，50人以下20人以上的有15个，而属于20人以下的姓氏为58个（见表3—1）。从姓氏占人口的比例看，大姓的集中度相对比较高，排在前3位的姓氏占到沙田户籍人口的38%（38.48%）；排

照片 3—2　沙田的疍家女

照片 3—3　疍家女的守候——背景是沙田居民以前长年居住的骑脚松皮
寮

在前 5 位的姓氏占到 56% （56.05%），处于前 11 位的姓氏占到近 80%
（79.78%）。但是，由于这里的早期居民都是从各地流落到此，因此在沙
田的同一姓氏，其祖上却多来自不同的地方，故沙田姓氏的氏族沿袭实际
上错综纷杂、来源分散，很难追溯或简单划分与归类。

表 3—1　　　　　　　　　沙田镇 20 人以上的姓氏及人数

序号	姓氏	人数	序号	姓氏	人数	序号	姓氏	人数	序号	姓氏	人数	序号	姓氏	人数
1	陈	6230	11	黎	1080	21	邓	266	31	郑	61	41	苏	37
2	梁	4000	12	张	725	22	林	257	32	杨	60	42	招	34
3	郭	3756	13	刘	605	23	谭	126	33	蒋	59	43	袁	33
4	何	3543	14	高	452	24	萧	92	34	胡	58	44	徐	27
5	黄	2841	15	叶	424	25	蔡	91	35	方	55	45	曹	25
6	周	1735	16	谢	424	26	罗	78	36	于	42	46	朱	24
7	冯	1622	17	钟	361	27	赵	71	37	石	42	47	彭	24
8	李	1621	18	布	292	28	孙	70	38	庚	42	48	文	22
9	王	1422	19	卢	287	29	伍	68	39	肖	41	49	廖	22
10	吴	1142	20	杜	273	30	万	65	40	唐	40	50	许	21

二　户籍人口分析

　　现在难以寻觅到沙田新中国成立前和新中国成立后的早期居民数据，但从近 30 多年的统计数据看，沙田人口的自然增长率与全国人口增长水平相一致，前高后低，处于平缓上升状态。2009 年沙田的户籍人口为40149 人，与 1978 年的户籍人口 25463 人相比，实际增加了 14686 人，31年间增长了 57.68％。其中，自然增长率最快的是 1981 年，达到了23.9‰，当年出生 728 人，死亡 101 人，实际增加了 627 人。

　　1999 年以后，沙田镇自然增长率由以前长期维持的 10‰以上，迅速下降到 10‰以下，而且，进入 21 世纪后一直保持着这种相对低的增长率。究其原因，这应是与我国 20 世纪 90 年代末期计划生育的推行力度加强，以及在 2001 年出台了《中华人民共和国人口与计划生育法》，把计划生育上升到国家法律层面的国家大环境有关。[①] 此外，沙田的自然增长

―――――――――

　　① 我国自 20 世纪 70 年代以来全面推行计划生育，1982 年定为基本国策，2001 年《中华人民共和国人口与计划生育法》颁布，使得这一政策上升为国家法律。

率在 2000 年以后的明显下降，也与东莞市全市数据的变化相一致，因此，可以部分认定，这个时期的下降，应与全市计划生育政策执行力度的增强相关（见表 3—2）。

表 3—2　　1978—2009 年沙田镇户籍人口自然变动情况统计

年份	总人口	出生		死亡		自然增长	
		人数（人）	出生率（‰）	人数（人）	死亡率（‰）	人数（人）	自然增长率（‰）
1978	25463	388	15.2	100	3.9	288	11.31
1979	25337	571	22.5	101	3.99	470	18.55
1980	25585	588	22.98	103	4.03	485	18.96
1981	26237	728	27.75	101	3.85	627	23.9
1982	26795	611	22.80	99	3.70	512	19.11
1983	27307	538	19.70	102	3.74	436	15.97
1984	27969	587	20.99	97	3.47	490	17.52
1985	28263	439	15.53	108	3.8	331	11.71
1986	28523	409	14.3	123	4.3	286	10.03
1987	28907	431	14.91	120	4.15	311	10.76
1988	29211	496	16.98	118	4.04	378	12.94
1989	29568	523	17.69	131	4.43	392	13.26
1990	30134	517	17.16	107	3.55	410	13.61
1991	30497	535	17.54	127	4.16	408	13.38
1992	30873	576	18.66	134	4.34	442	14.32
1993	31296	570	18.21	148	4.73	422	13.48
1994	31688	549	17.33	121	4.07	428	13.51
1995	32047	519	16.20	178	5.55	341	10.64
1996	32333	497	15.37	158	4.89	339	10.49
1997	32672	532	16.28	123	3.77	409	12.52
1998	32907	464	14.1	128	3.89	336	10.21
1999	35313	473	13.40	126	3.57	347	9.83

年份	总人口	出生		死亡		自然增长	
		人数（人）	出生率（‰）	人数（人）	死亡率（‰）	人数（人）	自然增长率（‰）
2000	35457	405	11.42	155	4.37	250	7.05
2001	35781	358	10.01	151	4.22	207	5.79
2002	36185	347	9.59	153	4.23	194	5.36
2003	36653	331	9.03	175	4.78	156	4.26
2004	37191	408	10.97	195	5.24	213	5.73
2005	37978	451	11.88	182	4.79	269	7.08
2006	38444	433	11.26	185	4.81	248	6.45
2007	38833	470	12.10	193	4.97	277	7.13
2008	39362	476	12.09	211	5.36	256	6.50
2009	40149	483	12.03	204	5.08	279	6.95

注：本表按户籍人口统计。

资料来源：沙田镇公安分局提供的数据。

沙田户籍人口增长的总趋势是前快后慢。20 世纪 90 年代低于 80 年代，21 世纪初期的几年又进一步低于 90 年代，呈现出一个逐步降低的台阶形发展走势（见图 3—1）。

从总户数和户均人口的发展变化看，总户数的增加比较明显（见表 3—3、表 3—4）。由 2001 年的 8892 户，增加到 2009 年的 12540 户，增长了 41.03%。但与此同时，户均人口却出现了不断下降的趋势，从 2001 年的户均 4.02 人，减少到 2009 年的户均 3.20 人，下降了 20.40%。这说明，沙田户籍人口的家庭结构出现了明显变化，一方面是传统农业家庭几代同居的形式正在开始向代际间分居形式的转变，逐渐从人口众多的大家庭向小家庭的现代城市居住状态转移；另一方面，是受益于计划生育的有效推广，使得 2—3 口人的家庭比例不断增加。这也是经济社会发展、生活水平提高和居住条件发展变化的一个重要特征。

如果进一步结合广东省和东莞市的相关数据，可以清楚地看到沙田户

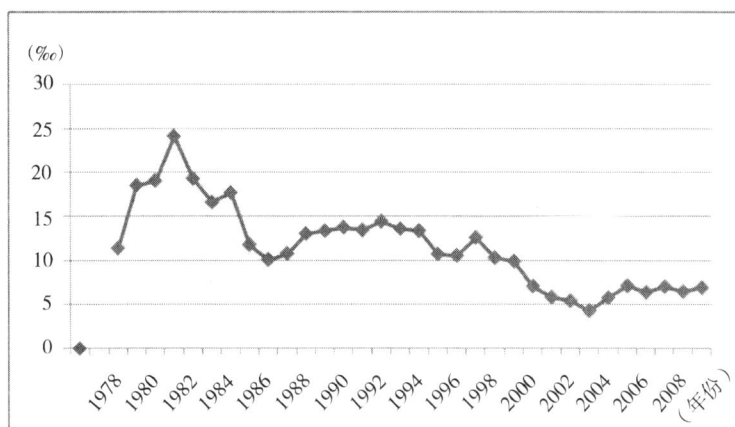

图 3—1　沙田镇户籍人口的自然增长率

均人口的变化在同一区域内的变动趋势及自身特点。2000 年广东省户籍
人口户均为 3.94 人，东莞市 2000 年户均是 3.69 人，沙田 2001 年户均为
4.02 人，在这个时点上，沙田的户均人数处于相对较多（滞后）的状态；
而到 2009 年，沙田户均人口已明显变化，不仅低于 2010 年广东省人口统
计的户均人数（3.71 人），同时，也低于同年东莞市的户均人数（3.43
人），达到了 3.20 人（见表 3—5、图 3—2）。仅仅从十年来沙田户均人
口下降变化程度较大的情况看，似乎向我们展示出，沙田经济社会的进步
速度在同一区域内是比较显著的。

表 3—3　　　　　　　　　2000—2009 年沙田镇户籍人口数

单位：人

年　份	户籍人口	按性别分		按农业、非农业分		总人口中：未落常住户口的人
		男	女	农业人口	非农业人口	
2000	35578	18350	17228	31753	3825	0
2001	35781	18472	17309	31898	3883	
2002	36185	18643	17542	32327	3858	
2003	36653	18843	17810	32891	3762	9
2004	37191	19055	18136	33460	3731	21
2005	37978	19327	18651	34546	3432	11

年　份	户籍人口	按性别分		按农业、非农业分		总人口中：未落常住户口的人
		男	女	农业人口	非农业人口	
2006	38444	19532	18912	35303	3141	91
2007	38833	19761	19117	35480	3353	173
2008	39362	19926	19436	35725	3637	154
2009	40149	20267	19882	36055	4094	80

资料来源：沙田镇公安分局提供的数据。

表 3—4　　　　　　2001—2009 年沙田镇户籍总户数

单位：户

年　份	总　户　数	农业户	非农业户
2001	8892	8009	883
2002	9560	8634	926
2003	10520	9590	930
2004	11156	10237	919
2005	11966	11062	904
2006	12240	11387	853
2007	12290	11393	897
2008	12362	11393	969
2009	12540	11414	1126

资料来源：沙田镇公安分局提供的数据。

表 3—5　　　　广东省、东莞市、沙田镇户籍人口户均人数 10 年变化比较

单位：人

年　份	广东省	东莞市	沙田镇
2000	3.94	3.69	4.02（2001 年）
2010	3.71	3.43（2009 年）	3.20（2009 年）

资料来源：《广东统计年鉴（2006）》、《广东统计年鉴（2011）》，东莞市和沙田镇的数据是根据 2006—2010 年《东莞统计年鉴》整理。

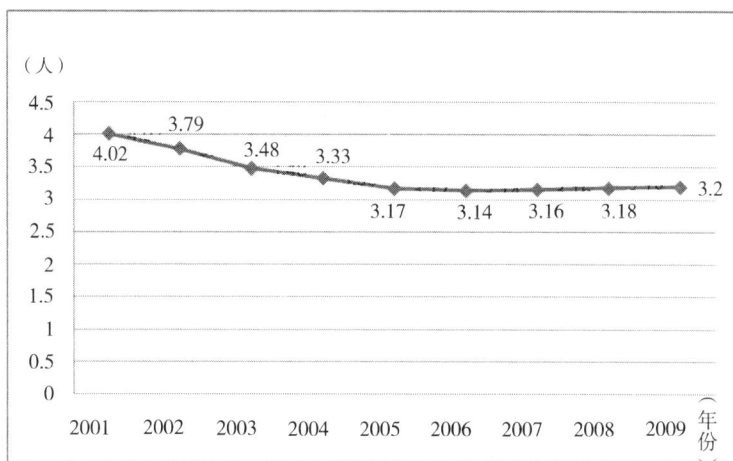

图3—2　沙田户籍人口户均人数变动趋势

照片3—4　渔民出海打鱼，在"土地诞"的日子，留在家里的妇女
和儿童摆上烧猪，祈求平安

从户籍人口10年来的性别比例变化看，广东省户籍人口的总人口性别比
（以女性为100，男性对女性的比例），由2000年的106.7下降为2010年的
106.2；2010年，广东省户籍人口中男性人口占51.50%，女性人口占
48.50%。同期，东莞全市户籍人口的总人口性别比由2000年的102.4上升为
2010年的103.1；2010年男性占50.76%，女性占49.24%。与上述数据相对

照，沙田镇户籍人口的总人口性别比，由2000年年底的106.51下降到2009年的101.9；2009年沙田镇户籍人口男性占50.48%，女性占49.52%。广东省和沙田镇户籍人口10年来男女性别比例差距处于缩小的趋势（见表3—6）。其中，广东省的变化不明显，仅有0.5的降低，但沙田镇户籍人口中的男女比例变化显著，下降了4.61，男女比例已经非常接近。如果把沙田2009年户籍人口性别比（101.96），与东莞市2010年户籍人口的性别比（103.09）相对照，发现这两个地方的性别比例相对都差距不大，比较协调，但从动态上看，东莞市在这10年中男性比例有所增加，而沙田镇的变化却是女性比例上升比较明显。这似乎可以从一个侧面说明沙田户籍居民的现代社会观念意识有所提升，表现在摒弃偏爱男孩的传统观念上较明显。

当然，沙田镇户籍人口的性别比例变化，还可能反映了该地区受到以下一系列情况综合作用的结果：（1）经济发展较快，劳动方式发生了实质变化，脱离了仅仅依靠体力的生产方式；（2）计划生育工作效果扎实；（3）农村"养儿防老"的传统观念淡化，城市化观念增强等。

表3—6 广东省、东莞市、沙田镇户籍人口男女比例10年变化比较

单位:%

年 份	广东省		东莞市（户籍人口）		沙田镇（户籍人口）	
	男	女	男	女	男	女
2000	51.63	48.37	50.60	49.40	51.58	48.42
2010	51.50	48.50	50.76	49.24	50.48	49.52

资料来源：《广东统计年鉴（2006）》、《广东统计年鉴（2011）》，东莞市和沙田镇的数据是根据2006—2010年《东莞统计年鉴》整理。

沙田户籍人口近些年存在一定的流动性，但是总体变化不大。2001—2009年，沙田户籍人口的迁移总人数共有4184人，其中，迁入3334人，迁出850人（见表3—7）。9年间的迁入人口占到现有沙田户籍人口总数的8%（8.3%）。在21世纪的前9年中，沙田户籍人口的流动呈现出迁入人口大大多于迁出人口的现象，用迁入人口减去迁出人口，净流入了2484人。从分年度的指标观察，可以看到，2002年以后这两部分的差距

照片 3—5　立沙岛上的居民

开始拉大。这在一定程度上说明沙田社会经济的发展状况较好，对外部有较强吸引力。2009 年省外迁入明显增加，这与相关政策的变化（如新莞市的政策出台等）可能有一定关系。

表 3—7　　　　　　　　2001—2009 年沙田镇人口迁移变动情况

单位：人

年 份	迁移总计	省 内	省 外	迁入总计	省内迁入	省外迁入	迁出总计	迁往省内	迁往省外
2001	405	225	180	208	121	87	197	104	93
2002	430	243	187	273	168	105	157	75	82
2003	551	265	286	415	201	214	136	64	72
2004	459	237	222	399	228	171	60	9	51
2005	747	466	281	616	366	250	131	100	31
2006	360	224	136	304	181	123	56	43	13
2007	298	109	189	260	97	163	38	12	26
2008	392	159	233	351	150	201	41	9	32
2009	542	189	353	508	183	325	34	6	28
总计	4184	2117	2067	3334	1695	1639	850	422	428

　　资料来源：根据沙田镇统计办公室提供的数据，《沙田镇志》和 2006—2010 年《东莞统计年鉴》整理。

照片3—6　2005年沙田首届运动会开幕式上的沙田青壮年居民

　　从年龄结构看,沙田在近些年总户籍人口不断增加的情况下,0—18岁人口趋于下降,18—60岁人口和60岁以上人口趋于上升(见表3—8)。根据这个发展态势,沙田户籍人口的未来劳动力供给有降低的趋势。但是,如果从年龄结构中当前和未来具有活力的青年群体所占比例看,沙田的户籍人口结构在今后一段时期内还是有着相当的活力。当前,沙田人口结构中31岁以下的人口占到总户籍人口的近40%(39.11%)(见表3—9)。对31岁以下的人口进一步划分,还可以看到这部分人口中的近八成是处在25岁以下的年龄段,这说明在沙田户籍人口中的30%以上,是居于25岁以下的青少年和儿童阶段之中,也就是说,在将来的20—30年间,沙田户籍人口中,有相当比例的新劳动力供给。

表3—8　　　　　　　　　　沙田镇户籍人口年龄结构

单位:人

年份	总人口	0—18岁人口	18—60岁人口	60岁以上人口
2003	36653	9644	22948	4061
2004	37191	9364	23608	4219
2005	37978	9244	24438	4296
2006	38444	8987	24992	4465
2007	38833	8689	25512	4632
2008	39362	8585	25985	4792
2009	40149	8555	26570	5024

资料来源：沙田镇公安分局提供的数据。

表 3—9　　　　2009 年沙田镇户籍人口中 31 岁以下人口的比例

年 龄 段	人 数	占 31 岁以下户籍人口的比例（％）	占全部户籍人口的比例（％）
1—14 岁	6647	42.33	16.56
15—25 岁	5632	35.87	14.03
26—31 岁	3424	21.80	8.53
1—31 岁	15703	100	39.11

资料来源：根据沙田镇统计办公室提供的数据，《沙田镇志》 和 2006—2010 年《东莞统计年鉴》整理。

自 1999 年以来，沙田镇的户籍从业人员总数增长迅速，2009 年比 1999 年增长了 52.57％（见表 3—10）。从业人员占户籍人口的比例，也从 1999 年的 43.24％，增加到 2009 年的 73.71％。

本地劳动力中从事非农产业的比例同时也从 1999 年的 36.43％ 增加到 2009 年的 71.04％，就业结构的非农化程度逐渐增高（见表 3—11）。其中，第一产业从业人员数开始逐年递减，第二产业和第三产业逐年递增，尤其是第二产业就业人口增长更快。

表 3—10　　　　1999—2004 年沙田镇户籍人口从业人员结构

年份		1999	2000	2001	2002	2003	2004
从业人员数		19270	19889	20406	21478	24990	28631
第一产业		12249	12140	11962	11546	11544	10439
第二产业		3016	3264	3599	5361	8824	12571
其中：工业		2509	2809	3040	4883	8223	11938
第三产业		4005	4485	4845	4571	4622	5621
其中	运输邮电业	972	853	897	861	877	1033
	商饮业	1088	1100	1379	1459	1555	1836

资料来源：沙田镇党政办提供的《镇区综合年报》。

表 3—11　　　　　　2005—2009 年沙田镇户籍人口从业人员结构

年份		2005	2006	2007	2008	2009
从业人员数			29868	30302	29976	29592
第一产业			9107	8572	8528	8569
第二产业			14033	14884	14143	13710
其中：工业			13281	14060	13311	12727
第三产业			6728	6846	7305	7313
其中	运输邮电业		889	963	1215	1194
	商饮业		1641	2468	2832	2769

资料来源：根据 2006—2010 年《东莞统计年鉴》整理。

从沙田镇户籍人口的三次产业变化，可以看到从事第二产业的从业人口从 2000 年的 2809 人，上升到 2009 年的 12727 人，增长了 3.53 倍，成为三次产业中从业人口最多的部分（见图 3—3）。第一产业人口从 2000 年的 12140 人，减少到 2009 年的 8569 人，退居到第二位。第三产业从业人口从 2000 年的 4485 人，上升到 2009 年的 7313 人，增长了 0.63 倍，仍居于末位。户籍人口从业人员在三次产业中的比例，既是沙田经济发展阶段的一个侧面反映，也显示出沙田未来发展的趋势和可以拓展的空间。

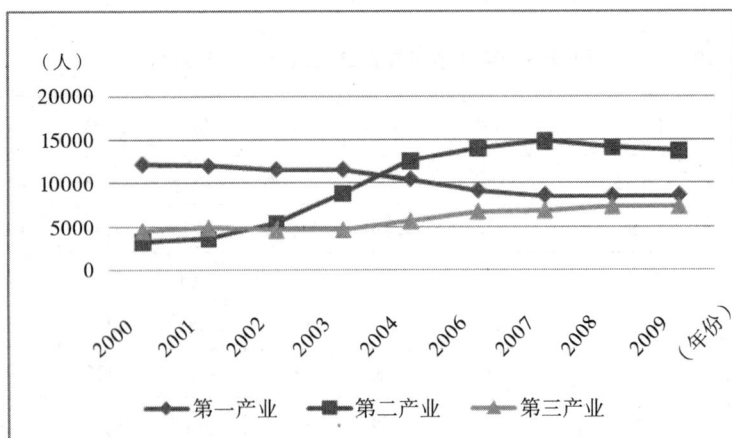

图 3—3　三次产业从业人数变化

照片3—7　改革开放，疍家围口村落处处办起工厂。周末，务工妹子
回到珠江狮子洋旧地，捕鱼捉虾，寻找童年的梦

　　2009年，沙田户籍人口中从业人口的实际抚养系数[①]（经济负担系数）为35.68%；其中，老年负担系数是13.21%，少儿负担系数为22.46%。

　　国际上一般把人口负担系数≤50%称为"人口机会窗口"期。在一个国家或地区的"人口机会窗口"开启期间，其人口有如下三个特征为发展提供机遇：一是劳动力人口供给充分，劳动力人口年龄结构比较轻，且价格比较便宜，如果就业充分，会创造出较多的社会财富；二是由于劳动力人口年龄结构较轻，使得储蓄率较高，如果资本市场健全，能将储蓄转化为投资，会加速经济增长；三是由于人口老龄化高峰尚未到来，社会保障支出负担轻，财富积累速度比较快。[②]

――――――――――

　　①　抚养系数就是指非劳动力人口数与劳动力人口数量之间的比率，它度量了劳动力人均负担的赡养非劳动力人口的数量。计算公式一般为：小于或等于14岁人口加上大于或等于65岁人口除以15岁到64岁人口数计算得到。实际抚养系数，又称"经济负担系数"，是指具体劳动人口对非劳动人口的负担系数，因此，在对地方经济的分析中，比抚养系数更能反映实际情况。

　　②　高小明、李学清：《1995—2006年我国人口抚养比时空分析》，《西安财经学院学报》2008年第21卷第3期。

　　分别计算少儿负担系数和老年负担系数，可以反映人口年龄结构变化对社会经济发展产生的某些影响。少儿负担系数和老年负担系数所反映的负担性质不同。一般来说，少年儿童尚未成为劳动适龄人口，社会和家庭为他们的成长必须付出一定的费用。如他们中途夭折，社会对他们的付出就无法收回。老年负担则不同，除个别人外，他们都已为社会做出一定的贡献，他们享用的部分实际上是他们过去劳动的扣除。因此，如分别计算少儿负担系数和老年负担系数，可以反映人口年龄结构变化对社会经济发展产生的不同影响。

照片3—8　沙田老幼隔代人的清晨运动

　　2009年，沙田户籍人口中大约7.6个劳动年龄人口（实际劳动人口）负担1个老人（7.6∶1），比全国2010年大约5个劳动年龄人口负担1个老人（5∶1）低一些。老年人抚养费用则是资源的重新配置，是纯粹消费性的，因此老年人抚养费用的增加可能降低未来的经济增长率。

　　沙田少儿负担系数比老年负担系数高9.25个百分点。根据美国人口经济学家斯彭格勒的一项调查结果表明，青少年人口的抚养费用从长期来看是大大低于老年人口平均抚养费用的。青少年抚养费用是人力资本投资，抚养费用的增加可能增加未来的经济增长率；也就是说，沙田未来的当地劳动力供给具有一定的数量保障。

照片3—9　沙田老人在休闲

照片3—10　村民的娱乐生活

三　外来流动人口的变化

改革开放以来，沙田的经济发展成果中有很大一部分是外来人口创造与劳动所支持和贡献的。外来人口的增长变化与沙田经济发展直接相关。

2000 年以前沙田镇常住人口的增加以自然增长为主，2000 年以后主要依靠机械增长，且历年人口机械增长率变动较大，主要是暂住人口的流动性波动大所致（见表3—12）。从沙田镇近十几年的统计数据可以看出，1997 年以前，多数年份中沙田地区的外来人口仅有 8000—9000 人，从 1998 年开始，外来人口迅速增加，到 2001 年达到了 6 万人以上，2008 年进一步上升到 8.5 万人，2010 年年底第六次全国人口普查时已达到 13.7 万人左右（见表3—13）。与此同时，沙田镇的经济也呈现出快速增长态势，地区生产总值从 1998 年的 7.12 亿元，增加到 2001 年的 14.21 亿元，又上升到 2008 年的 58.22 亿元和 2009 年的 61.41 亿元。

表 3—12　　　　　　　　1993—2009 年沙田镇暂住人口数

单位：人

年　份	外来暂住人口	男	女
1993	14064	5354	8710
1994	9819	4150	5669
1995	8735	3321	5414
1996	8718	3325	5393
1997	8837	3329	5508
1998	24620	11215	13405
1999	28577	15480	13097
2000	33892	13557	20335
2001	61856	34770	27086
2002	62239	34962	27277
2003	71348	39466	31882
2004	75625	41391	34234
2005	78120	42554	35566
2006	79190	43089	36101

年　份	外来暂住人口	男	女
2007	85120	46019	39101
2008	85278	42611	42667
2009	68777	35191	33586

注：本表是公安局口径。（2009 年数据引自《2010 年东莞年鉴》）

表 3—13　　　　　　　　沙田镇历年人口变化情况

单位：人

年份	户籍人口	外来人口	常住人口
1995	32047	8735	40782
1996	32333	8718	41051
1999	35334	28577	63911
2000	35578	33892	69470
2000 *	35578	61487	97065
2001	35781	61856	97637
2002	36185	62239	98424
2003	36653	71348	108001
2004	37191	75625	112816
2004（校正后数据）	37191	119107	156298
2005	37978	78120	116098
2006	38444	79190	117634
2007	38833	85120	123953
2008	39362	85278	124640
2009	40149	68777	108926
2010			177482

资料来源：1995 年、1996 年和 1999 年外来暂住人口数据摘自《沙田镇总体规划（2000—2020）》，其余数据由沙田镇公安分局提供。

注：* 据 2000 年第五次人口普查统计，全镇共有 97829 人，其中常住人口 36342 人，外来人口 61487 人，与沙田镇公安分局提供的 2000 年人口有较大差异。据 2010 年第六次全国人口普查统计，沙田镇常住人口 177482 人。

　　从 2000 年第五次全国人口普查和 2010 年第六次全国人口普查的数据看,沙田各年的统计数据可能存在一定的遗漏,例如,2000 年政府的统计数据沙田常住人口是 69470 人,而当年的第五次全国人口普查数据是 97829 人,两者相差 28359 人。又例如,沙田 2009 年的常住人口是 108926 人,而 2010 年第六次全国人口普查的数据为 177482 人,1 年间快速增加了 68556 人,增长率达到了 62.94%。这种差距很大的数据有可能是统计口径上的不同所造成的,但是,从一个长时期各年数据的连续走势观察变化,上述数据用在说明总体趋势上还是有重要作用的。

　　此外,东莞市近十几年来产业结构正在从轻工业向重化工业方向调整,轻工业和重化工业用工对象不同,产业调整引起全市产业人口相对的流动性和波动性也会出现较大的变化。沙田镇的外来人口主要集中在第二产业,占到 80% 左右。因此,当沙田镇按照全市的战略部署进行产业调整时,对沙田外来人口的变化影响会很大;再者,沙田处在第二产业发展的成长期,虎门港和石化产业的快速上马,进一步强化沙田向重化产业方向调整的力度,增加其变动系数。十几年连续统计数据显示,沙田每年流动人口在数量上有一些较大的变化起伏,外来人口的数量增加与减少在一些年份确实比较明显(见表 3—14)。

表 3—14　　　　　沙田镇历年暂住人口变动情况和增长率

年份	暂住人口（人）	增长率（%）
1995	8735	—
1996	8718	-0.19
1999	28577	16.07
2000	33892	18.60
2001	61856	82.51
2002	62239	0.62
2003	71348	14.64
2004	75625	5.99
2005	78120	3.30

年份	暂住人口（人）	增长率（%）
2006	79190	1.37
2007	85120	7.49
2008	85278	0.19
2009	68777	−19.35

　　资料来源：1995年、1996年和1999年外来暂住人口数据摘自《沙田镇总体规划（2000—2020）》，2004年以前的数据由沙田镇公安分局提供，2005—2009年的数据引自2006—2010年《东莞年鉴》。

　　沙田的产业调整，也影响到外来人口的性别比例。这可以从十年中沙田常住人口的性别比例变化，以及与广东省和东莞市在同期的数据对比，看出产业调整对性别比例的影响程度（见表3—15、表3—16）。从常住人口的性别比例上看，2010年，广东省常住人口中，男性人口占52.15%，女性人口占47.85%；总人口性别比（以女性为100）由2000年第五次全国人口普查的103.82上升为109.00；男性比例有所上升。这说明全省的产业有向重化产业方向调整的趋势。东莞市常住人口的性别变化更加明显。2010年，东莞全市常住人口中，男性人口占54.09%，女性人口占45.91%。总人口性别比由2000年第五次全国人口普查的89.42上升为117.81，彻底扭转了2000年人口普查时"男少女多"的现象，已转为"男多女少"的局面。之所以会发生这样的变化，与东莞产业的适度重型化有关，以前轻工业比重大，需要的女工多，而现在重工业比重增加了，需要的男工较多。沙田镇在性别比例上的变化与东莞市的情况相一致。2010年，沙田镇常住人口中，男性人口占50.91%，女性人口占49.09%。总人口性别比由2000年的84.94上升为103.72。性别比大跨度的变化显示出：沙田镇的男女比例，从"男少女多"转为"男多女少"。

　　沙田镇常住人口的户均人数变化，正处于逐步下降的趋势。从广东省和东莞市相隔10年的两次人口普查的数据中可以看到这种变化。由于缺少沙田镇2010年第六次全国人口普查的具体数据，难以对沙田近10年常住

表 3—15 2000 年和 2009 年沙田镇常住人口、男女人数及比例

年份	总人口（人）	人数（人）		性别比例（%）	
		男	女	男	女
2000	69471	31907	37563	45.93	54.07
2009	108926	55458	53468	50.91	49.09

资料来源：数据是公安局口径。

表 3—16 广东省、东莞市、沙田镇常住人口男女比例 10 年变化比较

单位：%

年份	全国		广东省		东莞市		沙田镇	
	男	女	男	女	男	女	男	女
2000			50.94	49.06	47.21	52.79	45.93	54.07
2010	51.27	48.73	52.15	47.85	54.09	45.91	50.91	49.09

注：2010 年栏目内的沙田数据使用的是 2009 年的统计数据。

资料来源：广东省 2010 年第六次全国人口普查主要数据公报（第 1 号），东莞市 2010 年第六次全国人口普查主要数据公报，沙田镇的数据是公安局口径。

人口户均人数进行比较，但是，从 2001 年沙田户籍人口户均 4.02 人，与沙田 2000 年第五次全国人口普查数据中的常住人口户均数 3.42 人作对照，可以看出，常住人口户均人数明显低于沙田户籍人口户均人数，这是因为，外来人口中的家庭多数是夫妻外出打工，孩子大多放在家乡，因此，在进行常住人口户均人数的统计时，外来人口家庭降低了常住人口家庭人均数。所以，有理由相信，当 2009 年沙田镇户籍人口户均 3.20 人时，常住人口的户均人数很可能已降到 3 人以下。以此相对照的是，东莞市 2009 年户籍人口户均 3.43 人，而东莞市 2010 年第六次全国人口普查的常住人口户均人数为 2.23 人（见表 3—17）。

表 3—17　　　广东省、东莞市和沙田镇常住人口户均人数 10 年变化比较

单位：人

年　份	广东省	东莞市	沙田镇
2000	3.69	3.16	3.42
2010	3.20	2.23	—

资料来源：广东省 2010 年第六次全国人口普查主要数据公报（第 1 号），东莞市 2010 年第六次全国人口普查主要数据公报，沙田镇的数据是根据 2006—2010 年《东莞统计年鉴》整理。沙田 2000 年第五次全国人口普查数据。沙田 2010 年第六次全国人口普查数据暂缺，2009 年户籍人口的数据是 3.20 人。

　　但有一个现象很值得注意，就是在沙田农业产业中，有相当比例外来务工人员是带子女全家来务工的，而且占有相当数量。根据沙田镇 2005 年对外来耕种人员的统计，在沙田生活的外来农业务工人员共有 542 户家庭，这些家庭中处于学龄阶段的子女有 300 多人（见表 3—18）。一个可能的原因或解释因素是，沙田镇的生活费用和居住条件较东莞市区和全市其他发达乡镇来说，比较适于外来务工人员的家庭生存。

表 3—18　　　2005 年沙田镇外来耕种人员文化程度、子女、劳动力情况汇总

序号	村委会	户数	人数	初中文化（人）	高中以上文化（人）	学龄子女（人）	劳动力（人）	户口情况	
								已入户人口（人）	未入户人口（人）
1	中围	1	7	5		2	5		7
2	和安	1	6	1			6		6
3	坭洲	3	17	11	2	4	8		17
4	杨公洲	67	236	65	1	86	146		236
5	阇西	37	93				74		93
6	民田	68	200	84		25	135		200
7	福禄沙	14	51	28	2	5	45		51
8	大坭	38	105	65	1	20	77		105

序号	村委会	户数	人数	初中文化（人）	高中以上文化（人）	学龄子女（人）	劳动力（人）	户口情况	
								已入户人口（人）	未入户人口（人）
9	齐沙	8	39	17	1	1	16		39
10	穗丰年	6	54	42	5	3	51		54
11	西大坦	17	36	28			36		36
12	稔洲	126	311	103	2	10	266		311
13	义沙	144	347	152		56	288		347
14	西太隆	12	345	102	35	90	255		345
合计	沙田镇	542	1847	703	49	302	1408		1847

资料来源：本表数据来自沙田镇政府办公室。

四　沙田人口空间分布和年龄、民族、受教育的情况分析

（一）人口空间分布和密度

沙田镇人口密度变化同样反映出外来人口增加的发展趋势，近十几年外来劳动人口增长使得沙田镇人口密度不断加大（见表3—19、表3—20）。从国家几次人口普查数据可以清楚地看到沙田人口密度增加的过程和发展趋势。沙田镇在1964年第二次人口普查时，仅为每平方公里201人；到1982年第三次人口普查时，为每平方公里294人；1990年第四次人口普查时，上升到每平方公里365人；2000年第五次人口普查时，达到了每平方公里912人，2010年第六次人口普查，已为每平方公里1657人。

沙田镇人口增长虽然迅速，但在区域上分布不均。在2004—2009年之间，沙田人口境内的空间分布出现了一定的调整与变化，主要原因是虎门港建设的加快和区域内的经济结构调整力度加大。从镇属行政村（居委会）的人数规模看，变化虽然有一些，但不是很大。全镇万人以上行政村（居委会）的数量，从2004年的4个，下降到2009年的3个；

表3—19 2004年东莞市和沙田镇人口概况、密度及比较

地区	常住人口（万人）			外来暂住人口（万人）	总人口（万人）	土地面积（平方公里）	人口密度（人/平方公里）
	合计	农业人口	非农业人口				
沙田镇	3.72	3.35	0.37	7.56	11.28	107.13	1053
东莞市	158.96	102.09	56.87	440.45	599.41	2465	2432

注：东莞市的数据为2003年数据，根据《2004年东莞统计年鉴》整理。

表3—20 2009年东莞市和沙田镇人口概况、密度及比较

地区	户籍人口（万人）			外来暂住人口（万人）	总人口（万人）	土地面积（平方公里）	人口密度（人/平方公里）
	合计	农业人口	非农业人口				
沙田镇	4.02	3.61	0.41	6.88	10.90	107.13	1017
东莞市	178.73	97.27	81.46	429.96	608.69	2465	2469

注：东莞市的数据为2009年数据，根据《2010年东莞统计年鉴》整理。

9000人以上的行政村（居委会）也从6个减少到5个；但是，低于3000人口的行政村（居委会）也从5个减少到4个；而处于中间阶段的3000—6000人口和6000—9000人口的两个分类行政村（居委会）组都增加了1个，从3个增长为4个。

从人口密度看，各个行政村的变化非常明显。每平方公里人口密度大于3000人的行政村（居委会），从2004年的3个增加到2009年的7个，人口密度最高的行政村（居委会）的每平方公里人口密度，从2004年的7772人，快速增长到2009年的40305人。

虽然，2010年全镇域人口密度达到了1657人/平方公里，但是，还是远远低于2010年东莞市3335人/平方公里的平均水平①，因此，于全市的整个发展状态来说，仍在一定程度上存在农村居民点分散化、人口分布不均匀的问题。沙田区域内的人口分布趋势表现为：当前和今后一段中

① 2010年11月1日零时第六次人口普查数据。

间，将伴随工业发展呈现出道路指向、产业指向特征，人口将主要向大坝、民田、西太隆、阎西、横流等工业发展较好的村集中；此外，由于近几年沙田城镇化的进程加快，沙田的人口向镇区、产业园区和新农村改造区域集中的速度也在加快（见表3—21至表3—26）。

表3—21 2004 年沙田镇各村人口分布

村名	面积（平方公里）	户数（户）	2004 年末人口（人）			
			总人口	户籍人口	外来暂住人口	人口密度（人/平方公里）
中围	3.52	360	1647	1457	190	468
和安	5.72	802	2879	2599	280	503
大流	4.37	504	1947	1827	120	446
坭洲	6.97	1061	4855	3560	1295	697
杨公洲	4.76	521	7161	1771	5390	1504
阎西	5.54	689	9522	2111	7411	1719
民田	5.95	669	11310	2278	9032	1901
大坝	4.73	520	14222	1722	12500	3007
福禄沙	6.06	556	5088	1823	3265	840
西大坦	7.21	527	2144	1928	216	297
穗丰年	6.93	620	4110	2510	1600	593
齐沙	5.13	570	10939	1919	9020	2132
稔洲	5.48	745	6654	2354	4300	1214
义沙	4.88	476	7491	1811	5680	1535
西太隆	4.81	627	9026	1206	7820	1877
横流	1.47	977	10695	3665	7030	7276
先锋	0.36	566	2798	2028	770	7772
总计（沙田镇）	83.89	10790	112488	36569	75919	1341

资料来源：据沙田镇 2004 年村（居）委会综合年报整理。

表 3—22　　　　　　　　2009 年沙田镇各村人口分布

村名	面积（平方公里）	户数（户）	2009 年末人口（人）			
			总人口	户籍人口	外来暂住人口	人口密度（人/平方公里）
中围	0.9		1793	1691	102	1992
和安	0.7		3406	3134	272	4866
大流	0.5		2550	1997	553	5100
坭洲	0.3		4098	3728	370	13660
杨公洲	3.9		6863	1863	5000	1760
阇西	4.7		12430	2180	19250	2645
民田	4.8		9524	2524	7000	1984
大圳	4.3		6507	1852	4655	1513
福禄沙	3.2		4579	1915	2664	1431
西大坦	0.5		2361	2061	300	4722
穗丰年	5.6		4363	2698	1665	779
齐沙	3.8		9878	2065	7813	2560
稔洲	4.3		12538	2472	10066	2916
义沙	4.4		7243	1893	5350	1646
西太隆	4.1		10523	1984	8539	2567
横流	0.2		8061	4061	4000	40305
先锋	0.2		2209	2031	178	11045
总计（沙田镇）	46.2		108926	40149	68777	2358

资料来源：根据《2010 年东莞统计年鉴》整理。

表 3—23　　　　　　　2004 年沙田镇各村人口规模等级结构

等级	人口规模（人）	村委会		村委会名称
		个数	比重（%）	
I	≥9000	6	35.3	阇西、民田、大垇、齐沙、西太隆、横流
II	6000—9000	3	17.6	杨公洲、稔洲、义沙
III	3000—6000	3	17.6	垇洲、福禄沙、穗丰年
IV	≤3000	5	29.4	中围、和安、大流、西大坦、先锋
合计	112488	17	100.0	

资料来源：据沙田镇 2004 年村（居）委会综合年报整理。

表 3—24　　　　　　　2009 年沙田镇各村人口规模等级结构

等级	人口规模（人）	村委会		村委会名称
		个数	比重（%）	
I	≥9000	5	29.4	阇西、民田、稔洲、齐沙、西太隆
II	6000—9000	4	23.5	杨公洲、大垇、义沙、横流
III	3000—6000	4	23.5	和安、垇洲、福禄沙、穗丰年
IV	≤3000	4	23.5	中围、大流、西大坦、先锋
合计	108926	17	100.0	

资料来源：根据《2010 年东莞统计年鉴》整理。

表 3—25　　　　　　　2004 年沙田镇各村人口密度等级结构

等级	人口密度（人/平方公里）	村委会		村委会名称
		个数	比重（%）	
I	≥3000	3	17.6	大垇、横流、先锋
II	1000—3000	7	41.2	杨公洲、阇西、民田、齐沙、稔洲、义沙、西太隆
III	≤1000	7	41.2	中围、和安、大流、垇洲、福禄沙、西大坦、穗丰年
合计	1341	17	100.0	

资料来源：据沙田镇 2004 年村（居）委会综合年报整理。（《沙田镇总体规划资料汇编》2006 年 6 月 15 日）

表 3—26　　　　　2009 年沙田镇各村人口密度等级结构

等级	人口密度（人/平方公里）	村委会		村委会名称
		个数	比重（%）	
Ⅰ	≥3000	7	41.2	大坬、横流、大流、和安、坬洲、西大坦、先锋
Ⅱ	1000—3000	9	52.9	杨公洲、阇西、民田、齐沙、稔洲、义沙、中围、福禄沙、西太隆
Ⅲ	≤1000	1	5.9	穗丰年
合计	2358	17	100.0	

资料来源：根据《东莞统计年鉴（2010 年）》的数据整理。

（二）年龄构成、民族构成、受教育程度

由于沙田镇第六次人口普查的具体数据没有公布，因此本次调查使用2000 年沙田镇第五次人口普查的数据对常住人口的年龄构成、民族构成、受教育程度等方面进行分析。

（1）年龄构成。在全镇 2000 年的普查人口中，0—5 岁人口为 4948人，占 5.06%；6—14 岁人口为 7253 人，占 7.41%；15—64 岁人口82931 人，占 84.77%；65 岁及以上人口为 2697 人，占 2.76%。

（2）民族构成。在全镇 2000 年的普查人口中，汉族人口为 94057 人，占总人口的 96.14%；各少数民族人口为 3772 人，占总人口的 3.86%。少数民族人口比重同 1990 年第四次全国人口普查的 0.8% 相比提高了 3.06 个百分点。

（3）各种受教育程度人口。在全镇 2000 年的普查人口中，接受大学（大专及以上）教育的有 2094 人；接受高中（含中专）教育的有 14480人；接受初中教育的有 48513 人；接受小学教育的有 23760 人。

以上各种受教育程度的人包括各类学校的学生，同 1990 年第四次全国人口普查相比，每 1 万人中拥有各种受教育程度的人数有如下变化：

具有大学程度的由 17 人上升到 214 人；具有高中程度的由 464 人上升到 1480 人；具有初中程度的由 2337 人上升到 49589 人；具有小学程度的由 4643 人下降为 2428 人。

全镇 2000 年的普查人口中，文盲人口（15 岁及以上不识字或识字很少的人）为 3463 人，同 1990 年第四次全国人口普查相比，文盲率由 10.59% 下降为 3.54%，下降了 7.05 个百分点。

五　沙田的计划生育和婚姻状况

沙田镇政府对计划生育非常重视，一直把其作为一项重要的日常工作。从 2002 年至 2009 年，沙田镇每年的工作总结里都包含有计划生育的内容。用沙田镇政府 2002 年政府报告中的话说，"计生工作坚持党政一把手亲自抓，负总责，做到镇领导班子成员包片、镇干部包村，毫不松懈地抓好农村计划生育工作"。

从硬件上看，镇政府历年都有投入，2002 年镇政府投入 50 多万元，对 750 多平方米新的计生服务所进行装修，内设有手术室、B 超室、波母室、化验室等多用途的计生技术服务机构。2005 年，投入 30 多万元完善人口与计划生育信息化建设的软硬件配置。

在措施上，2002 年，提出创建计划生育合格村，努力提高全镇计划生育工作整体水平。在加强流动人口的计划生育管理方面，镇政府坚持"谁用工，谁负责；谁受益，谁管理；谁地盘，谁清理"的"三谁"原则。2004 年，沙田镇全面加强计划生育宣传教育，共开展各类婚育知识课 38 次，举办大型咨询活动 2 次，宣传栏 36 块，发放各种宣传资料 5 万多份。2005 年，沙田镇完善计划生育社会保障体系，为独生子女发放双份福利，解决群众后顾之忧。加强流动人口计划生育工作，流动人口已婚育龄妇女检查 14714 人次，参检率 93%。2007 年，沙田镇严格落实计划生育目标管理责任制和计划生育包干责任制，镇政府与各村（居）、各村（居）与村民小组分别签订了责任书，并制定具体方案对村（居）的计生工作进行考核。扎实开展创建"无政策外多孩生育镇街和无政策外生育村（社区）"活动，成功创建无政策外多孩出生镇，有 11 个村（社区）创建成为无政策外出生村（社区）。完善利益导向机制，将创建活动的落实情况与计生干部的工资奖金相挂钩，制定并实施了"节育奖"实施办法，进一步推行计生养老保险。加强流动人口计生管理与服务工作，做好季度查环查孕工作，开展定期入户随访服务，有效降低了流动人口计划外怀孕和计划外出生。这一年，沙田镇被评为全市人口和计划生育工作先进镇。2008年，加强流动人口计生管理与服务工作，在村一级推行计生、治安、出租屋管理"三合一"联合办公管理模式，为流动人口提供免费查环查孕等5项优质技术服务。

在资金投入上，就现有数据看，2002年镇政府投入399.3万元为农村独生子女户和纯二女结扎户办理计生养老保险。2005年，沙田镇为农村独生子女和纯二女结扎户办理计划生育养老保险82.2万元。

这些年，沙田在计划生育上取得的成绩比较明显（见表3—27）。例如，2002年全镇出生率为9.68‰，计划生育率为93.08%；2003年出生率为9.11‰，计划生育率93.35%，同比提高0.27%，远高出市下达的任务，全镇有4个村被市评为计划生育先进村；2004年出生率为11.21‰，计划生育率为93.7%；2005年人口出生率为12‰，计划生育率为94.46%；2006年人口出生率为11.16‰，计划生育率为96.07%；2007年计划生育率为96.17%，被评为全市人口和计划生育工作先进镇；2008年户籍人口政策生育率为97%；流动人口政策生育率为85.22%。近几年，沙田的计划生育率持续提高，人口出生率持续降低。

表3—27 2000—2009年沙田镇计划生育情况

年份	已婚育龄妇女人数（人）	女性初婚人数（人）	落实各种节育措施		领取独生子女证		人口出生率计划完成情况（±‰）	计划生育率（%）	多孩率（%）
			23周岁及以上	育龄夫妇（对）	节育率（%）	累计（人）	领证率（%）			
2000										
2001										
2002									93.08	
2003	7351	317	165	6521	88.71	925	12.58	3.39	93.35	2.42
2004									93.70	
2005	7661	439	262	6651	86.82	1118	14.59	0.05	94.46	1.55
2006	7730	404	262	6678	86.39	1324	17.13	1.57	96.07	0.92
2007	7861	415	302	6782	86.27	1457	18.53		96.17	0.43

续表

年份	已婚育龄妇女人数（人）	女性初婚人数（人）	落实各种节育措施		领取独生子女证		人口出生率计划完成情况（±‰）	计划生育率（%）	多孩率（%）
			23周岁及以上	育龄夫妇（对）	节育率（%）	累计（人）	领证率（%）			
2008	8054	415	285	6876	85.37	1600	19.87		97.00	0.21
2009										

注：人口出生率计划完成情况＝上级下达人口计划出生率－人口实际出生率。

资料来源：沙田镇党政办提供。

从婚姻状况看，2003 年以后沙田的离婚率出现了明显上升（见表3—28）。如以 2001 年为基数，2003 年离婚率增加了 120%，而到 2009 年进一步上升到 320%。这在一定程度上，说明了社会的进步和经济发展所带来多种社会问题的一种相关反映。

表3—28　　　　　　　　1979—2009 年结婚、离婚登记统计

年份	准予登记结婚（对）	准予离婚（对）	年份	准予登记结婚（对）	准予离婚（对）
1979	313		1995	243	9
1980	334		1996	242	10
1981	533	6	1997	247	11
1982	224	6	1998	230	7
1983	321	2	1999	181	8
1984	192	1	2000	212	6
1985	7	3	2001	200	12
1986	74	7	2002	240	15
1987	337	2	2003	321	33
1988	328	6	2004	399	26
1989	252	3	2005	486	34
1990	239	5	2006	409	41
1991	311	3	2007	352	26
1992	295	9	2008	413	49
1993	261	4	2009	431	63
1994	242	3			

资料来源：沙田镇社会事务办提供。

照片 3—11 金婚之吻

　　总之，就沙田镇土地与人口数量的相对比例看，其人口总量不大，2010 年人口密度仅为 1657 人/平方公里，远远低于 2010 年东莞市 3335 人/平方公里的平均水平[①]，占到全市总人口的 2.16%。从人口增长情况看，沙田镇常住人口增长迅速，户籍人口的增长速度相对平缓。20 世纪 80 年代以来，常住人口的增长主要依靠机械增长，即外来人口的加入带动。2001 年首次外来人口超过当地户籍人口后，常住人口增长速度较快，且增长率波动大，例如，2008 年外来人口（新莞人）是 85278 人，而 2009 年下降到 68777 人，下降幅度达 19.39%。

　　从人口就业结构看，本地居民以从事第二、三产业为主，农业从业人员呈现下降趋势，第二、三产业从业人员逐渐增加；从人口分布方面看，伴随新农村和虎门港建设的加快，农村城市化的进程加速，农村居民点分散化现象正在得到改善，人口分布逐渐向中心区域集中。随工业发展呈道路指向、产业指向特征，主要集中在大坳、民田、西太隆、阖西、横流等

_____

① 2010 年 11 月 1 日零时第六次全国人口普查数据。

工业发展较好的村。

从发展的眼光来说，根据有关部门的测算①，将来沙田镇人口主要是在 30 平方公里的城市建设用地的范围内聚集，沙田的土地资源承载力为 35 万人左右。现在沙田已有大约近 18 万人（第六次全国人口普查数据 177482 人），因此，在理论上沙田今后还有近 50% 的人口增长空间。

---

① 《东莞市沙田地区发展策略》（总报告），2006 年 6 月，东莞市城建规划设计院。

第四章　农村制度变迁和农业结构调整

新中国成立前，沙田地区绝大多数的土地被周边乡镇地主占有，例如，立沙岛的土地归麻涌莫姓地主所有，坭洲归东莞博厦张姓地主和道滘蔡姓地主，稔洲是万姓地主，齐沙是方姓地主和郭姓地主，西大坦由道滘的地主占有，其余部分主要归属于厚街的地主。因此，当时沙田境内农业生产决定权是由周边地主所把持，而生活在这片土地上的农民仅是以雇工和租借土地的身份为自己及一家老小的生存终日辛劳。那时沙田的经济社会特征是农业生产落后和农村普遍赤贫。新中国成立后，沙田农民翻身做主人，土地归劳动人民所有，农村制度发生了很大改变。从新中国成立以来的几十年变化看，沙田先后经历了合作化、人民公社、承包制、股份合作制等体制改革，生产力不断得到激励与释放，农业生产有了长足发展。

观其发展历史可知，改革开放前农村和农业一直是沙田的主要社会形态和经济结构，农村制度和农业生产在相当长的时间里是沙田经济和社会发展的主导性因素。1978 年改革开放后随着经济发展和产业调整，沙田农业的地位和结构也发生了相应改变，规模增减、品种调整以及产业转换都有了明显不同。

一　农村经济体制的发展与变革

新中国成立后至 1978 年经济体制改革前，沙田农村和全国农业地区一样经历了土改、互助组、初级社、高级社、人民公社等几个阶段。但沙田有自己的一些特殊性，例如，交通不便、区域封闭、环境艰苦、完全的单一农业结构和自然状态，使得沙田的经济社会与周边相比相对有些单纯与滞后。从新中国成立以来的发展变化轨迹可以比较清楚地看到沙田农村经济体制改革、发展与进步中的一些特征。

（一）1949—1990 年的农村经济体制调整

1. 土改阶段（1952—1953 年）

根据沙田当地的历史资料，新中国成立前沙田农民向地主交纳的租谷非常繁重，种类繁多，如三槽谷、抑耕谷、拾禾谷、蒋仔谷、打禾标、地头谷等。双造田每年要交租谷三担至五担不等，单造田交二担至二担半不等。农民辛苦劳作一年，除去租谷和成本外便所剩无几，若遇到灾害，更是难以度日。

新中国成立后，从 1950 年年初开始，人民政府组织农会，发动农民群众，开展二五减租。就是把原交租的数量，减少 25%，按 75% 的比例交租。从 1951 年 5 月开始，开展减租退押运动。即对债务凡付息超过本金的，停付利息，分期还本；所付利息超过本金两倍的，本息停付。出租土地，按原租额减少 25%。

1952 年 4 月，政府派土改工作队到沙田进行土改。重新组织农民协会。采取的方针是依靠贫雇农、团结中农、孤立富农、打击地主。对于阶级成分的划分是根据新中国成立前三年和新中国成立后的经济情况和职业，进行自报，民主讨论，三榜定案；第一榜评定阶级成分，第二榜报农会审核，第三榜确定成分。阶级成分按 23 类划分，分别为：反动官僚、地主恶霸、地主、地主兼工商业、工商业兼地主、公偿地主、破产地主、富农、小土地出租者、上中农、下中农、贫农、雇农、资本家、工商业、手工业、小商、小贩、贫民、游民、自由职业、宗教迷信、工人等。

评定阶级成分后，以农会为核心，设立专门的没收、征收委员会。依照土改法令，没收地主土地、房屋和财产；征收富农多余的土地房屋，并追缴余粮，称"土地还家，物归原主"。在征收、没收过程中，采取"五要""五不要"。即要土地、要农具、要耕牛、要农村多余的房屋、要多余的粮食；不要动工商业、不要挖底财、不要浮财、不要乱打乱杀、不要侵犯中农利益。其中，"不要挖底财、不要浮财"这两项有可能是沙田的特色，或者说符合沙田当时的实情，因为，对沙田土地具有所有权的大地主都不住在沙田地区，而是住在周围的乡镇，如果去分浮财，可能会与当地的农民发生矛盾。

经过没收、征收来的土地、房屋、农具、耕牛、粮食等统一由农会根据具体情况在乡与乡之间进行适当调拨。财物分配的方针是填坑补缺、满足贫雇农、适当满足鳏寡孤独者、照顾中农。一般分为7级，每级差额为五。土地的分配原则是以产量计算，中间不动两头平。分配土地后，至1952年12月中旬开始，进行土改复查。1953年4月中旬，土改复查工作全部完成，随即以贫下中农协会为组织基础，成立丈田发证委员会，进行丈量土地，登记发证工作。以乡为单位召开群众大会，焚烧旧田契，颁发新土地证。宣布土改结束。

2. 互助组阶段（1953年2月—1954年5月）

1953年2月15日，中共中央通过《关于农业生产互助合作的决议》。同年春耕时节，沙田地区各处纷纷成立农业生产互助组。互助组包括临时互助组和常年互助组两种形式，一般是先成立临时互助组，然后再从临时互助组转到常年互助组。临时互助组是在农忙季节时，几户农民临时互助，以工换工，没有生产计划，不固定形式。常年互助组是由若干农户组织起来，常年互助，设正副组长，有简单的计划安排，评工记分，年终结算。互助组可以调剂户与户之间的劳力、畜力的余缺，有利于抢耕抢种，还可以分出一定劳力发展副业生产，增加收入，很受农民欢迎。当时沙田乡互助组发展很快，至1954年5月，组织面达59%，比全县组织面26%高出一倍多。

3. 初级社阶段（1954—1955年）

1954年年初，中共东莞县委根据中共中央《关于发展农业生产合作社的决议》精神，试办初级农业生产合作社。1954年4月穗隆围社成立，穗隆围社即是现在穗丰年村委会穗隆村民小组。初级社保留社员对土地的所有权，拥有一部分公有生产资料，社员的土地实行评产入股，统一经营，耕牛、农具、股金等集体使用，年终分配按土地和劳力比例分红，其比例一般是四六、对半或三七。初级社建立起来后，由社员大会选出若干人组成管理委员会，管理社内生产、分配等工作。由于穗隆围社经过一年的实践，生产发展了，抗灾能力增强了，农民的收入增加了。故在1954年冬至1955年春，沙田地区掀起建社的高潮，陆续成立了十多个初级社。

4. 高级社阶段（1956—1958年）

1956年，沙田地区开始办高级农业生产合作社。先由沙田乡把基础较好的初级社合并为3个高级农业生产合作社，随后全面铺开。农民群众对转、并社表现出极大热情，至1956年年底，沙田地区有高级社15个，参加农户占总农户的99%以上。

高级社的建立，使生产资料从私有制转为集体所有制。这样，劳力协作程度更高了，集体的力量也充分显示出来。由1956年开始，堵河截涌、蓄淡抗咸、单造改双造，以后逐年筑成沙田联围、横流横堤、鞋底沙横堤，先后建成石塘尾、福禄沙、金和尾、齐沙等一批水闸，这些重大工程对沙田农田灌溉、防灾、抗咸起着重要的作用。在当时的生产条件下，上述的组织形式，对农业生产有利，可以发挥各方面的积极性。

5. 人民公社阶段（1958—1983年）

1958年8月，中共中央《关于在农村建立人民公社问题的决议》发表。10月1日，沙田也跟全县农村一样，一哄而起，在高级社的基础上，建立人民公社。人民公社初期，沙田、新沙、大洲、稔洲属虎门公社管辖，立沙属麻涌公社管辖。1959年，又将沙田、新沙、大洲划归厚街公社管辖，稔洲仍属虎门公社。

人民公社的最大特点是"一大二公"。耕牛、农具、土地等一切生产资料归集体所有，以公社为基本核算单位。管理形式仿照军队编制，公社称团，分片管理区（即乡）称营，原高级社称连，生产队称排。排长直接安排社员劳动工种，每天上、下午各排工一次，劳动力全社统一调动，实行"大兵团作战"。社员自留地转为集体所有，粮食统一归集体管理，以连或自然村为单位办公共食堂，所有社员在饭堂吃饭，生老病死、儿童上学的费用全包起来。这些做法称为"组织军事化、行动战斗化、生活集体化"。还实行"供给制与工资制相结合"，即根据社员劳动力、技术高低、劳动态度和政治思想作为标准，由社员民主评定等级，按1—8级发放不同工资。

人民公社建立初期推行的这种生产关系与生产力脱节的生产方式，带来了一系列的严重问题：出勤"一窝蜂"，收获"全归公"。多数社员干活不认真，浪费现象相当严重，还刮起"一平二调"的"共产风"、浮夸风、强迫命令风、瞎指挥风、干部生活特殊化风，严重挫伤了农民群众的生产积极性。

1959年9月，中央指示，对人民公社进行整顿，体制下放，实行以生产队为基本核算单位。1960年11月，中共中央发出《关于农村人民公社当前政策问题的紧急指示》（即十二条），进行整风整社运动。坚决纠正"五风"，实行三级（公社、大队、生产队）所有。1961年3月，中共中央发出《农村人民公社工作条例（草案）》（即农业六十条）。6月，东莞县调整人民公社规模，由厚街公社划出沙田、新沙、大洲，由麻涌公社划出立沙，由虎门公社划出稔洲组成沙田人民公社。

沙田地区的"一平二调"例子

共产风：公社化后，大队、生产队层层搞"一平二调"，一切生产资料归公，自留地归公，建食堂时拆社员的房屋，原料归公，社员家里的生猪、三鸟（鸡、鸭、鹅）要献给公社办"千头猪场"。某一个生产队粮食吃光了，就从其他队无偿调拨过来，使各生产队经济无法核算。浮夸风：公社化期间，各地上报的粮食产量数字比实际产量高出几倍至几十倍。民田乡有一个生产队，亩产比上年减产了78斤，竟上报增产800斤。更甚的是将十几亩田将成熟的禾苗，移在一块约一亩大的田内，四周用砖墙围好，人可以走在上面，叫"放高产卫星"。此时到处出现水稻亩产万斤、五万斤、十万斤，甚至更多的"高产卫星"田。瞎指挥风：沙田耕地的耕作层本来是非常肥沃，却要农民耗费大量劳力深翻三尺（即一米）把下层的酸土挖上来，当时的口号"深翻三尺土、亩产万斤粮"。结果造成禾苗不长；插秧本要合理密植，但却采用什么"满天星斗""蚂蚁出洞"等这些严重违反客观规律的做法，造成水稻严重减产，甚至颗粒无收。

资料来源：《沙田镇志》。

1961年6月21日，沙田人民公社正式成立。并奠定和形成了现在沙田镇行政区划的基础。沙田人民公社成立后，在开始时实行以大队为基本核算单位。1962年提出"三级所有，队为基础"的管理体制，决定以生产队为基本核算单位。生产队通过"四固定"（劳力、土地、耕畜、农具），实行独立核算，自负盈亏，大大调动了社员的生产积极性，集体收入显著提高。

不容否认，公社化期间，在发挥集体力量上有较明显的作用，取得了一些成绩。例如，水利建设发展显著。人民公社统一耕地、统一劳动力、统一资金，有利于大搞水利建设。在"鼓足干劲，力争上游，多快好省地建设社会主义"的总路线指导下，发扬"愚公精神"，发动群众，以"黑夜当白天，月亮当太阳；大病当小病，小病当无病；大雨当小雨，小雨当无雨"的拼搏精神，修堤筑坝、开挖河涌、修建水闸，使沙田逐步建成联围。据统计，1958年至1963年间，沙田公社共建水闸5座，外围窦521个，内围窦492个，共堵河35处，长4234米，开河30公里，共完成273.85万个土石方。这些成绩在当时生产力相对比较落后的条件下是惊人的，较大地改变了沙田的自然面貌，为农业发展打下坚实基础。

"文化大革命"开始后，"三自一包"和定额管理受到批判，生产队废除定额管理，推行"大寨式民主评分"，这种评分实为"政治评价"，再次挫伤了农民生产的积极性。中共十一届三中全会后，"政社合一"的人民公社开始实行政社分开，公社逐渐成为经济组织。1978年中共十一届三中全会后，农村集体经济逐步进入改革开放的新时期。

6. 大力推行家庭联产承包责任制阶段（1982—1989年）

1982年和1983年元旦，中央先后发表了两个一号文件，即《全国农村工作会议纪要》和《当前农村经济政策的若干问题》。随着对两个一号文件的贯彻，逐步建立起多种形式的生产责任制，从联产到组、到劳、到户，至1982年年底，发展到家庭联产承包责任制，使农村的经济形势逐渐改观，在土地公有制不变的前提下，把经营自主权交给农民，承包时间最短的3年、5年，最长的10年、15年。不承包的农民洗脚上田，进城经商、办厂、做小商小贩或组织各种专业队，搞第三产业。

农村实行家庭联产承包责任制，把土地、耕牛、农具下放到户，实行包干。这样大大地刺激了农民的生产积极性，使沙田的农、林、牧、副、渔都有了较大发展，经济收入明显增加，整个沙田呈现出一派欣欣向荣的景象。

1983年9月，东莞县撤销人民公社建制，设立区公所建制。该月，沙田人民公社撤销，被沙田区公所取代。

1978—1989年，10余年间，沙田的经济增长显著、形势喜人。据统计，1989年全镇工农业总产值为6497.41万元，比1978年增加了5412.47万元，增长了5.0倍。其中农业产值达3414.91万元，工业产值为3082.5万元，人均收入达1286元，比1979年的214元增长了5倍。

（二）1990—2000年的农村经济体制变化

1992年，在邓小平南方谈话的鼓舞下，沙田人民实行改革开放政策，路子更加广阔，工业快速发展，更多农民洗脚上田，"八仙过海、各显其能"。沙田农民的生活出现翻天覆地的变化，有不少农民先富起来，成为老板、富翁。

1997年后，遵照中共中央办公厅、国务院办公厅（中发〔1997〕02号）《关于进一步稳定和完善农村土地承包关系的通知》精神，在农村土地第一轮承包到期的基础上，沙田决定承包期再延长30年不变，并仍采用按现有耕地按人口直接分田到户。每户每亩耕地根据各村委会经济情况不同，上缴二三百元给村委会，而公余粮等各种费用免交。各村在土地承包工作中，方式灵活，力求群众满意，落实"两证一书"，即土地承包经营权证、集体经济股权证和土地承包合同书。

1998年11月，沙田镇开始进行理顺农村体制工作试点，对全镇17个村（居）委会统一进行民主直选。从11月25日，首个试点横流管理区顺利选出首届居委会成员，到1999年7月11日，最后一个选举产生村委会的西太隆完成首届村民委员会的选举，历时7个多月。随后，于1999年10月，全面铺开沙田镇的土地延包工作。

从2000年的统计看，全镇（以常住人口计）的劳动人口中，第一产业有 12140 人，其中从事农、渔业的有 11548 人。全镇共有农业种养专业户（包括外来户口）313 户，其中香蕉 27 户、莲藕 15 户、蔬菜 24 户、甘蔗 3 户、水稻 5 户、杂果 5 户、养鱼 49 户、养虾 112 户、养猪 40 户、三鸟 28 户、养鸽 3 户、其他 2 户。这一时期沙田农业呈现出腾飞式的发展。

2000 年，工农业总产值 169343 万元（1990 年不变价，下同），其中农业总产值 22590 万元，占 13.34%；工农业总产值比 1989 年提高了 26倍。全镇农民人均纯收入 5819 元。

（三）2000 年以来的农村经济体制变化

2000 年以后，沙田镇农村的体制变化沿着村民委员会完善、农村股份合作制、村集体经济规范发展的轨迹推进。其中，2002 年的农村税费改革，2004—2006 年的农村股份合作制改革，为沙田农村经济的快速发展奠定了较好的基础。

2002 年，沙田镇全面推进农村税费改革，规范农村税费制度，减轻农民经济负担。当年，取消乡镇统筹费、农村教育集资等专门面向农民征收的行政事业性收费和政府性基金、集资；取消屠宰税；暂停征收农业特产税；规范和调整农业税政策；取消统一规定的劳动积累工和义务工；改革村提留征收使用办法；等等。税费改革后，全镇直接减轻农民负担690.56 万元，对比 2001 年按田亩或人口上调农民直接负担的 1250 万元，减幅率达 55%。规范了村级资产的管理、运作和监管，进一步健全财务各项制度。并且加快中心村的规划和建设，抓紧中心村的选址及规划工作，不断改善农村环境，搞好村容村貌。

2004 年年底，沙田镇开始农村股份合作制改革。当年，发动各行政村主动走出去，招商引资，大大增加集体经济收入，推动了村级经济的发展。

2005 年，沙田开始加大力度优化村级投资环境，大规模开展招商引资，集体收入明显增加，沙田村级单位当年的总收入为 9224 万元，同比增长 19.5%，其中纯收入 3761 万元，同比增长 16.7%，各村的负债率同比下降 0.2%。

2006 年 6 月底，沙田完成对全镇 17 个村（居）委会的村组农村集体经济组织的股份合作制改革。改制后，沙田镇有 16 个股份经联社（其中横流经联社经镇府批准不实施改制，横流辖下的勒仔围经济社仍实施改制）和 182 个股份经济社。2006 年，沙田在全面完成农村股份制改革的基础上，加大农村设施建设和资源整合力度，增强农村集体经济的发展活力。不断优化农村发展环境，推进村级经济发展由粗放型向集约型转变，着力解决好村、组集体经济结构单一、收入不平衡等问题。当年，村组两级集体总收入 1.79 亿元，同比增长 28%；村组两级纯收入 1.19 亿元，同比增长 47%；村组两级集体资产 14.6 亿元，同比增长 6%。

2006 年以后，沙田镇还根据虎门港近几年征用了大量沙田农村土地的新情况，大力推行社区股份参与制、利益分成制等产权制度改革。实行社区股份合作制，将集体资产量化为集体经济组织全体成员所有，使"离土又离乡"的农民，仍可享受按股分配。并实行利益分成制，在镇统筹经营的基础上，划定一定产业用地给社区，村民参与收益分配。这既实现了村民的集体经济发展需求，又提升了资源的操控平台，提高了土地的产出效益。

2007 年，各村（居）组织加大资源整合力度，进一步完善农村股份制改革，加快招商引资步伐，集体经济获得了较大发展，村级总收入达到 11439 万元，同比增长 17%；纯收入达到 4918 万元，同比增长 15%；村级集体资产总额 12.85 亿元，同比增长 19%。资产负债率为 31.25%，同比下降 4%。

2008 年，沙田着力于解决好村、组集体经济结构单一、收入不平衡等问题，利用市贴息扶持贷款，联合相关村，采用股份制形式，成立宝田实业有限公司和盈莱服装有限公司，投资建设丽海工业园区一期和二期工程。加大农村基础设施建设，推进旧村、旧厂房改造，加快农村道路升级改造步伐，不断优化农村发展环境。加强农村集体经济管理，先后出台集体资产管理、财务管理、债权债务管理、议事规则、土地管理等规章制度。当年，村级总收入 1.33 亿元，同比增长 16%；纯收入达 5800 万元，同比增长 17% ；村级集体资产总额 14.34 亿元，同比增长 11.6% ；资产负债率为 31.1% ，同比下降 1.25% （见表 4—1—表 4—4）。

表 4—1 　 2000—2009 年沙田镇村（居）委会的当年可支配收入、总资产和负债率

年 份	当年可支配收入（万元）	资产总额（万元）	负债总额（万元）	资产负债率（%）
2000	7901	51215	25960	50.59
2001	8656	53210	25193	47.35
2002	8123	53805	24507	45.60
2003	17920	70998	28809	40.58
2004	22905	92801	36867	39.73
2005	13155	100045	33838	33.82
2006	22481	108074	38515	35.64
2007	24063	128484	39823	30.10
2008	19941	143368	44593	31.10
2009	20667	156185	52189	33.42

资料来源：本表数据来自历年的《东莞统计年鉴》《东莞年鉴》。

表 4—2 　　　2000—2009 年沙田镇村（居）委会的农业产量和人均纯收入

年 份	土地面积（平方公里）	农 业		农村人均纯收入（元）
		粮 食（吨）	肉类总产量（吨）	
2000				5819
2001				6290
2002	73.5	4628	3786	6418
2003	73.4	2036	3703	6548
2004	72	2329	4367	6898
2005	72.8	6002	4542	7293
2006	74	2625	3717	7785
2007	62.2	1732	3059	8502
2008	62.2	1760	2183	8895
2009	46.1	1197	1120	8995

资料来源：本表数据来自历年的《东莞统计年鉴》《东莞年鉴》。

表4—3　　　　　　　2000—2006年沙田镇农村经济收益分配

单位：万元

年　份	总收入	总费用	纯收入	农民人均纯收入（元）
2000	137336	109606	27730	5819
2001	148104	117912	30192	6290
2002	165453	130932	34521	6418
2003	187227	150435	36792	6548
2004	213961	174344	39617	6898
2005	360298	302776	57522	7293
2006	396710	313105	83605	7785

资料来源：2005—2006年的数据引自《东莞统计年鉴（2007年）》。

表4—4　　2007—2009年沙田农村集体（经联社、经济社两级合计）经济收益分配

单位：万元

年　份	经营总收入	经营总费用	经营纯收入	农民人均纯收入（元）
2007	16988	7124	9864	8502
2008	19193	8047	11146	8895
2009	20190	8694	11496	8995

资料来源：数据引自2008年、2009年、2010年《东莞统计年鉴》，2008—2010年《东莞年鉴》。

背景资料：国土部补偿安置新规保障被征地农民

长远生计（2004年11月，《中华工商时报》）

征地补偿安置关系到被征地农民的切身利益，为社会所普遍关注。国土资源部出台了《关于完善征地补偿安置制度的指导意见》。该《指导意见》要求各地要因地制宜确定征地补偿标准，强调要注重保障被征地农民长远生计，并须依法维护被征地农民和用地者的合法权益，保证被征地农民原有生活水平不降低。

《指导意见》明确了被征地农民安置途径。规定对被征地农民可以采用农业生产安置、重新择业安置以及入股分红安置等不同方式。征收城市规划区外的农民集体土地，应当通过利用农村集体机动地等，首先

使被征地农民有必要的耕作土地，继续从事农业生产。应当积极创造条件，向被征地农民提供免费的劳动技能培训，安排相应的工作岗位。对有长期稳定收益的项目用地，农户可以征地补偿费用入股，或以经批准的建设用地土地使用权作价入股。如本地区确实无法为因征地而导致无地的农民提供基本生产生活条件的，可由政府统一组织，实行异地搬迁安置。

二　农业生产的变化与调整

在 200 多年有人定居劳作的沙田历史中，沙田经济在绝大多数年份里是以农业为其主要支撑产业。从新中国成立后到 1978 年经济改革开放前，沙田地区基本上仍保持着农业社会形态，第一产业长期居于经济的主体位置。就是在改革后的前 20 年，农业仍在全镇经济中占据着重要地位。但是，从 20 世纪 90 年代末期以来，沙田农业在生产规模、经济总量、内部结构等诸方面都与改革前和改革初期有着明显不同，发生了较大变化。

回顾沙田农业历史的发展轨迹，可以看到新中国成立后沙田农业经历了三个变动与调整阶段。

第一个阶段是 1961 年前的单一作物生产阶段。新中国成立前，沙田的农田耕作条件差，技术落后，水灾、咸灾频繁，农业长期处于落后状态。当时主要农作物是水稻，亩产也仅在 100—200 斤。新中国成立后，党和政府采取一系列措施发展农业。1952 年实行土地改革，实现了"耕者有其田"，充分调动了农民的生产积极性。1953 年组织农民走合作化道路，由互助组到农业生产合作社，农民组织起来的力量开始发挥对土地进行规模改造的作用。1958 年成立人民公社后，进一步利用集体力量，大搞水利建设，加强了农田的抗灾能力，为以后农业发展打下了坚实基础。但是，直到 1961 年，沙田农作物的种类一直处于比较单一的状态，水稻仍是其主要农作物。水稻的种植面积在 1961 年达 5.66 万亩，占到耕地总面积的 90%，年平均亩产为 282 公斤。

照片4—1　20世纪60—70年代的手工收割水稻

照片4—2　20世纪70年代的沙田农业机械

第二个阶段是1962—1999年的多种作物发展阶段。从1962年开始发展经济作物，当年种植甘蔗5913亩。1965年又成规模种植香蕉，当年种植1923亩。从此，改变了沙田原来单一的耕作做法，形成了三大农作物

照片4—3　20世纪70年代末，沙田水稻收割开始机械化

照片4—4　20世纪70年代沙田农民在稻田里合力推动收割水稻使用的扬谷机

的生产格局。多作物生产局面的形成，有利于农业生产的进一步协调与平衡，特别在灾年更显其作用。例如，1977年春，沙田出现历史上罕见的旱灾，加上虫害和咸潮，使早造水稻减产明显，但香蕉和甘蔗出现丰收，

照片4—5　20世纪70年代沙田农民筛选稻谷

照片4—6　20世纪70年代沙田农民插秧

所以沙田当时的农业有"东方不亮西方亮"之说。后来这三大作物成为支撑沙田20世纪80—90年代农业发展的重要支柱。

第三个阶段是21世纪以来的蔬菜和鱼塘养殖快速发展阶段。进入21世纪，水稻和香蕉种植不断减少，用于榨糖的甘蔗种植也被果蔗种植所代替，三大作物日渐式微。蔬菜种植面积快速增加，逐渐成为沙田主要的农

照片4—7　20世纪70年代沙田农民的扬谷操作

照片4—8　20世纪70—80年代沙田农业的水稻收割

作物产品。2009年，蔬菜种植占到耕地种植面积的55.6%。农业的重心
从原来的水稻、甘蔗、香蕉，调整到鱼塘养殖和蔬菜、香蕉。

21世纪前10年的沙田农业特点是，不断调整优化结构，推进产业
化，促进种植业从粗放型向集约型转变。2002—2003年，全镇调减传统
作物的种植面积，发展高效的蔬菜、花卉、水产等品种。成立了农技中

照片4—9　九旬老伯收获甘蔗的喜悦

心，加强农业技术培训，推广良种和先进适用技术，实行农田标准化建设及低产田改造项目工程。2004年，引导农民合理调整种养结构，提高农业效益。2006年，进一步调整优化农业结构。2007—2009年，推进农业产业化，做精做强种植业，不断加大农村设施建设，扎实推进经济发展由粗放型向集约型转变。

从农业产业占用耕地的比例看，沙田农业中使用耕地较多的有四种，即粮食作物、蔬菜、水果和鱼塘养殖。从2005年以来的数据观察，这四部分占到沙田耕地的80%—94%。

根据2009年种植业面积（26651亩）的内部结构分析，其中，粮食作物只有3469亩（其中，水稻为3069亩），仅占13%；水果8357亩（其中，香蕉为7997亩），占31.4%；蔬菜上升到14825亩，占到种植业的55.6%，成为了农业作物的大头。

此外，值得注意的是，2005年以来，随着沙田经济发展、工业崛起，尤其是虎门港沙田港区的上马和快速建设，使得沙田用于农业生产的土地面积快速下降和总产量不断下滑，沙田的耕地从改革开放前的68873亩（4591.53公顷，45.9平方公里），下降到2010年的35558亩（2370.53公顷，23.7平方公里）（见表4—5—表4—10）。而且下降趋势还在延续，并明显存在外部推动力不断增强的态势。

沙田为了适应和调整农田减少、农业萎缩的状况，2011—2012 年，开始出现农业向现代都市旅游农业转变并不断加快的发展趋势。沙田镇政府的农业工作重点，已开始围绕生态做文章，以城郊休闲旅游为方向，努力打造生态型、休闲型、观光型的现代都市旅游农业。2012 年，沙田镇政府规划了一个生态农业园区，力图通过几年努力，使之成为东莞市和沙田镇新型农业的样板。

根据这个规划，沙田生态农业园区面积有 4200 多亩，以番莞、沿江高速立交为中心，连接围垦湖、福禄沙、民田、大坭、穗丰年等村，形成一个连片开发的区域。园区建设的发展方向是以水产养殖和蔬菜、花卉生产等为主导产业，以标准化、设施化、生态化、科学化和产业化生产示范为主要目标，将农业园区建设成东莞市一个重要的、高档次与高标准的蔬菜、花卉种植与水产养殖生产示范基地。建成后，整个园区将向外部展示沙田镇具有水乡特色的新型农业。这一产业园充分利用遍布福禄沙、穗丰年、民田及大坭村的约 4000 亩农保区，园区内设置有黄唇鱼养殖基地、龟展馆、海洋渔业文化展馆等众多配套项目。

表 4—5　　　　　　沙田镇 2005—2010 年农业生产布局计划（1）

单位：亩

年份＼面积＼品种	耕地面积	四类合计	粮食	蔬菜	水果	鱼塘养殖
2005	44989	39668	10228	4997	17723	6720
2006	40974	32461	5093	5310	14709	7349
2007	34829	29938	3941	5149	12879	7969
2008	33899	29342	2773	5008	10302	11259
2009	38852	35213	2554	6234	8802	17623
2010	35558	33571	2549	6625	6283	18114

资料来源：本表数据来自沙田镇政府农业办公室。

表4—6　　沙田镇2005—2010年农业四大部分生产计划占耕地比例

单位:%

比例 年份 品种	现有耕地 面积（A）	（C＋D＋ E＋F）/A	粮食（C）	蔬菜（D）	水果（E）	鱼塘养殖 （F）
2005	100	88.1	22.7	11.1	39.4	14.9
2006	100	79.2	12.4	13	35.9	17.9
2007	100	86	11.3	14.8	37	22.9
2008	100	86.6	8.2	14.8	30.4	33.2
2009	100	90.8	6.6	16.1	22.7	45.4
2010	100	94.4	7.2	18.6	17.7	50.9

资料来源：本表数据来自沙田镇政府农业办公室。

表4—7　　　　2000—2009年沙田镇农业总产值（按当年价格计算）

单位：万元

年份	农业总产值	种植业产值	林业产值	牧业产值	渔业产值
2000	28620	11711	5	3092	13812
2001	30522	12698	5	4236	13583
2002	31153	12579	3	4813	13758
2003	31319	12525		4866	13928
2004	29892	8297		5967	15628
2005	26794	6899	1	5942	13952
2006	25065	7073	1	3981	14010
2007	24252	6463	1	4317	13471
2008	25266	9069	1	2442	13754
2009	25630	8311	1	2735	14583

资料来源：本表数据来自沙田镇政府农业办公室和历年的《东莞统计年鉴》。

表 4—8　　　　　　　　　　　农业内部结构变化

年份	农业总产值万元	种植业	比重	林业	比重	牧业	比重	渔业	比重
		万元	%	万元	%	万元	%	万元	%
2002	31153	12579	40.4	3	0.0	4813	15.4	13758	44.2
2003	31319	12525	40.0	0	0.0	4866	15.5	13928	44.5
2004	29892	8297	27.8	0	0.0	5967	20.0	15628	52.3
2005	26794	6866	25.7	1	0.0	5942	22.2	13952	52.1
2006	25065	7073	28.2	1	0.0	3981	15.9	14010	55.9
2007	24252	6463	26.6	1	0.0	4317	17.8	13471	55.5
2008	25266	9069	35.9	1	0.0	2442	9.7	13754	54.4
2009	25630	8311	32.4	1	0.0	2735	10.7	14583	56.9

注：本表产值按当年价计算。

表 4—9　　　　　　　2000—2009 年沙田镇农业总产值比例

单位:%

年　份	农业总产值	种植业产值	林业产值	牧业产值	渔业产值
2000	100	40.9	0.02	10.8	48.3
2001	100	41.6	0.02	13.9	44.5
2002	100	40.4	0.01	15.4	44.2
2003	100	40		15.5	44.5
2004	100	27.8		20.0	52.3
2005	100	25.8		22.2	52.1
2006	100	28.2		15.9	55.9
2007	100	26.7		17.8	55.5
2008	100	35.9		9.7	54.4
2009	100	32.4		10.7	56.9

资料来源：本表数据来自沙田镇政府农业办公室和历年的《东莞统计年鉴》。

表4—10　　　沙田镇2005—2010年农业生产布局计划（2）

单位：亩

年份 \ 品种 面积	橘柑	杂果	荔枝	花卉	花生	番薯	玉米	其他	备注
2005	47	126	65	971	30	1535		1015	
2006	31	127	32	987	290	1290	346	2230	
2007	2	112	30	944	7	1258			
2008	0	100	50	978	0	1083	5	328	0
2009	77.5	288	76	715	155	903	155	29	190
2010	35	250	93	775	95	500	95	205	0

资料来源：本表数据来自沙田镇政府农业办公室。

照片4—10　2007年航拍沙田的农田

照片 4—11　2007 年航拍沙田的村庄与农田

照片 4—12　2011 年坭洲村的村庄与农田全貌

照片 4—13　2011 年沙田的村庄与农田

照片 4—14　2011 年沙田的村庄与农田

照片 4—15　2011 年和安村的村庄与农田全貌

三　沙田主要农牧产品的发展历史和现状

（一）粮食作物（水稻）

沙田土地肥沃，适宜种植水稻，素有鱼米之乡和"东莞粮仓"之称。但在新中国成立前，因受咸潮影响，全是单造田，年亩产只有一二百斤。新中国成立后，由于党和政府非常重视农业生产，推行一系列的增产措施，十多年间，使水稻亩产翻番，1954 年亩产 300 斤，到 1965 年达到877 斤。1978 年 12 月十一届三中全会后，沙田贯彻改革开放搞活经济的方针政策，采取分田到户家庭联产承包责任制，农民生产积极性空前提高，使农业得到更大的发展。1977—1979 年，三年间沙田地区农业连续大丰收，水稻亩产超千斤。1979 年 12 月沙田镇被评为全国农业先进单位，受到国务院嘉奖，并派代表到北京接受邓小平同志亲自颁发的奖状。1980 年沙田亩产达 1246 斤，是 1954 年的 4.15 倍，1965 年的 1.4 倍。水稻总产量达到了历史最高点，当年总产量为 3.12 万吨。1997 年水稻单位产量又上了新台阶，年亩产达 1668 斤，是 1980 年的 1.34 倍。

照片4—16　20世纪70年代沙田的稻谷丰收

照片4—17　沙田早期的粮仓

沙田水稻增产的历史，是政策导向、劳力整合、科技应用和客观环境变化综合因素作用的结果。观其各个阶段的变化，可以清楚地看到近几十年沙田农业发展的历程。

新中国成立初，沙田的农田多为单造田，每年只能插一次秧。1954

年合作化后，组织起来的农民，有能力搞一些水利建设，筑堤围建水窦，也有力量进行改单造田为"挣稿"①的种植创新，使得年亩产从一二百斤提高到三四百斤。

1956 年，进一步由挣稿改双造。即清明前后插秧，夏收后进行犁耙，到立秋前后再插下晚造秋苗，至农历十月左右收割，一年两造，而且不论早造或晚造，插秧时做到合理密植。由于单造改双造，水稻年亩产从原来的四百斤提高到七百斤以上。

1958 年，沙田开始搞联围建闸，抗咸引淡，使围内 8000 亩水面变成淡水湖，40000 多亩农田水利条件大大改善，对单造改双造的推广起着关键作用。

1963 年，扩大电网，沙田安装了 1900 千瓦装机容量，保证农田的灌溉。因提水工具改善，改变了原来的大排大灌，做到了合理排灌，减少了土肥流失，提高了水稻产量，年亩产由 600 多斤提高到800 多斤。

1965 年后，逐渐形成了水稻、甘蔗、香蕉三大作物的轮作。轮作是合理使用土地的有效措施，可以防治病虫害，调节土壤成分结构，防止土壤板结，提高地力。

1976—1979 年，实行家庭联产承包责任制。农民承包土地后，激发了更大的动力向高产、高质、高效益的"三高"农业进军，保证了粮食生产的规模和产量。从 80 年代中期到 90 年代末的十几年中，年亩产一直保持在 1600 斤左右。

20 世纪 90 年代末，为了减轻劳动强度，沙田地区推行抛秧技术，配合使用除草剂、化肥等，改变原来弯腰插秧的方法，减轻劳动强度，加快插秧进度。这一时期，出现了经营专业户，开始规模化生产。据统计数据，2000 年沙田有水稻专业户 5 户，经营水稻面积 396 亩。

2005—2006 年，开始引导农民发展虾塘种稻、种植"中晚稻"、采用蕉稻轮作等耕作形式，大力推广良种良法，水稻、蔬菜、香蕉等作物

---

① "挣稿"是指在早造禾行中间插晚造秧苗，进行交叉种植，从收一季到收两季。

良种覆盖率达 95% 以上,全年实现种植粮食面积 6350 多亩(见表 4—11)。

在财政上,从 2005 年开始,连续 3 年对蕉田改种水稻的种植户每年每亩补助 400 元。全年蕉田改种水稻面积 5010 亩,补助金额 200 多万元。

值得注意的是,20 世纪 80 年代以来,在亩产增加的同时,水稻种植面积在不断减少。1988 年,沙田的水稻种植面积是 34000 亩;2000 年,为 19545 亩,下降的幅度为 42.52%。进入 21 世纪后,水稻种植面积减少的速度更快(见表 4—12)。2002 年,进入了万亩以下,为 8087 亩,2003 年又快速下降到 3105 亩。2008—2010 年,稻谷种植面积均在 1000 多亩的规模。2012 年沙田的稻谷种植面积已在 1000 亩以下,仅为 927.5 亩。

表 4—11　　　沙田镇 2005—2010 年水稻生产布局计划

单位:亩

年份　　面积　　品种	水稻		
	大田	虾稻①	小计
2005	5311	3352	8663
2006	2707	460	3167
2007	2411	265	2676
2008	1430	255	1685
2009	1341	0	1341
2010	1162	697	1859

资料来源:本表数据来自沙田镇政府农业办公室。

———————————

① 虾稻共养的水稻田。虾稻共养的无公害绿色种养殖业,经济效益好。

表 4—12　　　　　　　　2000—2009 年沙田镇水稻种植面积、产量

年份	总面积（亩）	亩产/年（千克）	总产量（吨）
2000	19545	401.4	7845
2001	10322	399	4118
2002	8087	407.1	3292
2003	3105	401.6	1247
2004	4036	443.5	1790
2005	12844	367.2	4716
2006	5999	369.6	2217
2007	3926	371.6	1459
2008	3069	404.7	1242
2009	3169	375.5	1190

资料来源：本表数据来自沙田镇政府农业办公室和历年的《东莞统计年鉴》。

注：2008 年和 2009 年的种植亩数比沙田水稻生产布局计划表多出一倍多，结合表中亩产（800 斤左右）只是一造产量的情况，有可能是把早稻和晚稻的亩数合并计算的结果，因此，这两年的实际水稻种植亩数应在 1500 亩左右。

（二）水果

沙田水果成规模种植的历史较短，新中国成立前这里没有水果种植的记录，新中国成立后至 20 世纪 60 年代以前这里也未见到任何的水果生产的记载，直至 1961 年建立沙田人民公社以后才开始逐步发展水果种植业。1965 年种植香蕉，1986 年大面积种植柑橘，从 2005 年开始成规模种植果蔗。除以上三种以外，还有少量其他杂果，如荔枝、木瓜、芒果、葡萄、蒲桃、洋桃、石榴等。2000 年，全镇水果种植面积总计23092 亩，其中，香蕉种植面积达 22721 亩、柑橘 170 亩、其他杂果201 亩；2005 年，水果种植面积下降到 17723 亩，其中，香蕉 17291

照片4—18　2005年沙田的稻田

照片4—19　2007年沙田的稻谷收割

亩、果蔗194亩、柑橘47亩、荔枝65亩、杂果126亩；2010年，种植面积进一步下降到6508亩，其中，香蕉3810亩、果蔗2320亩、柑橘35亩、荔枝93亩、杂果250亩。

　　沙田水果产量在1987年达到高峰，当年的水果总量为7万多吨（香蕉64758吨、柑橘5903吨）。进入21世纪以来逐步下降，从2000—2004

年的 4 万吨左右，到 2005—2006 年的 2 万吨左右，再到 2007—2008 年的
1 万吨左右，最后降到 2009 年的 6243 吨（见表 4—13）。

结合表 4—14、表 4—15 的数据可以看到，最近 10 年沙田水果种植
的变化趋势。香蕉从 1.7 万亩下降到 3000 多亩，而果蔗从 100 多亩上升
到 2000 多亩，出现了此消彼长的态势。

表 4—13　　　　　　　2000—2009 年沙田镇水果种植面积、产量

年份	种植面积（亩）	亩产/年（千克）	总产量（吨）
2000	21218	1821	38638
2001	25146	1776.4	44670
2002	23765	1860.2	44208
2003	23395	1737.6	40651
2004	22545	1759.8	39675
2005	16466	1726.8	28433
2006	13562	1734.5	23523
2007	11135	1601.2	17829
2008	8357	1558.6	13025
2009	5821	1072.5	6243

资料来源：本表数据来自沙田镇政府农业办公室和历年的《东莞统计年鉴》。

表 4—14　　　　　沙田镇 2005—2010 年水果生产布局计划

单位：亩

面积　品　种　　　年份	香蕉	果蔗	柑橘	杂果	荔枝	总计
2005	17291	194	47	126	65	17723
2006	13958	561	31	127	32	14709

品种 面积 年份	香蕉	果蔗	柑橘	杂果	荔枝	总计
2007	10898	1837	2	112	30	12879
2008	8031	2121	0	100	50	10302
2009	5515.5	2845	77.5	288	76	8802
2010	3810	2320	35	250	93	6508

资料来源：本表数据来自沙田镇政府农业办公室。

表 4—15　　　　沙田镇 2005—2010 年水果生产布局计划比例

单位:%

品种 百分比 年份	香蕉	果蔗	柑橘	杂果	荔枝	总计
2005	97.6	1.1	0.2	0.7	0.4	100
2006	94.9	3.8	0.2	0.9	0.2	100
2007	84.6	14.3	0.0	0.9	0.2	100
2008	78	20.5	0.0	1.0	0.5	100
2009	62.7	32.3	0.9	3.3	0.9	100
2010	58.5	35.7	0.5	3.9	1.4	100

资料来源：本表数据来自沙田镇政府农业办公室。

1. 香蕉

香蕉是沙田的重要经济作物之一。这种水果适应性强，花人工少，管理粗放，经济效益显著，并且收益较快，还适于大面积种植。1965 年以前，沙田除了有个别农户在茅寮前后的堤埪上种上几株外，基本上没有成规模的香蕉种植。1965 年沙田公社发动社员将原来种植树木和竹的堤埪上改种香蕉，当年取得了显著效益。1966 年提出"一步三元"的口号，即将所有堤围改种香蕉，争取达到每一步距离产生 3 元的收益。两三年后，沙田农民经济收入增加，尝到了甜头，种植香蕉面积快速增加，不但在堤围上种，而且发展到在水田种植。1969 年，种植香蕉面积达 5056 亩，香蕉逐步成为沙田农业三大支柱之一。

为了提高香蕉产量，沙田不断引入良种，初时是以种植高茎蕉为主，但这种蕉抗风能力极差，遇风容易倒伏，而且蕉的质量不太好，后来陆续引进一些抗风能力、抗病虫能力较强、质量较好、蕉茎较矮的品种，如高州蕉（矮地雷）、泰国蕉等。至 20 世纪 80 年代，香蕉的种植面积和亩产都全面提高，1987 年种植面积达 29541 亩，亩产达 2192 公斤。香蕉在沙田种植最多的年份是 1993 年，当年种植积达 30000 亩，占沙田当时耕地的 50% 左右。

80 年代后期出现"蕉公病"①，严重影响了香蕉的生产，总产量从 1987 年的 64758 吨，下降到 1990 年的 13820 吨。为了消灭这种病害，除加强轮作外，还由沙田中学科技小组牵头推广种试管蕉苗威廉斯种。由于这种试管蕉苗不带菌，而且具有蕉形好、产量高、抗病能力强的优点，不但消灭了蕉公病，而且将香蕉产量推上一个新台阶。2000—2001 年香蕉亩产连续达到 1800 公斤以上，2001 年全镇年总产达 44398 吨。2003 年以来香蕉枯萎病②危害逐年加重，严重威胁着沙田镇香蕉生产。2005 年后，因虎门港上马、产业结构调整等原因，香蕉的种植面积逐渐降低，到 2010 年仅剩 3810 亩。亩产也从 2000 年的 1827 公斤，下降到 2009 年的 1106 公斤（见表4—16）。

---

　　①　蕉公病又名香蕉束顶病、丛顶病、葱蕉或虾蕉，主要为害香蕉，有时也为害大蕉。本病最突出的症状是新长出来的叶片，一片比一片短而窄小，以致病株矮缩、叶片硬直并成束地长在一起；病叶的叶脉、叶柄和假茎上呈现断断续续、长短不一的浓绿色条纹。发病较重的蕉园发病率可达 10% —30%，甚至 50% —80%，但多数蕉园只是零星发生。感病早的植株矮缩，不抽蕾，在现蕾期才感病的植株则果少而小，没有商品价值。

　　②　香蕉枯萎病是由一种半知菌侵害香蕉引起的病害，发病后的叶子迅速萎蔫，叶柄在靠近叶鞘外折曲下来，在几天之内，其他叶子相继下垂，由黄色变呈褐色而干枯。也有一些叶子没有变黄便垂挂下来，倒挂于假茎的四周。一般假茎中心的最后一张顶叶，往往很迟伸出或不能抽出。经过一段时间后，整株枯死，形成一条枯秆，倒挂着干枯的叶子。

表 4—16　　　　　　　　2000—2009 年沙田镇香蕉种植面积、产量

年份	种植面积（亩）	亩产/年（公斤）	总产量（吨）
2000	20864	1826.5	38108
2001	24619	1803.4	44398
2002	23259	1877	43657
2003	22984	1754.3	40320
2004	22218	1772.3	39377
2005	16183	1674	27090
2006	13285	1680.5	22325
2007	10094	1618.2	16334
2008	7997	1590.7	12721
2009	5323	1106.3	5889

资料来源：本表数据来自沙田镇政府农业办公室和历年的《东莞统计年鉴》。

照片 4—20　沙田的香蕉地

2. 甘蔗

甘蔗是沙田的另一个重要的经济作物。甘蔗的特点是：管理较粗放、

照片4—21　沙田农民给香蕉喷洒农药

照片4—22　沙田的香蕉地

耗工较少、抗灾防病虫害能力较强、高产，水田旱地都可种植，而且产量比较稳定。沙田的甘蔗种植历史比香蕉早一些，从20世纪50年代后期开始引种，最初是作为生产蔗糖的原料种植。沙田从1961年后开始大面积种植，1962年种植5913亩，1964年种植9073亩，以后逐年增加，1982年种植面积最多达23962亩。2004年以后，由于市场需求的变化，开始更换品种，改种了作为水果的果蔗。

甘蔗得以在沙田地区的快速发展主要是以下一些因素和措施促成的。

第一，优良品种选用。沙田最早种植的是竹蔗，产量很低，亩产只有1000多公斤，1962年引进粤糖57/427和台糖134等良种后，甘蔗亩产有较显著提高，1964年亩产达2800公斤，1968年亩产达3860公斤。70年代以后，继续引入桂糖（含糖量高）、东爪哇1605（又名大辘种）和顺糖等优良品种，使甘蔗产量又提高一步。1974年亩产达5330公斤，是1962年甘蔗亩产的2.54倍。

第二，改变耕作方法。为了进一步提高甘蔗产量，摸索增产经验，1976年和1977年两年，坭洲向阳生产队和东莞糖厂①沙田蔗站合作搞甘蔗高产试验田。通过选用优良品种、深挖渠排水、高培土、剥叶通风防病虫害、增施土杂肥和塘泥等措施，使一亩二分试验田得到高产，其中1976年亩产达22000公斤，1977年亩产达27520公斤。此后，沙田根据这些经验和使用新品种，使得大面积甘蔗产量又升上一个新台阶。1980年亩产达8000公斤，1990—2000年保持在9000公斤左右，较高的年份达12000公斤。

第三，政策推进。20世纪60年代的3年自然灾害后，政府为了解决人民群众食糖问题，于1963年下达种甘蔗政策，即每增种一亩甘蔗减收征购粮任务400公斤，这样有效地调动了农民种植甘蔗的积极性。1980年以后由于贯彻家庭联产承包责任制，甘蔗的收购价格变动较大，农民按市场价值种植甘蔗。政府出台了相关的奖励政策，例如，1989年甘蔗任务每吨收购价115元，超产部分每吨180元，完不成任务的，每吨罚100元，这个政策到1992年才取消。1992年甘蔗价格下降到每吨140元，1993年每吨收购价又回升到170元，并采用糖厂利润返还措施，按白糖每吨3000元计，每

---

① 20世纪50—70年代，东莞糖厂是中央直属企业，在东莞是数一数二的企业，加上当时全省的大型企业屈指可数，东莞的工商企业更是少之又少，东莞糖厂相当受重视，当时的糖厂在东莞属于纳税大户，1979年税收占全市税收的50%以上。

照片4—23　70年代的向阳生产队队部

吨糖升价100元，每吨甘蔗返还利润合计180元；1994年每吨甘蔗收购价230元，加上利润返还共240元；1995年收购甘蔗每吨300元，取消利润返还，当年种植甘蔗面积只有10213亩，亩产9.3吨；1996年、1997年两年每吨甘蔗上升到340元，种植甘蔗面积又回升到12445亩；1998年每吨甘蔗收购价321元，其中东莞市政府每吨补贴110元。1999年11月市农业局宣布2000年不再对甘蔗进行补贴，并且拆除了东莞糖厂榨蔗机械。由于缺少市场需求，沙田甘蔗种植锐减；根据2000年的统计，当年只有立沙几个村委会和齐沙村委会种植甘蔗，面积为2606亩，主要是卖给番禺鱼窝头糖厂。再以后的几年，几乎就没有种植了。

　　2005年后，沙田的甘蔗种植从榨糖的品种转向了供鲜食的果蔗①后，种植面积开始有所提升，从2005年的194亩上升到2010年的2320亩（见表4—17）。

①　果蔗是一种供鲜食的甘蔗。其特点是汁多清甜，脆嫩爽口。我国果蔗按皮色主要分黄皮果蔗和黑皮果蔗两种，产地主要在广东、广西、浙江、福建等省份。

表4—17　　　　　　沙田镇2005—2010年甘蔗（果蔗）生产计划

单位：亩

年份	2005	2006	2007	2008	2009	2010
种植面积	194	561	1837	2121	2845	2320

资料来源：本表数据来自沙田镇政府农业办公室。

照片4—24　甘蔗与香蕉地

3. 柑橘

沙田柑橘种植出现在改革开放后。最初，只是20世纪80年代初福禄沙农科站种植了十几亩，到1986年才开始较大面积种植。由于柑橘的管理技术要求较高，沙田农民缺乏经验，故产量不高。后来很多农户从新会、普宁等地请来农技人员进行指导，产量逐步提升。1991年总产量最多时达14824吨。此时，不少农民组织柑橘北运，销售到北方各省，但由于柑橘质量较差，没有竞争力，价格较低，虽丰收但农民收入不多。这样挫伤了农民的积极性，出现了锄掉果树改种香蕉或其他农作物的情况，种植面积由1988年的9315亩，减少到2010年的35亩（见表4—18）。

照片 4—25　　捆绑好的甘蔗

表 4—18　　　　　沙田镇 2005—2010 年柑橘生产计划

单位：亩

年份	2005	2006	2007	2008	2009	2010
种植面积	47	31	2	0	77.5	35

资料来源：本表数据来自沙田镇政府农业办公室。

4. 荔枝

沙田的荔枝没有什么较好的特色品种，产量也不高，亩产最高的年份在 800 公斤左右，最低的年份只有 100 多公斤。销售的范围也不大，只局限在本地以及周边地区销售，很难打开外地市场。因此，种植量长期徘徊在几十亩至 100 多亩，总产量也一直在 20—30 吨，仅在 2007 年达到最高产量的 150 吨（见表 4—19）。

表 4—19　　　　　2000—2009 年沙田镇荔枝种植面积、产量

年份	种植面积（亩）	亩产/年（千克）	总产量（吨）
2000	107	308.4	33
2001	117	333.3	39
2002	40	325	13

续表

年份	种植面积（亩）	亩产/年（千克）	总产量（吨）
2003	94	287.2	27
2004	69	362.3	25
2005	61	524.6	32
2006	46	413	19
2007	186	806.5	150
2008	45	155.6	7
2009	50	200	10

资料来源：本表数据来自沙田镇政府农业办公室和历年的《东莞统计年鉴》。

（三）蔬菜与花卉

1. 蔬菜

沙田因咸水期较长，不适应蔬菜生长等自然条件限制，20 世纪 80 年代以前很少大面积种植蔬菜，一些农户只是在基堂少量种植，解决家庭食用。改革开放以后，随着水利设施建设完善，生产专业化加强，从 1987年以后，蔬菜种植面积有所增加，除各农户种植蔬菜外，开始出现了蔬菜专业户。

进入 21 世纪，蔬菜的种植得到快速发展（见表 4—20 至表—22）。据 2000 年统计，当年有蔬菜专业户 24 户，其中：杨公洲 7 户共 172 亩，阁西 5 户共 270 亩，福禄沙 2 户共 35 亩，大堤 3 户共 20 亩，穗丰年 2 户共 20 亩，稔洲 1 户 20 亩，西太隆 3 户共 179 亩，横流 1 户 20 亩。当时，沙田蔬菜市场的蔬菜大多数是本地生产的，而且品种多、质量好，基本上改变了过去沙田不生产蔬菜的状况。

2002 年，进一步减少传统作物的种植面积，扩大蔬菜种植面积。

2003 年，调减了粮食、甘蔗等种植面积 4000 多亩，用于发展高效的蔬菜品种。并成立了农技中心，加强农业技术培训，进行良种和先进适用技术的推广工作。在全镇大力推广良种良法，蔬菜"一棚两膜"技术应用达到 1500 亩，蔬菜作物良种覆盖率达 95％以上。

近些年，外地来沙田种植蔬菜的农户也不断增加。根据 2005 年的统计，外来蔬菜种植户有 542 户，劳动力 1408 人，种植蔬菜 2017 亩，占到当年蔬菜种植面积的 21.3%。

表 4—20　　　　2005 年沙田镇外来耕种人员土地租赁、用途和收入情况汇总

序号	村委会	户数	劳动力（人）	租赁面积（亩）						总收入（元）	人均收入（元）
				蔬菜	水果	粮食	鱼塘	家禽	牲畜		
1	中围	1	5				53	7		205000	41000
2	和安	1	6				78			350000	58333
3	坭洲	3	8				345			1390000	81765
4	杨公洲	67	146	197			458.8	4.5	25	4930270	20891
5	阖西	37	74	114.1						674000	7247.3
6	民田	68	135	282.1						1678500	8392.5
7	福禄沙	14	45	66.2	27		230			970000	19020
8	大坭	38	77	127.6						925200	8811.4
9	齐沙	8	16		20		567			2528000	64821
10	穗丰年	6	51				684	170		6052000	112074
11	西大坦	17	36	41						295000	8194.4
12	稔洲	126	266	474.1						3264500	10497
13	义沙	144	288	380.1						3268281	9418.7
14	西太隆	12	255	335			107	18		1188400	3444.6
	合计	542	1408	2017	47		2522.8	200	25	27719151	15008

资料来源：本表数据来自沙田镇政府办公室。

表 4—21　　　　　　2000—2009 年沙田镇蔬菜播种面积、产量

年份	播种面积（亩）	亩产/年（千克）	总产量（吨）
2000	12025	1197.2	14396
2001	15488	1208.6	18719
2002	16679	1201.9	20046
2003	17209	1016.3	17490

续表

年份	播种面积（亩）	亩产/年（千克）	总产量（吨）
2004	10552	1187.6	12532
2005	9453	1277.4	12075
2006	12694	1396	17721
2007	10469	1446.9	15148
2008	14825	1314.3	19484
2009	14986	1336	20021

资料来源：本表数据来自沙田镇政府农业办公室和历年的《东莞统计年鉴》。

表 4—22　　　　　沙田镇 2005—2010 年蔬菜生产布局计划

单位：亩

面积　品种　年份	蔬菜		
	大田	间种	小计
2005	4220	777	4997
2006	4857	453	5310
2007	5124	33	5157
2008	4890	118	5008
2009	6794	588	7382
2010	6280	345	6625

资料来源：本表数据来自沙田镇政府农业办公室。

2. 花卉苗圃

沙田花卉苗圃种植业始于 20 世纪 90 年代初，原来沙田是没有花卉苗圃种植的，家庭也没有摆设花草的习惯。改革开放以后，群众生活水平不断提高，物质生活充裕了，环境的美化便成为优先考虑的问题。家庭、街道等要搞美化绿化，需要大量树木花草，沙田花卉苗圃业应运而生。1992年沙田镇成立园林工程队，建有花木场负责全镇街道美化绿化工作。后来随着市场需求的增加，花木场不断增多，据 2000 年统计，全镇集体办和

照片 4—26　沙田的菜地

　　私人办的花木场共有 827 亩，场内花木品种繁多，一年四季随时可以供应各种时花，对美化沙田起着一定作用。

　　2005 年以来，沙田镇的苗圃生产不断发展，形成一定规模，主要服务内容和经营项目是提供绿化苗木、花草等服务（见表 4—23）。销售市场为沙田镇及周边城镇。沙田的苗圃生产分布较为集中，多数位于沙田大道（原沙太路）两侧，高压走廊附近。经营形式主要是由各村出租土地给园林生产公司或个人生产。2007—2008 年沙田镇生产绿地总面积已达 64.76 公顷，具有规模的生产机构达到十几家（见表 4—24）。

表 4—23　　　沙田镇 2005—2010 年花卉生产计划

单位：亩

年份	2005	2006	2007	2008	2009	2010
种植面积	971	987	944	978	715	775

　　资料来源：本表数据来自沙田镇政府农业办公室。

表4—24　　　　　　　　　沙田镇主要园林生产企业一览

序号	名称	面积（公顷）	位置	苗木种类	每年可提供苗木数量（万株）
1	东莞市桃园园林绿化有限公司	11.73	西太隆	灌木、乔木	37.5
2	利澳实业有限公司花木场	8.90	齐沙		
3	田园园艺花场	7.13	义沙		
4	东莞市阳关园林有限公司	6.87	义沙	灌木、乔木	8.7
5	瑞泰花场	5.80	义沙		
6	东莞市创景园艺绿化有限公司	5.67	义沙	灌木、乔木	11.3
7	绿茵花木场	3.20	大圫		
8	沙田锦林园艺公司	2.33	大圫	棕榈、乔木	3.8
9	华海园林工程有限公司花木场	2.00	穗丰年		
10	钟××花木场	2.00	大圫		
11	厚街园林绿化公司花木场	1.73	大圫		
12	梁××花木场	1.67	稔洲		
13	东莞市八方园林有限公司	1.33	阇西	灌木、乔木	11.0
14	方××花木场	1.13	大圫		
15	罗××花木场	1.07	大圫		
16	方××花木场	1.00	大圫		

（四）禽畜饲养

沙田的禽畜饲养具有相当长的历史，主要集中在猪、鸡、鸭、鹅等方面。最早是作为家庭副业，后来因国家养殖政策和收购政策的鼓励，产量一度达到了较大规模。成为沙田农业四大块（种植、畜禽养殖、水产养殖、海洋捕捞）之一。进入21世纪后，产量最高的年份是2004年，当年共有畜禽养殖户 258 户，肉类总产量为 4617 吨（见表 4—25）。

表 4—25　　　　　　2000—2009 年沙田镇畜牧禽蛋产量

年份	生猪年末存栏（头）	肉猪出栏（头）	鸡、鸭、鹅年末存栏量（只）	鸡、鸭、鹅出栏量（只）	畜牧总肉量（吨）	猪肉（吨）	禽蛋产量（吨）
2000	6804	12848	192199	1022458	2861	1000	116
2001	13774	26224	225394	901198	3551	2058	265
2002	14289	27500	230733	1003262	3796	2145	261
2003	15207	26478	349090	989735	2045	2043	216
2004	18544	28820	291124	1191001	4617	2277	305
2005	7704	26261	450672	1273929	4512	2104	241
2006	7156	13561	98418	1968131	910	908	37
2007	3143	13985	344377	1176297	2376	853	102
2008	5407	5502	415109	1251654	1078	384	28
2009	20	212	266714	1170285	1119	14	15

资料来源：本表数据来自沙田镇政府农业办公室和历年的《东莞统计年鉴》。

1. 生猪

沙田农户历来有养猪的习惯，在 60 年代，每户一般都养有几头猪，作为家庭副业的一项收入。除此之外，每个生产队一般都办有一个集体猪场，生产队派专人负责管理。1976 年至 1979 年是养猪的全盛期，每年的饲养量都在 2 万头以上，其中 1977 年饲养量为 24922 头，基本上达到全公社一人一头猪，这样解决了肉食上调任务和肉食自给问题。1982 年，农业实行家庭联产承包责任制，集体猪场解散，出现了养猪专业户。养猪专业户一般每户年养猪一二百头以上，采用科学方法饲养，使用工厂生产的混合饲料，改变了过去养一头猪要 10 个月至 1 年才能上市的情况，缩小生产周期，只需四五个月便可销售上市，因此有利可图。据 2000 年统计，全镇共有养猪专业户 40 户，每年饲养量总共在 6000 头左右。因为市场上猪肉供应充足，而且价格便宜，所以一般农户逐渐停止了家庭养猪。

2004 年，沙田生猪产量达到了最高峰，当年年末生猪存栏数达到了 18544 头。此后，因市场、检疫、土地、政策、规划等多种因素限制，生猪产量逐渐下降。2006 年，东莞市为改善城市环境开始禁止养猪。2009 年，沙田生猪年末存栏仅剩下 20 头，几近消亡。

2. 鸡、鸭、鹅

鸡、鸭、鹅在沙田统称为"三鸟"。沙田农户历来有养"三鸟"的习惯。20 世纪 70 年代以前，由于沙田大部分耕地种植水稻，收割后稻田和晒谷的地塘四周都遗留不少谷粒，这是放养"三鸟"的好场所。沙田有"放鸭苗""放排鸭"的做法。"放鸭苗"就是早、晚造刚插完秧后，不少农户买回几十只多则上百只鸭苗，并在鸭苗身上打好记号后放到田间去。两三个月后，水稻扬花抽穗前鸭也长大了。此时村内所有放鸭苗的农户一起到田间赶鸭回来辨认，放鸭苗成活率一般在五六成至七八成。"放排鸭"数量较大，在夏收和秋收前一个月左右，一些农户买回几百只多则上千只鸭苗饲养。待夏收或秋收时，每收割完一间禾田的水稻，就赶鸭去"吃田埔"。待夏收或秋收结束鸭也可以上市了。农户养鸡、养鹅也是放养的，养鸡多数放在蕉基上，甚至晚上都不拿回来，直到长大了才捉回来。在六七十年代一般每年饲养"三鸟"为 20 多万只，当时全沙田只有 6500 户，养平均每户 30.7 只"三鸟"。1980 年以后，农村贯彻家庭联产承包责任制，出现了不少养"三鸟"专业户，因为他们用工厂生产的饲料喂养，使"三鸟"长肉快，从鸡、鸭苗到上市四五十天就可以了。这样大大地降低了成本，而且价格比猪肉还要便宜。农户饲养"三鸟"减少了，甚至不再养"三鸟"了。但由于养"三鸟"的专业户增多，"三鸟"的饲养总量没有减少，而且比原来增多了。1990—2000 年，每年都在三四十万只，最多的 1996 年共有 560320 只。2000 年以后，规模有所扩大，存栏数平均在年 20 万—30 万只。出栏数平均在年 100 多万只，最多的 2006 年近 200 万只（196.81 万只）。

四　渔业的发展与变化

沙田处于狮子洋之滨的水网地带，是著名的鱼米之乡。据沙田地区的

照片 4—27　居民散养家禽

老人对过去回忆，在他们青少年时期，大人煮饭时拿张渔网到河涌走一趟，饭还未煮熟，已有一餐鱼虾拿回来做菜。但在 1956 年以后，由于逐年兴修水利，加上农业上大量使用农药和化肥，使河涌水质受到污染，不适宜鱼虾生长，因而鱼虾产量逐渐减少。改革开放后，沙田重视发展淡水养殖业，以解决河、海鲜的供应不足问题。1998 年 9 月东莞市新湾镇撤并，原新湾镇先锋村划归沙田镇管辖，先锋村是一个渔民村，全村渔民以广东各沿海渔场为主要捕捞作业区。这使得沙田镇渔业在原有淡水养殖的基础上，又增加了海洋捕捞部分。渔业上升为沙田第一产业中的重要支柱。

（一）水产养殖

　　鱼塘养殖一直是沙田地区的一个重要产业，具有较长的发展历史。新中国成立初期，沙田鱼塘甚少。1964 年，全沙田鱼塘面积只有 245 亩，总产鲜鱼 190955 斤（合 95.5 吨）。后来，通过河涌造塘，使鱼塘面积不断扩大，1971 年沙田围内的淡水湖，因为湖两头的水位相差太大，故在西太隆筑横堤分成上下两个淡水湖，其中上湖 5100 亩、下湖 3500 亩。1972 年年底，又在西大坦建淡水湖 600 亩。从 1973 年开始，根据淡水湖内深浅不同，分期在湖内筑堤围塘 853 亩，又在西大坦淡水湖内的滩上建

照片4—28　早期立沙岛的家家户户都靠捕鱼为生

一个130亩的鱼苗场。1974年冬至1975年春筑堤围塘343亩，其中上围土地洲148亩、候王洲25亩。下湖泗沙水闸120亩，并在下湖金和尾堤建鱼苗塘30亩，在西大坦湖边建20亩。1975年冬至1976年春筑堤围塘160亩，其中上湖杨公洲50亩、西太隆横堤下50亩、西大坦湖60亩。同年在西大坦湖内的滩上建鱼苗塘50亩，并建有鱼苗繁殖池一套。1976年冬至1977年春，在上湖西太隆横堤上筑堤围塘300亩，在上湖十八孔、横流、福禄沙、齐沙等十一座大小水闸建有拦鱼设备11宗。在民田垅、泗沙垅、官洲三个地方也建起拦鱼设备。

　　1980年以后，由于农村贯彻家庭联产承包责任制，发展到农户在承包的土地上开挖鱼塘养鱼。至1986年，家庭养鱼户达4835户，劳动力10380人，鱼塘面积达4592亩，总产量为1324800斤（662.4吨）。养鱼农户积极学习养鱼技术，从多方面改革养鱼方法，以提高塘鱼单产。主要做法有三：一是由农家饲料（青草、猪牛粪等）改为商品饲料（花生麸、麦皮、养鱼专用饲料），并采用定时定量投喂，保证鱼的正常生长；二是科学混养，除四大家鱼要适当配搭外，还兼养一些东北鲫、非洲鲫和福寿鱼等，使水的上中下层都得到充分利用，使微生物与其他动物性饲料产生良性循环；三是配合"三鸟"和猪的饲养，不少养鱼户在塘坐或塘面上建造猪舍或"三鸟"笼，用它们的粪便作为鱼的饲料，这样既可解决猪和"三鸟"的饲养场所，又可降低养鱼的成本。

1990年以后，随着形势的发展、市场的需要，沙田不少农民在承包土地或一些河涌挖塘养鱼虾，使鱼塘面积大大增加。至1999年鱼塘面积达7299亩，塘鱼的总产量达3823吨。2000年统计，全镇养鱼专业户49户（见表4—26）。

2000—2007年，鱼塘面积变化不大。塘鱼的总产量在4000吨左右上下浮动，产量最高的年份是2004年，达到近5000吨（4993吨），产量最低的年份是2007年，仅有约3000吨（3081吨）。

2008年，鱼塘养殖快速发展，当年新增加了7621亩鱼塘，与2007年相比，增长了119.26%。塘鱼总产量达到近6000吨（5941吨）。2009年，又增加了4094亩，鱼塘总规模达到了18105亩，塘鱼总产量超过了7100吨（7178吨）（见表4—27）。值得注意的是，沙田塘鱼产量增加的同时，海洋捕捞产量出现了明显的减少。也就是说，在沙田水产品产量基本不变的情况下，内部比例出现了较大的调整。淡水产量从2007年前的26%左右，快速上升到近50%，占到了沙田水产品的半壁江山。

表4—26　　　　沙田镇2005—2010年水产养殖生产布局计划

单位：亩

面积　品种 年份	水产养殖			
	海水	井水	鱼塘	小计
2005	6982	321	6720	14023
2006	5790	321	7349	13460
2007	3340	321	7969	11630
2008	3223	321	11259	14803
2009	1360	420	17623	19403
2010	1100	675	18114	19889

资料来源：本表数据来自沙田镇政府农业办公室。

表 4—27 2000—2009 年沙田镇淡水养殖面积、水产品产量

年份	淡水养殖面积（亩）	水产品产量（吨）	淡水产量（吨）	海洋捕捞（吨）
2000	7277	16407	4339	12068
2001	7261	16713	4496	12217
2002	7257	16737	4536	12201
2003	7440	16895	4775	12120
2004	6977	16883	4993	11890
2005	7191	15662	4248	11414
2006	6422	15717	4686	11031
2007	6390	14985	3081	11904
2008	14011	14762	5941	8821
2009	18105	14763	7178	7585

资料来源：本表数据来自沙田镇政府农业办公室和历年的《东莞统计年鉴》。

照片 4—29 立沙岛鱼塘一角

照片4—30　沙田的鱼塘

照片4—31　围塘养殖

（二）海洋捕捞

　　沙田地处河涌交错，开门见水，举步登船的水网地带，历史上差不多每家每户都有一只小艇作为交通运输之用，在农闲时节，不少农户便带一些渔网之类的捕鱼工具到珠江或内河下网捕鱼，有时幸运的话会有十多斤甚至几十斤鱼虾收获。随着农村经济的发展，取而代之的是机船的出现，

照片4—32　鱼塘收获

照片4—33　渔民捕捞鱼货

人们利用机船拖牵鱼虾或用大缯大罗来捕捞，捕捞量更高，但因成本较大，只有少数人使用，没有形成生产规模。

1998年9月，原新湾镇的先锋村划归沙田镇管辖。先锋村是个渔业村，村民以渔业为主，全村拥有捕捞船只共215艘，总马力6.6万匹，总

照片4—34　筑埗围田，是疍家的传统劳作方式，如今，"咸田"内既养鱼虾，又耕"咸耘"（咸水稻），同时也种养莲藕

吨位1.8万吨，以粤东、粤西、珠江口等省内各沿海渔场为主要捕捞作业区。先锋村的加入，使沙田农业生产中增加了海洋捕捞内容。2000年以来，沙田海洋捕捞的产量长年保持在万吨水平，形成了沙田水产业的重头。例如，2003年，全年海洋捕捞总产量达1.21万吨，产值达到1.69亿元。近些年来，沙田不断对海洋捕捞加大投入，加强渔业基地建设和渔港建设，总造价3719.6万元的一个现代化渔港码头已建成投入使用。但是，20世纪90年代以来，由于珠江口一带工业和生活污染日益严重，渔民过量捕捞，使海洋资源出现持续衰退的现象。因此，沙田镇的海洋捕捞今后将面临产业结构调整的局面，沙田镇政府正在积极探索新渔场，寻求渔业的出路，与此同时，也在引导渔民向第二、第三产业发展。仅2006年，就对180多名渔民进行了转产转业培训。

五　沙田水利建设和农业技术

水利建设和农业技术发展是沙田农业的重要保障措施。

其中，水利建设是关系沙田经济社会发展的关键环节。新中国成立后

照片4—35　先锋村的渔船

照片4—36　先锋村渔民清洗鱼获

的几十年，沙田水利建设的步伐一直没有停止过。而且，不仅沙田的农业发展在很大程度上依靠水利设施的投入和完善，当地其他产业和人民生活也离不开水利设施的保障。

　　农业技术的提高和应用普及是增加农产品单位产出的重要手段，沙田

照片 4—37　先锋村渔民整理渔网

照片 4—38　先锋村渔民出海前的准备

近些年在耕作土地不断减少的情况下，能够保证一定规模的农产品质量和产出，是与农业技术的提高分不开的。

（一）海堤与水利建设

沙田 20 世纪 60 年代以前的堤围有"千疮百孔"的说法，当时沙

照片4—39　除夕，先锋村所有出海渔船都归来过年。在水口、码头酬神拜祭，感谢平安顺利度过一年，祈求来年收获鱼虾大信

田堤围都是土堤和竹木窦，抗灾能力非常差。1964年第2号台风，使堤围崩毁，致使沙田全境土地受浸，遭受到严重的损失。此后，沙田每年都投入相当的力量用于海堤与水利建设。用了数年时间，把只有2.23米的土堤和全部竹木窦改为标高为3米的标准石堤和水泥窦。此后，年年都投入相当的力量，加固海堤，以保证沙田农业生产和居民生活安全。

　　进入21世纪后，随着沙田境内经济总量的快速增长，更加注重对海堤的加固与预防。2002年，为了搞好海堤建设，镇成立海堤建设领导小组。当年，加固达标的一级海堤长达22.6公里，完成计划的95%，加固达标的二级海堤长达14.9公里，完成计划的92%，立沙联围三级海堤加固共长7.5公里，完成计划的75%。年底时，全镇一、二级海堤基本达标，全面进入三级海堤加固及涵窦、水闸的维修工作。2003年，进一步完善海堤达标建设工作，完成了湖东路整治规划、进港大道水利设施规划、先锋渔港码头工程规划、金禾水闸和齐沙水闸的规划测量及招投标工作，完成海堤达标加固建设3段长1000米，维修水闸1座、涵窦30个。

　　2008年，沙田财政水利工程项目总投资为5683.38万元。水利工程建设任务项目总数21宗，包括首批水利防灾减灾工程项目11宗、第一批补充申报项目5宗和面上水利工程项目5宗。

（二）沙田农业技术

　　根据沙田已有的农业技术统计资料，沙田农业机械主要用于水稻的耕种与收割。随着近些年沙田水稻种植面积的减少，农业机械的发展也处于减缓的状态中。2004年以来，农机总动力处于下降的趋势，其中，耕作机械减少明显，而排灌机械却处于上行的状态。这与沙田处于狮子洋边，土地低洼的自然条件相关（见表4—28—表4—31）。化肥施用量从2000年以来一直处于下行的通道，从2000年的1.19万吨，减少到2009年的0.59万吨，减少了一半以上（51.28%），这可能与农田减少和农业种植面积的大规模萎缩相关。农药使用量变化不大，一直在120吨左右徘徊（应与鱼塘增加相关）。农村用电量从2000年到2004年出现明显上升，2004—2009年，处于平缓的波动状态。

表4—28　　　　　　　　　　2009年沙田农作物机械化综合水平

指标名称	单位	数值
农作物播种面积	公顷	1462
农耕面积	公顷	1425
机耕率	%	97.5
机收面积	公顷	84.03
机收率	%	5.75
综合化机械水平	%	41.48

　　资料来源：本表数据来自沙田镇政府农业办公室。

表 4—29　　2000—2009 年沙田镇农机总动力、机耕面积及农村用电量

年份	农机总动力（千瓦）	耕作机械	排灌机械	实际机耕面积（亩）	农村用电量（万千瓦时）	化肥施用实物量（吨）	农药使用量（吨）
2000	64725	1485	1740	28001	19435	11948	124
2001	61072	1373	1663	29153	22450	11759	122
2002	58988	1782	1082		32878	10333	120
2003	61199	1823	954		38576	10613	124
2004	93143	2419	954		53589	9538	129
2005	56908	2187	1114		47090	8163	121
2006	52916	1824	1086		48418	6533	98
2007	51766	1857	1205		46523	6462	100
2008	48590	1441	1255		50026	6232	122
2009	50234	1479	1260		51349	5940	121

　　资料来源：本表数据来自沙田镇政府农业办公室和历年的《东莞统计年鉴》。

表 4—30　　　　　2009 年沙田水稻机械化综合水平

指标名称	单位	数值	单位	数值
水稻播种面积	公顷	211.3	亩	3169.5
农耕面积	公顷	174.26	亩	2613.9
机耕率	%	82.5	%	82.5
机收面积	公顷	84.03	亩	1260.45
机收率	%	39.8	%	39.8
水稻综合化机械水平	%	50.19	%	50.19

　　资料来源：本表数据来自沙田镇政府农业办公室。

表 4—31　　　　　2009 年全年水稻农业机械作业统计

项目	单位		百分比（%）
1. 机械耕整地面积	亩	3169	100
耕整地机械投入量	台套		

项目	单位		百分比（%）
2. 机械播种（水稻机插秧）面积	亩	555	17.5
播种机（水稻插秧机）投入量	台		
3. 机械收获面积	亩	1260.45	39.8
收获机械投入量	台	3	
4. 参加跨区作业的联合收割机数量	台	1	
其中出省作业	台	1	
5. 引进外省联合收割机数量	台	2	
6. 参加跨区作业的联合收割机作业量	亩	7200	
其中在省内完成（含本地）	亩	1000	
在省外完成	亩	6200	
7. 培训机手、修理工	人	76	
8. 农作物播种面积	亩	3169	

资料来源：本表数据来自沙田镇政府农业办公室。

第五章 工业化进程、企业发展和产业结构调整

改革开放以来，沙田地区第二产业呈现出快速发展趋势，使沙田从一个长期由农业经济支撑的农业社会，迅速迈入现代化的工业社会。进入21世纪后，沙田工业经济发展势头强劲，进一步把该地区经济结构推进到工业化中期水平，使得沙田经济总量和居民生活水平得到较大提升，发生了巨大变化。20世纪90年代以来，沙田工业产业增加值一直占据着沙田地区生产总值的大头，长期居于六成左右。虽然，近几年因第三产业增速较快，工业在地区生产总值中的比例有所下降，但其发展动力和体量仍在沙田经济中处于举足轻重的地位，值得重点关注。

一　工业发展概况

沙田的工业与周边乡镇相比起步较晚，主因是20世纪70年代中期以前沙田与外界联系多为水路，交通非常不便；镇域内也是出门见水，河涌交错，道路狭窄，缺少发展工业的基础条件。由于对外联系不便，直到1964年，沙田境内才出现一个小土糖厂、一个小型造船厂、一个小型粮食加工厂，后来虽然逐步建立起农械厂、建筑工程队等其他类型的小型企业，但都未能形成规模。直到1976年年底，沙田镇全年工业总产值仅有60.3万元。

1976年莞沙公路建成通车和1977年建好横流大桥后，沙田工业发展环境得到一定改善，并借助改革开放东风，开始引进"三来一补"加工

型工业企业。1979 年，沙田镇首次引入港资，办起一家毛织厂。1986 年 10 月沙田境内的重要公路——沙太公路建成通车，为沙田工业快速发展带来了更多机遇。随着交通环境的改变，几年内相继办起了首饰厂、烟花厂、纸厂、水泥厂、塑料厂、电子厂、制衣厂等一大批"三资"企业和乡镇企业。1989 年，沙田工业总产值达 3082.5 万元，比 1977 年增加 51 倍，并为沙田工业进一步发展奠定了初步基础。

1992 年邓小平同志南方谈话后，坚定了沙田镇政府和全镇居民走改革开放道路的决心，掀起了发展工业的高潮。为了进一步搞好投资环境，这段时间沙田镇投资 1 亿多元大搞道路桥梁建设，重新扩建沙田大道、沙太公路等，彻底改变了沙田交通落后状况，吸引了一批规模较大的外资到沙田建厂办企业。到 2000 年，全镇已拥有电子、纺织、机械、五金、造纸、建材、家具等企业 360 多家，形成了多行业组成的外向型工业体系。当年工业总产值达 16.16 亿元，比 1990 年增加 52 倍；工业增加值 7.15 亿元，占到 2000 年沙田地区生产总值的 65.5%。

进入 21 世纪，沙田的工业发展势头逐渐强劲。沙田镇政府不断加大招商引资力度，工业逐步从"三来一补"低层次加工产业向科技含量高的产业和现代化新型环保产业转变，整体结构不断提升。工业增加值从 2000 年的 7.15 亿元、2002 年的 11.98 亿元、2004 年的 20.24 亿元、2007 年的 32.89 亿元，再到 2009 年的 36.01 亿元，呈现出直线上升趋势。

从产业比重看，1991 年沙田的第二产业增加值在三次产业结构中处在第二位，为 36%，与第一产业占到地区生产总值的 51% 相比，差距较大。但是，1992 年沙田的第二产业增加值就快速上升到第一位，占到地区生产总值的 47%，第一产业退到第二位，为地区生产总值的 39%。1993 年沙田第二产业增加值的比重进一步提升，占到沙田的地区生产总值的近 59%，此后一直在这个比例上波动，最高为 68%，最低在 58%；直到 2009 年，持续了近 20 年（见图 5—1、表 5—1）。2009 年沙田镇工业增加值为 36.01 亿元（360064 万元），比 2000 年增加 403.6%，年均增长率高达 19.68%，增长势头迅猛。总体来说，沙田镇自 20 世纪 90 年代以来，第二产业在地区生产总值的构成中一直占据着第一位。

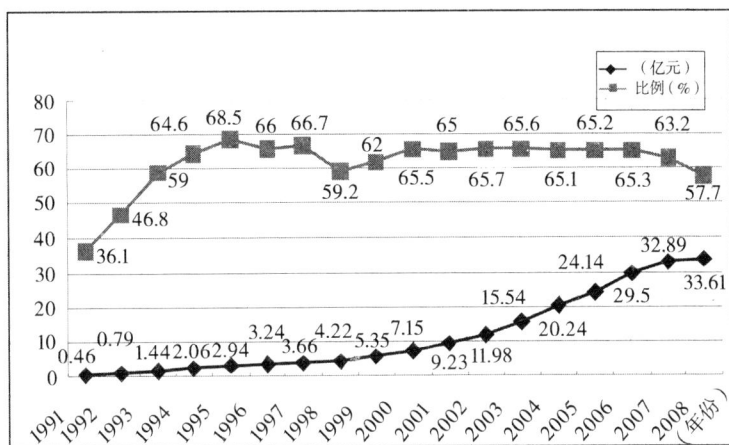

图5—1　沙田第二产业增加值和占地区生产总值的比例

表5—1　　　　1991—2009年沙田镇地区生产总值及第二产业

增加值变化（按当年价计算）

年份	地区生产总值（亿元）	第二产业增加值（亿元）	比例（%）
1991	1.26	0.46	36.5
1992	1.68	0.79	47.0
1993	2.45	1.44	58.8
1994	3.20	2.06	64.4
1995	4.30	2.94	68.4
1996	4.90	3.24	66.1
1997	5.49	3.66	66.7
1998	7.12	4.22	59.3
1999	8.63	5.35	62.0
2000	10.91	7.15	65.5
2001	14.21	9.23	65.0
2002	18.24	11.98	65.7
2003	23.68	15.54	65.6
2004	31.09	20.24	65.1
2005	37.00	24.14	65.2

续表

年份	地区生产总值（亿元）	第二产业增加值（亿元）	比例（%）
2006	45.16	29.50	65.3
2007	52.04	32.89	63.2
2008	58.22	33.61	57.7
2009	61.41	36.01	58.6

资料来源：本表 1991—2003 年镇生产总值根据东莞市第一次全国经济普查结果重新核定。其余各年份的数据引自《东莞统计年鉴（2010 年）》。

照片 5—1　沙田镇政府负责人到东莞市信太精密模具有限公司走访

二　民营企业

"民营"这个词具有强烈的中国特色，它是与"民间资产"相联系的。从狭义上说，民间资产特指中国公民的私有财产，不包括国有资产和国外资产（境外所有者所拥有的资产）。而"民营企业"是指民间私人投资、私人经营、私人享受投资收益、私人承担经营风险的法人经济实体。因此，在中国境内除国有企业、国有资产控股企业和外商投资企业以外的所有企业，包括个人独资企业、合伙制企业、有限责任公司和股份有限公司都属于民营企业的范畴。从企业的经营权和控制权的角度看，"民营企业"也应包含那些具有一小部分国有资产和（或）外商投资资产但不具企业经营权和控制权的有限责任公司和股份有限公司。从广义上说，我国民营企业界定只与国有独资企业相对，而与任何非国有独资企业是相容的，包括国有持股和控股企业。因此，按照广义概念的"民营企业"应是：非国有独资企业均为民营企业。

当前社会通行的一般观点是以狭义角度看待和定义"民营企业"，即仅指私营企业和以私营企业为主体的联营企业。这是因为，"私营企业"这个概念由于历史原因不易摆脱歧视色彩，无论是私营企业的投资者、经营者、雇员或者有意推动私营企业发展的社会工作者，都倾向于使用中性的"民营企业"这个名称，这就使"民营企业"在许多情况下成为私营企业的别称或代名词。我们这次调查中使用的"民营企业"概念，也是采取其狭义概念，主要是对沙田的"私营企业"和以私营企业为主体的联营企业的分析。

20世纪80年代之前，沙田几乎没有民营性质的工业或者手工业；80年代后，随着农村推行经济体制改革，民营工业得到政策鼓励，开始了快速发展。沙田的"民营企业"首先出现在建筑、首饰、毛织、制衣、饮食等行业。至2000年沙田镇已有大小民营企业215多家，工商个体户2000多家，从事工业、商业、交通运输业、建筑业、饮食业甚至高新科技研究和开发等，这是沙田经济一支新兴力量和一个具有非常重要意义的增长点。

2000年前，沙田镇的民营经济成分虽然在逐步扩大，但与外资企业的发展速度相比，还是相当缓慢的，对镇经济发展的贡献度也较低，处于弱势地位。

进入21世纪后，沙田民营企业进入了一个较快发展期。按照沙田镇政府民营办公室提供的数据，沙田镇民营企业的企业个数经过近10年的发展，从2000年的95家上升到2009年的987家，增长了938.95%，其中，民营工业企业从40家上升到453家，增长了1032.5%。平均年增长率达到了 30.96%。

　　从《东莞年鉴》中的历年沙田民营企业数据来看：2002 年全镇新登记的民营企业达到 47 家，当年全沙田镇累计注册民营企业 248 家，其中有限公司 189 家。2003 年年底，全镇共有民营企业 313 家，同比增长 50.90%；总注册资金 4.21 亿元（包括个体）。2007 年，全年新增民营企业 192 家，同比增长 37.14%；注册资金 1.97 亿元，同比增长 94.88%。2008 年，全镇民营企业共有 864 家，同比增加 23.08%；全镇民营企业注册资金 13.29 亿元，同比增加 11.53%（见表 5—2、表 5—3）。

　　按照《东莞年鉴》提供的民营企业注册资本数据计算，2003 年，沙田镇民营企业平均注册资金处于 135 万元以下；2007 年，企业平均注册资金再次降低，已经不足 103 万元；2008 年，企业平均注册资金出现了比较明显的上升，超过 2003 年的数据，达到 154 万元。但是，从总体上看，沙田民营企业的规模不大，近几年虽然平均注册资金有所增加，但增长的幅度有限，企业平均资产数额长期在 160 万元以下，还属于小企业占主导的发展阶段。

　　值得注意的是，在分析这些不同渠道汇集的数据时，我们发现从沙田镇政府民营办公室得到的数据和作为正式出版物的《东莞年鉴》上的数据有一些差异。经过仔细比对和分析，我们认为可能是因为数据统计的部门不同，以及统计口径、范围和角度的不同，造成的数据结果不一致。例如，工商部门和民营办公室在管理范围和职责划分上有所不同，数据的汇总也会不同；还有，就是注册企业未必是正常经营的企业等因素使然。但是，这些数据上的差异并不影响对沙田民营企业总体状况的了解和发展趋势的把握。为了便于读者在今后研究中能够对各单位提供的原始数据进行进一步深入分析和利用，此次调查的数据表格中保持了这些原始数据的差异性，未作进一步调整。这种数据上不一致的情况在下文外资企业的数据表格中也同样存在，并同样按照保持原状的原则处理。

表 5—2　　　1995—2009 年沙田镇私营企业数量及产业分布

单位：个

年份	总计	工业	建筑业	交通运输业	批发零售餐饮业	其他行业
1995	22	10	4	0	6	2
1996	30	14	4	1	7	4
1997	48	22	5	1	9	11
1998	64	28	8	1	14	13
1999	75	32	11	3	14	15
2000	95	40	14	3	16	22
2001	110	46	17	4	18	25
2002	143	62	17	8	22	34
2003	192	82	23	8	28	51
2004	263	118	23	9	39	74
2005	345	154	27	10	52	102
2006	459	205	32	12	73	137
2007	627	263	40	12	110	202
2008	783	335	43	15	144	246
2009	987	453	44	16	197	277

资料来源：沙田镇政府民营办公室。

表 5—3　　　《东莞年鉴》上有关沙田镇民营经济的数据

年份	民营企业（个）	个体工商户（个）	总户数（个）	注册资金（亿元）	纳税金额（万元）	备注
2002	248	1833	2081			
2003	313	2177	2490	4.21	3157	
2004					3559	
2005			4406		6396	
2006			5379	19.1	9775	
2007						
2008	864	5614	6478	14.60		企业注册资金 13.29 亿元，同比增加 11.53%。

资料来源：《东莞年鉴》（2003—2009 年）。

　　在分析沙田民营企业的发展进程与过程方面，镇政府的政策措施和决策力度是不容忽视的，这是民营企业发展的重要外部环境和社会保障。从有关资料看，2000 年以来沙田镇政府对民营企业的扶持措施和政策不断出台，对民营企业的发展起到相当大的促进作用。

　　2002 年，沙田镇政府为打造好"民营牌"，出台了《沙田镇关于加快民营经济发展的决定》，在政策和资金上向民营企业倾斜。同时，在规划的万亩工业园区内专门划出 66.7 公顷作为民营工业园区，供民营企业发展。扶持一些有发展潜力的民营骨干企业，积极帮助符合条件的民营企业申办《东莞市民营企业办事优先卡》，使这些企业享受省市对大型企业扶持的优惠措施。并进一步拓宽民营企业的经营领域，让民营企业参股投资基础设施项目和房地产物业管理，支持民营企业与国有、集体企业联营、参股、租赁、兼并，将本镇的运输公司、汽车站、医院、酒店等企业和项目的部分股份转让给民营企业公司入股经营或建设。以商会牵头成立股份有限公司，大力推行股份制。先后成立了"东莞富盈运输有限公司"和"东莞富盈农副产品有限公司"，促其发展成为生产、加工、供销、配送、物流等一条龙服务的现代化管理模式的农业龙头企业。支持民营企业对沙田汽车站的建设和经营进行参股，参与水厂、千亩民营企业工业园的经营。

　　2003 年，沙田镇在政策和资金上继续向民营企业倾斜。当年，民营企业中，获得"办事优先卡"的企业 3 家，持有省著名商标的企业 2 家，省级民营科技企业 2 家，省级高新技术企业 2 家，省级农业龙头企业 1 家，市级农业龙头企业 1 家，药品、食品放心工程企业 1 家，全国诚信经营企业 1 家。民营资本涉足建筑、农业高科技、纺织、机械制造、建材、房地产、商贸、教育等各个行业，并逐步延伸到原由政府统管的基础设施建设等领域。

　　2006 年，出台了《关于进一步推动民营经济发展的决定》，创办了《沙田民营》简报，落实了民营企业家"111"工程，大力培育发展"两自"企业，积极引导民营企业走品牌之路和创新之路。

　　2007 年，沙田镇通过表彰纳税大户和优秀民营企业家，深入企业调研，建立重点企业联系制度，实施"111工程"，加强对民营企业的引导帮助，提升企业经营管理水平，鼓励支持民营企业上市。认真落实民营经济"新48条"的相关配套政策，推动民营企业和银行加强沟通，积极解决融资等方面的问题。大力实施"创业工程"，扶持推动全民创业。

2008年，沙田镇进一步加大对民营企业的扶持力度，通过表彰纳税大户和优秀民营企业家、建立重点企业联系制度、组织企业主参加培训活动、帮助民企"走出去"，积极培育"两自"企业，推动邦泽电子等企业申报市级工程中心，帮助顺发集团公司、福化集团公司加快上市。

三　外资企业

我们在调查沙田外资企业时，范围有所扩大，既包括"三资企业"（中外合资经营、中外合作经营和外商独资经营），也包括了"三来一补"企业（来料、来件、来样加工装配和补偿贸易）。因为，这两类企业内均有外资的不同投入，并且在沙田的经济发展中存在着相互影响和关联作用。

外资企业是指所有含有外资成分的企业。其中，"外资"是指中国境外的国家和地区（包括港澳台）的资金。投资者可以是境外的企业以及其他经济组织和个人。依照外商在企业注册资本和资产中所占股份和份额的比例不同，以及其他法律特征的不同，可将外资企业分为三种类型，也就是人们常说的"三资企业"，它们是：（1）中外合资经营企业。其主要法律特征是：外商在企业注册资本中的比例有法定要求；企业采取有限责任公司的组织形式。故此种合营称为股权式合营。（2）中外合作经营企业。其主要法律特征是：外商在企业注册资本中的股份无强制性要求；企业采取灵活的组织管理、利润分配、风险负担方式。故此种合营称为契约式合营。（3）外资企业。其主要法律特征是：企业全部资本均为外商拥有。

"三来一补"企业是指，进行来料加工、来样加工、来件装配及补偿贸易的企业。所谓来料加工、来样加工、来件装配是指由外商提供原料、技术、设备，由中国大陆企业按照外商要求的规格、质量和款式，进行加工、装配成产品交给外商，并收取加工劳务费的合作方式。实际操作中，通常外商与中方村镇经济发展公司或其他有加工贸易资格的经济组织订立加工装配业务合同，并办理加工装配工厂的设立登记，由中方委派厂长、财务或关务，外商出资金、设备、技术及来料、来样、来件并组织生产加工，出口后按月根据企业规模或外汇工缴费的一定比例向中方单位上缴统筹费及相关的管理费用。"三来一补"企业一般隶属于村镇经济发展公司，不具备法人资格。

沙田镇的第一家外资企业是1979年由港商创办的来料加工企业——沙田针织厂。后来，随着投资环境的改善，相继引进首饰、制衣、塑料、五金、建筑材料、皮革等一大批外资企业。1992年邓小平同志南方谈话后，坚定了改革开放道路，掀起了第二次工业发展高潮。至2000年，沙田镇共引进外资24亿元。

从《东莞年鉴》中沙田历年引资数据的变化可以看到，进入21世纪以来，沙田引入外资投入企业的力度是比较大的。其中，2004—2006年间，每年都有上亿美元的实际利用外资额被吸引到沙田的工业企业之中。这不仅带动了沙田工业产业的快速发展，并且促使出口总额的迅速增加，从每年3亿多美元的产品出口额，快速增加到6亿美元以上，效益非常显著（见表5—4、图5—2）。

表5—4　　　　　1995—2009年外资在沙田投资企业数量

单位：个

年份	1995	1996	1997	1998	1999	2000	2001
外商及港澳台企业	75	81	83	95	113	125	154
其中：工业企业	72	78	78	90	108	119	147
年份	2002	2003	2004	2005	2006	2007	2008	2009
外商及港澳台企业	145	151	159	158	162	150	152	143
其中：工业企业	138	144	152	150	153	140	142	133

资料来源：沙田镇政府外经办公室。

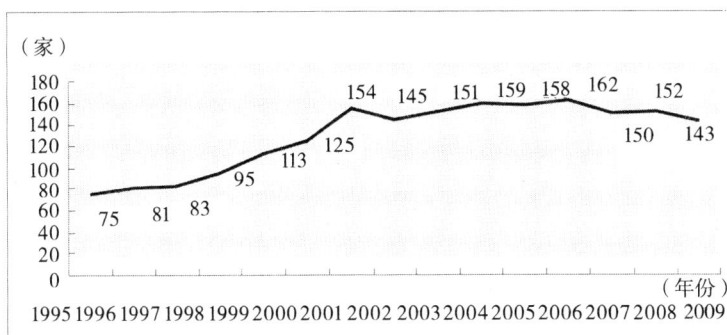

图 5—2 历年外商及港澳台企业的数量

以下分年度观察，可以进一步看到政府在引资运作的着力轨迹和在环境氛围中的不同变化（见表5—5—表5—9）：

表 5—5 2000—2009年沙田镇来料加工装配签约宗数、

出口值及引进设备价值

年 份	新签协议 宗数（宗）	累计投产 宗数（宗）	出口值 （万美元）	引进设备 价值（万美元）
2000	8	67	1947	334
2001	5	35	2651	290
2002	4	50	3705	160
2003	1	46	4027	72
2004	3	46	3652	211
2005	1	158	3758	141
2006		42	3680	49
2007	1	29	3876	371
2008		28	1571	60
2009		18	535	3

资料来源：本表数据来自东莞市外经贸局和历年的《东莞统计年鉴》。

表 5—6　　2000—2009 年沙田镇"三资企业"签约、实际利用外资及出口值

年 份	签约宗数（宗）	累计执行宗数（宗）	协议规定外商投资总额（万美元）	外商实际投资总额（万美元）	出口值（万美元）
2000	13	96	3692	1902	17190
2001	20	55	3517	3160	15465
2002	16	95	5197	5172	23101
2003	12	105	5361	5331	28231
2004	20	113	5407	10474	32987
2005	12	115	5089	1392	37514
2006	11	120	6905	11038	44598
2007	12	125	8470	4949	61409
2008	4	124	7654	7307	65065
2009	6	125	1247	6769	59998

资料来源：本表数据来自东莞市外经贸局和历年的《东莞统计年鉴》。

表 5—7　　2000—2009 年沙田镇外贸出口总额（海关口径）

单位：万美元

年 份	出口总额	"三资企业"	来料加工
2000	16270	14323	1947
2001	15465	12814	2651
2002	23100	19395	3705
2003	32258	28231	4027
2004	36639	32987	3652
2005	41299	37541	3758
2006	48278	44598	3680
2007	66285	61409	3876
2008	66627	65056	1571
2009	60533	59998	535

资料来源：沙田镇政府外经办公室。

表 5—8　　　　1995—2009 年外商在沙田投资企业的产业分类

单位：个

年份	总计	工业	建筑业	交通运输业	批发零售餐饮业	其他业（房地产及服务业）
1995	75	72	1	2	0	0
1996	81	78	1	2	0	0
1997	83	78	1	4	0	0
1998	95	90	1	4	0	0
1999	113	108	1	4	0	0
2000	125	118	1	5	0	1
2001	154	147	1	5	0	1
2002	145	138	1	5	0	1
2003	151	144	1	5	0	1
2004	159	152	1	5	0	1
2005	158	150	1	5	0	2
2006	162	153	1	5	1	2
2007	150	140	1	5	2	2
2008	152	142	1	5	2	2
2009	143	133	1	5	2	2

资料来源：沙田镇政府外经办公室。

表 5—9　　　　1999—2009 年沙田镇外资企业发展情况

年份	工业企业		实际利用外资		出口总额（海关口径）	
	个数	年增长率（%）	数量（万美元）	年增长率（%）	数量（万美元）	年增长率（%）
1999	108	—	3828	—	—	—
2000	118	9.26	2238	-41.54	12022	—
2001	147	24.58	3450	54.16	15465	28.64
2002	138	-6.12	5332	54.55	23101	49.37
2003	144	4.35	6144	15.23	32253	39.62

年份	工业企业		实际利用外资		出口总额（海关口径）	
	个数	年增长率（%）	数量（万美元）	年增长率（%）	数量（万美元）	年增长率（%）
2004	152	5.56	10474	70.48	36646	13.62
2005	150	-1.33	11392	8.77	37514	2.37
2006	153	2.00	11038	-3.11	44598	18.88
2007	140	-8.50	4949	-55.16	61409	37.69
2008	142	1.43	7307	47.65	65065	5.95
2009	133	-6.34	6769	-7.36	59998	-7.79

资料来源：沙田镇政府外经办公室、沙田镇区综合年报（1999—2004 年）、政府工作报告（2001—2005 年）、《东莞统计年鉴》（2006—2010 年）。

2002 年，沙田镇的经济工作重点在引资上，当年新引进外资项目 20宗，其中：三资企业 17 宗、"三来一补"企业 3 宗，总金额 2292 万美元。增资项目 17 宗，增资总金额 3536 万美元。全年实际利用外资 5332 万美元，比 2001 年增加 1945 万美元，同比增长 61%。出口总额（海关口径）23101 万美元，同比增长 49.4%。

2003 年，在 2002 年工作的基础上，进一步加大力度，创造环境。当年新签利用外资协议 14 宗，新签订外资项目总金额达 5021 万美元，同比增长 54.30%，其中：三资企业项目 4962 万美元，同比增长 55%；三来一补企业项目 59 万美元，同比增长 31%；超过 500 万美元的有 2 宗，分别为：投资总额 2973 万美元的港资企业东莞阳鸿石化储运有限公司和投资总额 539 万美元的台资企业东莞超达鞋业有限公司。外贸出口总值（海关统计口径）3.23 亿美元，同比增长 39.64%，其中：三资企业出口 2.82 亿美元，同比增长 45.56%；三来一补企业出口 4027 万美元，同比增长 8.70%。

2004 年，新签利用外资总额达 8837 万美元，同比增长 76%，新签项目中，超过 1000 万美元的 4 宗，约占全市的 1/10；增资项目 13 宗，增资金额达 2142 万美元。实际利用外资 10474 万美元，同比增长 70.48%。外贸出口总额 36646 万美元，同比增长 13.6%。

2005 年，沙田镇开始着力优化利用外资结构，严格把好准入关。新引进项目 14 宗，平均每宗投资额为 212 万美元，新签利用外资总额 2970 万美元，新签项目中，超过 1000 万美元的 1 宗，超过 300 万美元的 2 宗，超过 150 万美元的 6 宗。全年实际利用外资 1.1 亿美元，同比增长 8.77%；同时，增资也较为活跃，共有增资项目 19 宗，增资金额达 1928 万美元。

2006 年，沙田镇实施外源内源型经济并重发展的战略，加快产业结构的转型升级。全年新引进项目 26 宗；合同利用外资 7558 万美元，同比增长 54.3%，其中新签合同利用外资 5465 万美元，同比增长 84%；实际利用外资 1.1 亿美元（旧口径）。

2007 年，沙田镇进一步加快招商引资步伐，不断提升外源型经济实力和水平。新引进项目 12 宗，新签合同外资 3178 万美元，同比增长 12.9%。全年利用外资项目（含增资）37 宗，合同利用外资（新口径）8469 万美元，同比增长 87.5%。增资项目 27 宗，增资合同外资 5670 万美元，同比增长 233.1%。实际利用外资（新口径）5396 万美元，同比增长 49.1%。

2008 年，全镇新引进项目 4 宗，增资项目 19 宗，实际利用外资（新口径）达 8528 万美元，同比增长 58%；出口总值（海关口径）达 67629 万美元，同比增长 2.29%。面对国际市场的变化，当年，积极帮助外资企业扩大内销市场，提高内销份额，共有 43 家外资企业开展了内销业务。

从上面的历年数据可以看出，沙田镇工业经济从进入 21 世纪以来，其主要推动力量是外资企业。在沙田现有工业企业中，外资、合资企业一直占据主导位置。2008 年，全镇规模以上工业增加值中，外资型经济占 83.5%，集体和民营经济占 16.5%。工业中以外向型产业为主导，产业结构呈轻型化，行业门类广泛，电子、纺织、机械、五金等行业占到大头。截至 2009 年年底，沙田镇共有外资企业 143 家，其中，工业企业 133 家。根据 2010 年的数据，沙田镇 2004—2009 年的 5 年实际利用外资累计

31455 万美元，2009 年当年出口总额达 59998 万美元，外向型经济态势明显。

但我们也注意到，这种以外资为主要推动力的企业多数是劳动密集型企业，产业发展稳定性不足，受国际环境变化影响大，经济外向度过高在一定程度上决定了沙田镇经济的被动因素影响力较强。2008 年世界金融危机爆发，以及随后世界经济结构的调整，使得沙田外资企业出现海外市场明显萎缩、开工不足或停产，在一定程度上波及了沙田经济。并对沙田产业结构提出了要顺应市场变化，加大力度，进行重心调整的新课题。

在未来，外资注入还可能是沙田经济发展的重要动力之一，但要使沙田经济有更好的发展空间和前景，就必须在经济发展中注入更多的活力和元素，尤其是高层次的国内资本，以及科技、管理和教育等本土因素，培育壮大民营产业，统筹内外经济的协调发展。

四 规模以上企业情况分析

"规模以上企业"这个概念是我国的一个统计术语，是对企业进行分类统计与汇总的标准。国家统计局对我国不同行业的企业都制定了相应的规模要求，例如，根据产业不同，规模以上企业又被划分为规模以上工业企业和规模以上商业企业两类。对工业企业来说，一般以年产量作为企业规模划分的标准，达到规模要求的企业就称为规模以上企业，而且，在规模以上企业内部也还会按照不同的规模划分为若干类型，如特大型企业、大型企业、中型企业、小型企业等。国家统计部门，一般只对规模以上企业进行统计，达不到规模的企业不在统计范围内。规模以上工业企业在 2010 年之前是指年主营业务收入在 500 万元及以上的法人工业企业，2011 年后是指年主营业务收入在 2000 万元及以上的法人工业企业。

本次调查数据中的规模以上工业企业是按照 2010 年之前的指标，即年主营业务收入在 500 万元及以上的法人工业企业。对这些企业的观察和分析，可以了解沙田镇工业企业的规模及其发展状况，在一定程度上也可以反映出沙田工业的整体水平。

从 21 世纪前 10 年沙田规模以上工业企业统计数据的变化看：首先，是企业数量处于不断增长的趋势之中，表现出一种阶梯形状的发展态势；2000—2004 年间，企业的数量在 30—40 家波动；2005 年直线上升增加到 100 家，此后的 4 年，是在 100—107 家波动；2009 年快速增加到 148 家。其次，亏损企业的数量也存在同步变化的趋势：2004 年以前在十几家左右，2005—2008 年，增加到 30—40 家；但是，2009 年数据出现了与前期不同的发展走向，当年，在规模以上生产企业数量明显增加的同时，亏损企业的数量却比上一年明显减少，从 2008 年的 44 家，下降到 29 家。再次，从企业各年创造的增加值看，也呈献出同步的阶段性上升；从 2004 年以前的几亿元、十几亿元，快速上升到 2005 年以后的二十几亿元，接着又达到了 2009 年的三十几亿元（见表 5—10—表 5—12）。上述变化说明，企业整体效益不断向好。

就规模企业创造的经济效益在沙田第二产业中的比重看，规模以上工业企业增加值占沙田镇全部第二产业增加值的份额，从 2000 年和 2001 年的 50% 左右，到 2002 年和 2003 年的 60% 左右，再到 2004 年以后的 70%—90%，呈现出比重不断加大的明显态势（见表 5—13）。这些数据说明，规模以上工业企业是沙田工业的主体，对沙田经济发展的重要性不容忽视。

就行业分布观察，规模以上企业主要集中在纺织服装鞋帽制造业、电气机械及器材制造业、家具制造业、化学原料及化学制品制造业、塑料制品业、金属制品业这 6 个行业。在 2009 年沙田规模以上工业企业工业总产值的 125.28 亿元（当年价）中，仅这 6 个行业中的企业总产值就达 74.7 亿元，占到全镇规模以上工业总产值的近六成（59.63%）（见表 5—14、表 5—15）。规模以上企业在这 6 个行业中的其他各项指标也很可观，例如，这 6 个行业中的规模企业数量占到全镇规模以上工业企业的六成；年产值在 1 亿元以上的工业企业中，这 6 个行业占到五成以上；在规模以上工业企业的从业人员中，这 6 个产业中的企业员工占到四成半；等等。

在这6个主要行业中，纺织服装鞋帽制造业的总体规模最大，年产值达到29亿元，尤其是该行业在就业人口的吸收能力上作用较大，仅该行业规模以上企业所雇用的从业人员就有1万人以上，达到10394人，比其他5个行业规模以上企业从业人员加起来的总和（8963人）还多5.92%（531人）。就是放到沙田全部规模以上工业企业中进行比较，该行业的雇工人数也占到两成以上（22.73%）。

但是，从企业自身的竞争力和知名度上看，这6个行业中还缺少一些具有名牌产品支撑的引领型企业。例如，2009年的调查显示，全镇工业企业中虽然拥有省著名商标2个、省名牌产品3个，可是这些具有知名商标和产品的企业都不在6个主要工业行业之中。这在一定程度上说明，第一，沙田6个主要行业中均缺少有核心竞争力的引领型企业，难以真正形成市场竞争优势和行业发展的核心能力；第二，沙田镇的其他工业行业虽然总体规模不大，但具有一定的发展潜力和竞争能力。

表5—10　　　　2000—2009年沙田镇规模以上工业企业主要经济指标

单位：万元

年份	企业单位数（个）	亏损企业	工业总产值（当年价）	工业销售产值（当年价）	工业增加值（当年价）
2000	30	9	135591	140742	35863
2001	32	14	213472	214042	50009
2002	41	13	342702	348594	79042
2003	42	17	514037	515051	94024
2004	42	10	618496	633104	149939
2005	100	32	924968	938165	284509
2006	102	31	1047484	1067788	273243
2007	107	32	1189058	1205381	270269
2008	106	44	1158652	1159585	261281
2009	148	29	1252890	1208671	320078

注：2007年以后的工业增加值使用的是生产法。

资料来源：沙田统计办。

表 5—11　　2000—2009 年沙田镇规模以上工业企业主要经济指标（1）

单位：万元

年份	企业单位数（个）	亏损企业	工业总产值（当年价）	工业销售产值（当年价）	工业增加值（当年价）	资产总额	产成品存货	流动资产年平均余额	固定资产净值平均余额	负债总额
2000	30	9	135591	140742	35863	167375	17363	77576	100072	85503
2001	32	14	213472	214042	50009	234127	16239	102667	112904	143198
2002	41	13	342702	348594	79042	361804	49095	147389	183310	224854
2003	42	17	514037	515051	94024	570790	20695	205821	50327	300151
2004	42	10	618496	633104	149939	540596	37767	266953	223867	336210
2005	100	32	924968	938165	284509	785864	29305	391040	298170	463741
2006	102	31	1047484	1067788	273243	830475	41230	417779	292506	452813
2007	107	32	1189058	1205381	270269	946884	51486	494374	287454	556756
2008	106	44	1158652	1159585	261281	883195	33255	482018	344809	553887
2009	148	29	1252800	1208610	320078	999417	48947	622786	296914	606539

注：2007 年以后的工业增加值使用的是生产法。

资料来源：沙田统计办。

表 5—12　　2000—2009 年沙田镇规模以上工业企业主要经济指标（2）

单位：万元

年份	企业单位数（个）	亏损企业	产品销售收入	产品销售税金及附加	利润总额	亏损企业亏损总额	利税总额	本年应缴增值税	职工平均人数（人）
2000	30	9	141466	89	2548	1272	4731	2095	10219
2001	32	14	230730	53	3906	2200	6520	2562	10669
2002	41	13	354873	73	16589	2262	22877	6215	15596
2003	42	17	512349	2426	14234	6451	20209	3549	17816
2004	42	10	653982	272	12276	7683	15992	3444	1958
2005	100	32	952918	233	70076	6850	37381	15462	31744
2006	102	31	1035418	271	12212	10440	59571	47088	32536
2007	107	32	1191690	299	22239	11466	81634	59097	41786
2008	106	44	1110898	285	− 1649	22623	8895	10259	38407
2009									

注：2007 年以后的工业增加值使用的是生产法。

资料来源：沙田统计办。

表 5—13　　　　2000—2009 年沙田镇规模以上工业企业增加值和

第二产业增加值对比

单位：亿元

年份	（1）规模以上工业企业	（2）第二产业	（1）／（2）
2000	3.59	7.15	50.21
2001	5.00	9.23	54.17
2002	7.90	11.98	65.94
2003	9.40	15.54	60.49
2004	14.99	20.24	74.06
2005	28.45	24.14	
2006	27.32	29.50	92.61
2007	27.03	32.89	82.18
2008	26.13	33.61	77.75
2009	32.01	36.01	88.89

资料来源：沙田统计办。

表 5—14　　　　　　2009 年沙田镇规模以上工业的主要 6 行业、产值分布情况

	行业						总计
	纺织服装鞋帽制造业	电气机械及器材制造业	家具制造业	化学原料及化学制品制造业	塑料制品业	金属制品业	
规模以上企业当年的产值（亿元）	29	4.7	2.6	21.7	4.3	12.4	74.7
相关从业人员（人）	10394	1898	1842	687	1954	3482	20257
年产值 500 万元以上规模企业（家）	27	14	13	14	12	15	95
年产值 5000 万元以上规模企业（家）	3	3	1	3	3	5	18
年产值 1 亿元以上规模企业（家）	2	2		3	3	3	13

资料来源：沙田镇政府经贸办公室。

表 5—15　　　2009 年沙田镇规模以上工业主要 6 行业企业和全镇规模以上
工业企业的比较情况

	（1）规模以上工业	（2）全镇企业	（1）／（2）
规模以上企业当年的产值（亿元）	74.7	124.6	59.95
相关从业人员（人）	20257	45728	44.30
年产值 500 万元以上规模企业（家）	95	168（148？）	65.55
年产值 5000 万元以上规模企业（家）	18	39	46.15
年产值 1 亿元以上规模企业（家）	13	24	54.17
拥有中国驰名商标（个）			
拥有中国名牌产品（个）			
拥有省著名商标（个）		2	
拥有省名牌产品（个）		3	

资料来源：沙田镇政府经贸办公室。

五　产业园区与产业集约化

沙田在发展工业过程中，一直重视产业园区建设和走产业集约化的道路。近些年来，沙田规模以上企业的快速发展，与上述政策的长期努力是分不开的。

2000 年以来，沙田镇政府多次论证和不断修改发展产业园区的规划，并投入了大量力量对镇级工业园区进行开发。根据 2006 年的《沙田镇总体规划资料汇编》中的数据，可以看到当时沙田计划开发 5 个工业园区。这 5 个镇级工业园在规划上的分布与大体状况是："港口工业园"位于虎门港沙田作业区，占地面积 2500 亩，以发展港口型工业及重化工业为主；

"沙田环保工业城（园）"位于沙田镇稔洲村，占地面积 2000 亩，以发展五金、灯饰、纺织及环保设备等工业为主；"沙田开发工业园"位于沙太公路大坝路段，占地面积 2500 亩，以发展轻工业和一些加工业为主；"沙田科技工业园"位于沙田镇齐沙村渡轮公路路段，占地面积 1800 亩，以发展电子、电信和电机一体化等科技工业为主；"立沙工业园"位于沙田镇立沙区，占地面积 3000 亩，发展港口型工业和重化工业。

在实际运作上，因受内外部环境和条件的影响，截至 2010 年真正形成规模的工业园区只有 3 个，即临海产业园、环保工业园、立沙石化工业园。根据近期沙田镇政府的着力点和关注的意向看，沙田对工业园区的发展与定位仍在不断探索之中。通过观察这些园区发展的过程，可以看出近些年沙田政府的努力程度和着力方向（见表 5—16）。

从 2002 年开始，沙田镇根据发展情况，明确了投入和建好工业园区的基础设施，优化投资环境的目标。集中力量，首先重点开发港口工业园区、环保工业园区和科技工业园区，投入大量资金完善区内的基础配套设施，大大改善主干道路、电力供应网、市政排水网、工业排污网和道路绿化等。同时，加强宣传沙田在海运和通关方面的优势，配合其他优惠条件，开展招商引资工作，吸引从事运输、仓储、物流以及依赖海运和仓储的外商进入港口工业园投资，以港口工业园区的开发，带动招商引资工作的发展。

2003 年，沙田镇把镇内的园区建设目标进一步明确为三大工业园区，即临海产业园、环保工业园、立沙石化工业园。当年完成了三大工业园区的规划设计，成立镇长挂帅、由各有关部门组成的工业园区管理领导小组，制定园区管理办法，加强工业园区建设的组织领导工作。园区建设重心首先放在环保工业园，增加了环保工业园用地面积，改善了区内的道路、通信、住宿、文化生活场所等基础设施。在园区投资 2 亿多元，用于建设厂房和宿舍，建成后用作兴办大型制衣厂及配合丽海公司增资扩产。编制了临海产业园和石化工业园的控制性详细规划。

2004—2006 年，全镇的园区建设工作主要是集中开发建设临海产业园，治理整合环保城工业园，规划建设立沙石化工业园。各园区的定位是：临海产业园以发展与港口建设相配套的大中型高新科技企业和物流业为主，环保城工业园以发展纺织、电子及其他高新科技企业为主，立沙石化工业园以发展大型石油化工储运为主。通过实施园区带动战略，实现沙田镇经济结构和城市布局的优化。

表 5—16　　　　　　　2005 年沙田镇工业园区基本情况一览

名称	占地面积（亩）	入驻企业数（家）	产值（亿元）	主导产业
环保工业基地	1600（规划面积）	34	33.2	电子纺织、灯饰、五金
临海产业基地	3585	16（签约数）		灯饰家具、机械制造
石化产业基地	3641.8	16	20	石化仓储

＊　资料来源：沙田镇政府外经办公室、民营办公室。

2007 年，园区建设的重点仍是三大产业园区。在临海产业基地建设的步伐上有所加快，引进了 20 个项目。扩大环保城工业基地面积，新规划用地 133.33 公顷，基本完成总建设面积 7.22 公顷的丽海二期项目工程。立沙岛石化工业基地内沙田农村集体控制的 10% 返还地共签订大型的石化仓储项目 11 宗，合同用地面积 106.67 公顷。

2009 年，临港产业基地面积确定为 3600 亩，重点引进与港口经济关联度大、出口加工型、科技型、环保型的大型项目，有 17 家企业进驻。

2010 年，立沙港石化工业园，西大坦港区临海产业园，以及沙太路以东的环保工业园作为沙田重点开发的工业园区形成了一定规模。其中，临海产业园位于沙田镇未来南北两新城之间，产业区的发展将会提升沙田镇的城市功能与经济实力，沙田镇的发展则为产业区提供最直接的服务与货源，形成动态功能互补关系。并通过完善园区的生产及相关城市功能，与周边城区相互融合，成为沙田南北两新城之间的城市功能有机联系体。

2012 年，沙田镇政府为了紧抓机遇、谋发展、力推产业转型升级，增加了对物流园区的规划与投入，提出了打造四大产业板块和建设四大产业基地的目标。四大产业板块：一是"物流板块"，规划建设一个钢材专业物流中心、一个石化仓储生产配送中心、多个专业物流配送及批发市场,打造良好的运输平台、仓储平台和信息平台;二是"临港工业板块",依托虎门港,大力发展高新技术产业,引进大企业,尽快形成产业集群;三是"石化产业板块",依托立沙岛石化基地,引进大型石化项目,大力发展石油化工上下游配套产业;四是"现代服务旅游板块",大力发展酒店业、特色海鲜饮食业、零售批发业,着力培育旅游业,塑造"港口商埠、时尚水都"的滨海水乡形象。四大产业基地:一是国家级的物流产业基地,基地内将设保税仓,大大减轻企业的物流成本,提高货物通关率;二是临海工业基地,重点引进科技型、环保型、外向型的大企业、大项目,建成沙田最具经济活力、竞争力和品牌号召力的产业基地;三是立沙岛石化产业基地,集码头、仓储、运输、配送、生产加工为一体,是东莞唯一的石化基地;四是环保产业基地,重点引进发展环保型、科技型企业,特别是为港口经济配套的企业。

六　存在的问题与发展趋势

沙田第二产业近些年发展很快,取得了不菲成绩,已成为支撑沙田经济十几年来快速发展的重要力量。但是,认真分析产业结构,也能看到一些发展中的问题,这些问题如不能在今后的发展中予以解决,很有可能会影响将来沙田经济的增长能力和发展速度。这些问题主要集中在以下几个方面:

(1) 传统产业比重较大,新兴产业比重较小,产业总体效益不高。沙田镇的工业发展以加工型为主,多集中于竞争异常激烈的传统行业,如五金、塑胶制品、玩具、制衣、织、灯饰、纸品等。竞争以价格竞争为主,利润率低下。高新科技产业较少,在电子、信息等技术含量相对较高的领域,不具备规模效应,在技术储备与开发上没有形成优势。沙田镇当前工业内部存在劳动力素质不高,劳动效率降低的趋势。

(2) 外向型经济偏重,内向型经济不足。从工业增加值的数据看,沙田镇过分依赖"三资"经济。2008 年,全镇规模以上工业增加值中,外资型经济占83.5%，集体经济占1.5%，民营经济占15%。可见，沙田镇内向型经济发展不充分，集体、民营经济所占比例偏小。外资型经济在技术市场上均由外资控制，对外来资本和国外市场的依赖程度过高，因此，沙田镇产业的发展受国际因素影响较大，经济安全存在隐忧，2008年的世界金融危机给沙田镇经济带来冲击正是此问题的一个体现。

（3）产业构成分散，未能形成具有竞争优势的主导产业。在几个相对有一定规模的行业中，没有知名品牌和知名产品，缺少具有核心竞争力的龙头企业，不能形成以核心技术为引领的企业创新氛围，没有带领行业发展与产品开发的产业核心集团，发展前景堪忧。

（4）工业土地集约化的程度还有待提高。经过20多年的工业发展和土地资源开发，沙田出现了工业布局分散与土地资源集约利用的矛盾，这些年沙田经济增长的实质就是土地资源转化的结果，一些早期建立的企业，在布局、用地等方面，用现在的眼光看是不经济的，土地资源内耗严重，经济比较利益快速降低。据统计，沙田镇2010年的建设用地指标实际上在2004年已经基本用完，有限的土地资源在快速消耗，不利于今后推进工业可持续发展战略的实施。

（5）工业环境污染的治理任务艰巨。沙田工业用地中二、三类工业用地的比例比较大。尤其是环保工业园、立沙石化工业园聚集着大量有污染源的企业，在现实中对一些污染源未能实施有效的管理。环境保护和治理的任务非常艰巨。

综上所述，沙田镇工业经济增长的外延式扩张特征还十分明显，经济增长仍以土地的粗放利用为代价。因此，工业化的快速扩张过程中出现了一系列问题，如企业规模小、技术水平低，建设规模过大，资源耗费严重、生态环境恶化等。

面对沙田的产业问题，沙田镇政府在2012年10月提出了产业结构优化升级的九大发展思路，其中，涉及工业产业的就占到这九个思路中的八个，处于整个发展思路中的绝对主流。可见沙田镇政府对发展和提升工业产业的重视程度之大。

涉及工业产业的八条发展思路分别是：

（1）巩固发展先进制造业。积极引进先进制造业落户沙田镇，做大做强现有电子信息、装备制造、精密制造等先进制造业。加速推进制造业信息化，加强制造业关键共性技术攻关，加快沙田镇制造业的数字化改造。研究开发数控机床、精密专用数控设备和技术、加快制造业自动化步伐，实现重大成套技术装备及关键材料与关键零部件的自主设计制造，加强引进技术消化吸收再创新，提升系统集成能力。

（2）大力发展高新技术产业。鼓励企业开发新能源材料和技术，对具有良好产业化前景的新能源技术给予重点扶持。大力发展生物与医药、半导体 LED 照明、高端电子信息、现代物流、汽车电子零配件等高新技术产业。

（3）改造升级传统优势产业。积极引导纺织制衣、家具、基础化工、五金模具等传统行业改造升级，鼓励部分具有一定研发实力和经济实力的传统产业企业转型，引导其在材料、工艺、款式、花色品种、品牌、营销模式等方面创新发展。

（4）转移淘汰高能低效产业。加快淘汰落后生产能力，对于单位产值能耗高、污染大、效益低的企业或生产环节，鼓励其进行技术改造、转型升级，对于需淘汰或整改不合格的企业采取关停并转等措施。

（5）重点扶持龙头企业。在主导和优势产业中选择一批有规模、有实力的重点企业进行扶持培育，使其做大做强。

（6）加快形成产业集群。加大发展现有优势产业的规模，积极引进和培育产业链的重大缺失环节和关键项目，使沙田镇逐步形成高端电子信息、高端装备制造、LED 照明、现代物流等产业集群。

（7）提升科技创新能力。加快行业平台、企业研发机构等科技创新载体建设，加大政府、投融资机构、社会和企业的科技投入，建立科技服务综合平台，提高科技服务创新水平，引进、培养和壮大科技人才队伍，深化科技交流与合作，大力承接上级科技项目和资金，积极营造创新文化和环境，加快提升科技创新能力。

（8）积极推进"三资融合"。推进土地资本、金融资本、产业资本"三资融合"建设模式，支持企业增资扩产，引导金融及其他社会资金投入，促进企业不断扩大产业规模和对先进装备、技术的革新，加速沙田镇高水平崛起，提升沙田镇经济综合竞争力。

总之，沙田工业近几年引进了一批大型优质项目，再加上有虎门港的带动、交通优势、相对的后发优势等的优势因素重合与作用，未来发展势头应该不错。只要沙田能够下决心、持续加大投入的力度和资金，努力改变产业特色不够明显、大型优质企业不多的劣势，在明确的发展目标指引下，大力发展先进装备制造业、现代物流服务业、高端新型电子信息产业、节能环保产业、海洋产业等特色产业，着力发展创新驱动型、知识主导型经济和环保型、科技型、低碳型、高效型、规模型的智慧产业，并着重培育几个重点支柱产业，形成比较突出的产业优势，逐步形成主导产业突出、相关产业发展、产业链条完整的具有沙田特色的现代产业体系，就一定会在今后第二产业的升级换代中取得瞩目的成绩。

第六章　港口建设、陆路交通改善与
镇域经济的变化

　　沙田是一个四面环绕大海与河道的临江靠海乡镇，早先对外联络主要依靠水路，因此，与水运和航运的关系历史悠久、非常密切。沙田地区从有人定居到 20 世纪 60 年代的两百年历史中，对外交通工具主要依靠手摇小船。1961 年人民公社成立后，沙田人开始通过驳艇接驳到东莞至广州之间过路的班船，因广州是省会，所以沙田当地居民称该班船为省渡。60 年代，省渡是用火船拖带"花尾渡"①的形式运行，1974 年改为铁壳轮机船，每天上午 9 时左右接驳沙田后往广州，下午或晚上从广州返回，接驳沙田后往东莞。这种出行仅靠每日几趟定期船舶的交通状况在一定程度上限制了沙田的对外交流。直到 1976 年莞沙公路通车和 1977 年建成横流大桥后沙田对外交通状况才逐步改善。其后，因陆路交通迅速发展，使用船舶出行的比例开始逐年减少，1987 年接驳沙田的班船正式停航，并从此标志着沙田居民出行靠水运的历史结束。现在，沙田对外交通几乎全部使用公路，仅在立沙与沙田之间还保持有轮渡存在。

　　但是，海洋运输与沙田经济的关系不仅没有因陆地交通的发展而减少，还呈现出不断加强的趋势。尤其是随着改革开放后东莞地区经济繁荣、货物集散功能的不断增强，发展海运运输通道已成为东莞市的一项重要的战略选择，与此同时，沙田靠海的地理优势逐渐突显出来，受到各方

---

① 无动力装置的大型木质客货驳船。

照片 6—1 村民代步工具船艇

照片 6—2 珠江上的花尾渡

面关注。20 世纪 90 年代中期，东莞市政府决定在沙田等靠海乡镇一线建设海港，打开海上通道，以此为契机，沙田的海港建设和相关产业进入了一个全新的发展时期。进入 21 世纪后，在港区建设的带动下沙田经济环境明显改善，再加上周边交通与沙田境内道路投入力度的不断加大，使得港口建设和道路建设逐渐成为支撑和促进沙田经济快速增长的重要推手，港口与道路在沙田地区经济发展中的位置日显重要，其带动作用也随时间的推移不断增强。

照片6—3　火船拖带"花尾渡"

照片6—4　乘客等待被接驳到"花尾渡"

一　虎门港建设与沙田经济发展的互动

东莞市的西部是绵延数十公里的海岸，这片海岸线以外的广阔水域就是连接珠江入海口的、颇具名声的狮子洋。东莞市域内这片海域的海岸线总长度是 58 公里，其中，沙田镇管辖的 28 公里海岸线因具备天然深水港的建港条件，地位突出。如果对珠江三角洲各流域的自然环境条件相比较的话，沙田境内的岸线是非常适宜建设大型海港的，其条件之好，在广东沿海地区也不多见。这里丰水少沙，深槽靠岸，泥沙回淤少，被公认为是珠江三角洲各水道中不可多得的黄金岸线，尤其是沙田西大坦以南水深在 10 米以上的岸线长达 1 公里之多，更具备建设大吨位港口的优势。因此，沙田镇利用其地理位置和地形地貌的优越，开发丰富的海岸资源，建设港口，发展港口经济应是该区域经济发展中的必然。

但在历史上，沙田地区因陆路交通不便，长期处于相对封闭状态，虽有可建设深水港的优势资源，却一直缺少把资源优势转化为经济效益的条件。直到 20 世纪 80 年代沙田第一条对外公路修通后，这种潜在优势才开始有了转变为现实生产能力的可能。1987—1988 年，沙田第一个海运码头建成，这是一座东莞港务局为了解决当地交通运输，在沙田先锋村（东江南支流东岸）投资了近 40 万元建设的货运码头，该码头于 1988 年正式投入使用，泊位仅为 3000 吨，由于规模较小，对沙田经济的带动作用有限。

真正使沙田港口经济得到快速增长的机遇，出现在 20 世纪 90 年代东莞市虎门港上马以后。1992 年，在邓小平同志南方谈话的鼓舞下，东莞市掀起了大力发展工业的高潮。在这个时期，为了改善投资环境，东莞市政府通过对经济发展环境的综合评价与比较后，决定除重点发展陆路交通外，还要在境内沿海地区加快发展港口建设，并开始着手调研包括沙田镇在内的沿海一线的口岸资源，研究建设现代化大型国际港口的可能性。1995 年 12 月，东莞市政府经过充分调查研究后，正式提出开发虎门港的战略构想，并经广东省政府上报国务院。1997 年 6 月，国务院正式批准沙田货运港与太平客运港合并到虎门港，升格为对外籍船舶开放的国家一类口岸。从此之后，东莞市和沙田地区大规模的港口建设开始起步。

2002 年 5 月，东莞市政府成立了虎门港建设领导小组。这是一个高规格的建设领导小组，阵容庞大，组长由当时的东莞市委书记亲自挂帅，第一副组长由市长担任，其他三个副组长分别由 1 名市委副书记、1 名市委常委兼常务副市长、1 名市委常委兼市委秘书长担当，成员是由东莞市各个有关主管局的一把手和相关镇的书记和镇长组成，共有组员 31 人。同时，虎门港管委会也随之组建，管委会的行政规格定为市直管的正处级单位，并由市委常委、常务副市长兼任主任。这些机构高规格的配置，显示出东莞市委和市政府对虎门港建设的重视程度和提供的强势的组织保障。

2003 年，东莞市委、市政府又作出了规划建设以虎门港为依托和龙头的西部沿海产业带（虎门港开发区）的决策。这一决策是从虎门港的发展必须依托城镇，沿海港口与城镇的发展需要统一协调的考虑出发而设定的。为此，东莞市在提出发展沿海产业带，统一管理沿海港口的战略构想基础上，开始推行沿海产业带"高配套、大流通"的发展战略，以便与东莞市发展成为国际制造业名城的目标相协调。这一决策也因此把沙田的经济建设提升到一个更高层面的发展平台上，使沙田的发展前景具有更加广阔的道路选择。2003年 5 月，东莞市园区工作会议确定虎门港为全市两大龙头园区之一，定位为立足东莞，面向珠三角乃至华南地区的新型临港产业聚合带，重点发展集装箱、油气化工、大宗散货、粮油仓储码头，港口物流和配套服务及临港工业，成为区域性物流集散中心、特色经济园区、旅游休闲中心和生态建设基地，并构建成为未来东莞市域发展的新亮点（见图 6—1）。

2003 年 5 月 28 日，东莞市政府又提出《虎门港总体布局规划》，并获得广东省发改委批准（见表 6—1）。虎门港发展方向从此进一步得到明确落实，并开始进入快速建设期。

表 6—1　　　　　　　　　　虎门港规划用地汇总

序号	用地名称	面积（公顷）	占总用地的比例（%）
1	建设用地	2404.81	85.11
2	水域和其他用途用地	362.4	12.83
3	发展备用地	0.00	0.00
4	区域重大交通设施	58.20	2.06
5	总计	2825.41	100.00

资料来源：沙田统计办。

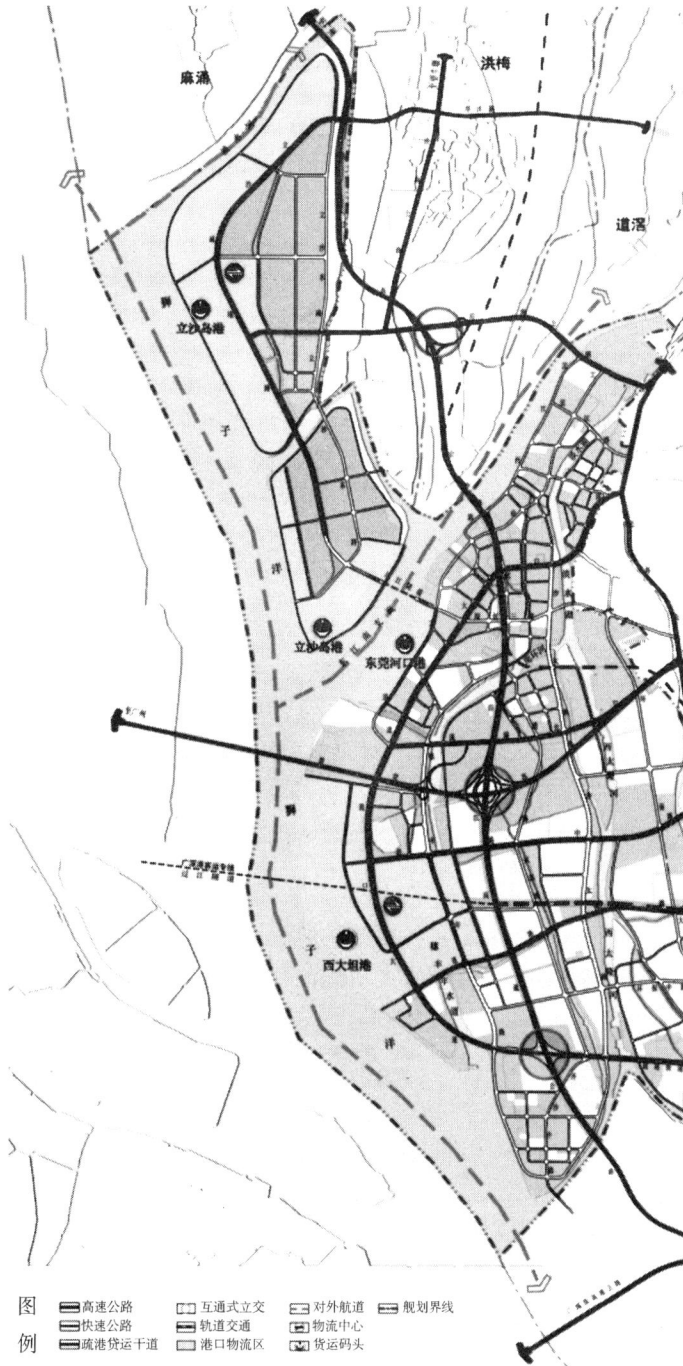

图6—1 虎门港沙田作业区分布

从《虎门港总体布局规划》所展现出的港口布局与规模来看，虎门港包括五个港区，即沙田港区、麻涌港区、沙角港区、长安港区和内河港区。五个港区的功能各不相同，互为支撑，形成具有轻工、化工、油气、集装箱、散装等多功能的综合性国家一类口岸。

各港区的具体功能划分是：

（1）沙田港区：是虎门港的主体港区，其功能主要是发展大型石油化工、临海重工业及集装箱和多用途泊位，并开展仓储保税业务和建立本港物流中心区。

（2）麻涌港区：主要依托后方经济的发展逐步建成多功能港区，包括粮食、建材等散杂货运输，其中新沙南作业区规划建设为 13 个深水泊位。

（3）沙角港区：以发展临海工业运输泊位为主，兼顾客运、渔业、港口支持系统和查验边检等服务功能。

（4）长安港区：位于虎门港最南端，规划作为远景发展港区，主要功能为集装箱运输基地、临海大型工业港区及保税仓储区。

（5）内河港区：主要为东莞市建材需求运输服务的内河杂货泊位港区。

就上述各港区的功能分工看，沙田港区不仅是虎门港的主体组成部分，而且处于五大港区的中心位置。在沙田港区不但有大型石油化工、临海重工业及集装箱等多种用途的大功能泊位，而且根据规划还是作为虎门港指挥中枢系统的虎门港管委会、虎门港中心服务区和连接陆路运输的港口物流基地的所在地。因此，沙田港区在虎门港整体结构中处在突出的核心地位。

沙田港区自身又可分为两大作业区，分别是立沙岛作业区和西大坦作业区。立沙岛作业区主要发展油气泊位和临海重工业泊位；西大坦作业区以发展外贸集装箱近洋运输为目标，并发展仓储保税业务。

从资源配置的角度看，东莞市在立沙岛发展石化港口和相关产业具有一定的特殊性，是一个很好的资源利用优化项目。立沙岛作业区范围是从淡水河口至东江南支水道珠江主干流 7.5 公里深水岸线，以及淡水河南岸长为 3 公里的岸线和东江南支水道北岸约 2.5 公里岸线。该作业区岸线定位为危险品泊位岸线和临海重工业泊位。立沙岛作业区规划建设 5 万吨级深水泊位 10 个，5 万吨至 8 万吨级油气化工泊位 20 个。就地形看，立沙岛的面积有 20.58 平方公里，同时空间又相对独立，交通便利，从东莞市沿海地理环境的对比看，这里还具有丰富的港口岸线资源，较多的土地存量，因此，它不仅具有大规模石化工业产业基地的较优地理条件，也是东莞市石化港口建设的不二选择。

照片 6—5　虎门港立沙岛作业区

西大坦作业区位于西大坦岸线段，整个作业区的码头范围是从过江电缆下游约 500 米的位置开始布置集装箱泊位和工作船泊位，重点发展集装箱泊位为主。西大坦还是虎门港的商贸主港区，这里将形成集装箱集散基地，配套建设大型物流配送中心、行政服务中心和港后工业园区。规划预留大片生态隔离用地、郊野公园和农业用地，形成功能齐全、配套完善的新型沿海发展区域。这个作业区规划建设 3.5 万吨至 5 万吨级集装箱泊位 12～14 个，5 万吨至 8 万吨级泊位 20 个。西大坦作业区的面积为 12.46 平方公里。另外，与沙田镇西大坦作业区相连的内河部分岸线可以以工业为主，兼顾发展渔业基地，修造船基地，港口支持系统泊位以及地方物资运输泊位。

包括西大坦作业区在内的沙田主港区集聚了港口作业、仓储物流、居住、公共服务和生态绿化五大功能，这里建设有完善的港区管理中心、展

照片6—6　2011年虎门港立沙岛石化仓储基地

照片6—7　2011年虎门港立沙岛石化仓储基地

照片6—8　虎门港西大坦作业区集装箱码头

照片6—9　虎门港西大坦作业区集装箱码头全景

示中心、商务办公楼、海员俱乐部和公寓等。沙田主港区正在成为东莞市沿海产业带发展的重点和中心。沙田港区各作业区泊位建设规划详见表6—2。

照片6—10　虎门港码头西大坦作业区装卸中的大型班轮

表6—2　　　　　　　　　　沙田港区泊位建设期规划

	编号	泊位性质	泊位吨级（吨）	泊位设计水深（米）	泊位长度（米）	陆域纵深（米）	规划期	备注
立沙岛作业区	1—2	危险品	5万—10万	13.2	650	800	2003—2006年	2006年投产
	3	危险品	5万—10万	13.2	350		2006—2010年	
	4—6	危险品	5万—10万	13.2	969		2011—2020年	
		危险品	5000—5万	13.2	5332		预留发展	
		临海重工业		13.2	5630	600—800	预留发展	
西大坦作业区	1—4	集装箱	5万	14.4	1356	800—1200	2006—2010年	
	5—6	集装箱	5万	14.4	678		2003—2006年	2006年投产
	7—10	集装箱	5万	14.4	1578		2011—2020年	
	11—12	集装箱	3.5万	14.4	678		预留发展	
	1744		集装箱	1万以下	12.4		预留发展	

资料来源：沙田统计办。

　　进入21世纪以来，在东莞市委、市政府的大力推进和后续配套政策的不断跟进与实施的促进下，虎门港的建设从2003年开始进入了快速发

照片6—11　虎门港码头西大坦作业区等待装卸的集装箱

展期。此后，虎门港又上升为东莞"十五"、"十一五""十二五"及以后主要投入发展的三大集中地带①之一。虎门港与松山湖科技产业园、东部工业园形成东莞市的东、中、西部地区"三线联动"的发展格局，推动市域经济的协调均衡发展，共同构成东莞未来的投资热点和经济增长极（见图6—2）。东莞市西部沿海产业带的全面开发建设，有利于利用虎门港的岸线资源，为东莞开辟便捷高效的外贸出口新通道，优化市域经济的空间布局，促进产业的结构调整升级，提高在国际市场的竞争力，提供了

———————

① 三大集中地带是：松山湖科技产业园、虎门港、东部工业园。

照片6—12　沙田镇虎门港主港（西大坦）物流区

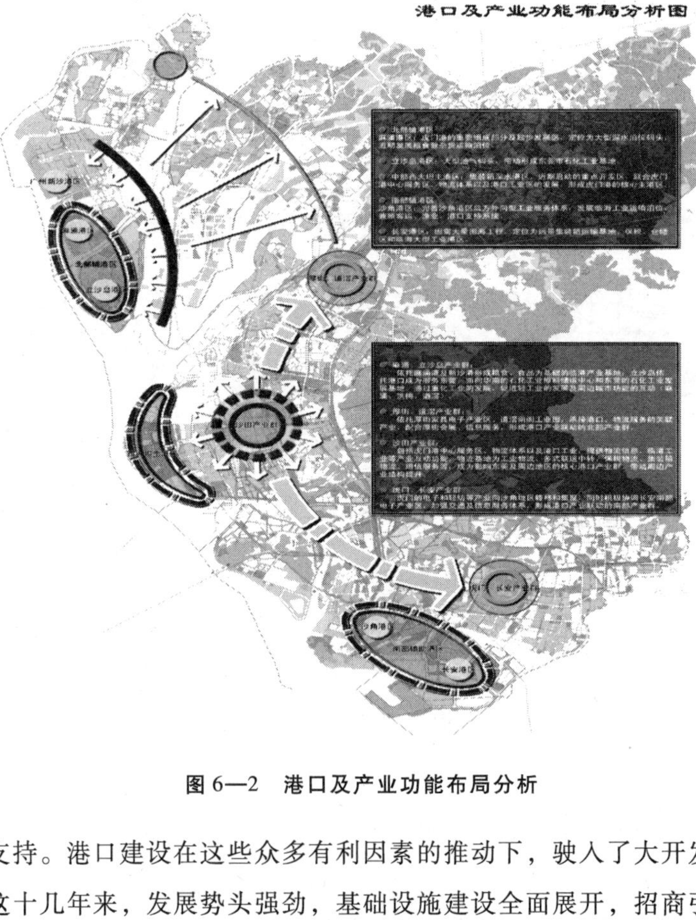

图6—2　港口及产业功能布局分析

有力支持。港口建设在这些众多有利因素的推动下，驶入了大开发的快车
道。这十几年来，发展势头强劲，基础设施建设全面展开，招商引资力度

不断得到强化，公共财政投资的力度也不断加大。

　　虎门港建设开发的提速对沙田自身经济发展的影响非常巨大。这是因为，从虎门港立项以来的建设重点和投入方向看，沙田镇一直是虎门港前期发展的重点投入区，这一趋势不仅在虎门港上马后就存在，而且在随后的 10 年还在不断得到加强。回顾 21 世纪以来虎门港的发展轨迹，就能够清楚地看到沙田在虎门港建设中的重要性和所处的中心位置。

　　首先，自 2003 年以来，虎门港建设的重点放在 5 个方面，即麻涌新沙南散杂货作业区、立沙岛石化基地、西大坦集装箱作业区、虎门港中心服务区和虎门港西大坦物流基地。其中，除了麻涌新沙南散杂货作业区的项目在沙田境外，其他 4 个项目都落实在沙田境内。

　　其次，从虎门港 2005 年制定的中长期发展规划上看，沙田地区在虎门港建设中的重要作用与地位明确凸显出来。按照虎门港的规划，在 2006 年至 2015 年的 10 年间，发展的重点目标要放在"421 工程"上，即建设 4 个基地，2 个保税物流园区和 1 个多功能区；它们分别是：麻涌粮油加工、立沙岛石化、西大坦集装箱（近洋）、威远岛休闲四大基地，西大坦和立沙岛两个保税物流园区和沙田港多功能区。从这些具体项目可以看出，所有项目中除了 4 个基地中有 2 个是在沙田镇以外，其他都是在沙田境内实施。并且虎门港规划中的到 2015 年预期实现货物吞吐量超过 1 亿吨，以及集装箱吞吐量突破 300 万标箱的预定目标，也绝大多数要落实在沙田港区中实现（见表 6—3）。因此，沙田地区成为了 2015 年以前虎门港建设的主战场。

　　沙田镇政府不仅充分认识到虎门港建设对沙田经济发展的重要性，也投入了大量的人力和物力，积极配合建设工程的实施。近些年来，镇政府工作中有相当大的一部分力量是投入到港口建设的配套工作和加快沿海经济产业带的开发之中。沙田镇政府管辖的各部门也在全力配合虎门港的开发与建设。沙田镇这些年来在虎门港建设中的主要任务和最重要的工作是居民拆迁、建设用地协调、配套设施投入等。从沙田各年的工作总结和上报的年度成绩可以看到沙田在配合虎门港建设的工作上，投入力度很大，做了大量基础性的工作。

2003 年，沙田镇政府完成了在虎门港开发区沙田立沙岛作业区首期一次性征地 1750 亩和在西大坦集装箱作业区首期一次性征地 9506 亩的任务。设计规划了占地 400 多亩的居住区作为西大坦村的拆迁安置区，并首期开工 200 亩填土工程。配合虎门港开发区港口大道的建设，成立沙田镇建设协调领导小组；为保证总投资 15 亿元的港口大道按时动工，还投入相当大的力量协调沙田段内各方面的施工工作。配合沙田口岸各联检单位，落实解决口岸用地及通路问题，协助各口岸部门督促有关码头，完成各项必要的查验监管设施建设等。

2004 年，沙田镇提出了依靠虎门港的"启动效应"，全力配合虎门港的建设。在措施上，积极配合虎门港的建设要求，按时保质地落实解决口岸用地与通路问题；在配合虎门港港口大道沙田段施工上，充分发挥地方政府作用，做好对各方的协调工作，保证施工的顺利进行，等等。并在当年 8 月，促使港口大道厚街水道斜弯桥科研项目顺利通过专家验收。

2005 年，沙田镇政府充分利用市政府政策的倾斜，投入大量人员，进行细致工作，协助沙田港区顺利完成了征地工作以及西大坦村的拆迁安置工作。另外，虎门港港口大道顺利动工，口岸用地及道路问题顺利解决也与沙田地方政府多年大量的细致工作分不开。

表 6—3　　　　　　　　　沙田港区吞吐量预测

货种	单位	2010 年					2020 年				
		合计	进口		出口		合计	进口		出口	
			小计	外贸	小计	外贸		小计	外贸	小计	外贸
总计	万吨	2970	1960	1060	1010	280	6900	4180	2630	2720	1110
煤炭	万吨										
石油及其制品	万吨	1450	1050	500	400		3200	2120	1000	1080	
液体化工	万吨	450	270	200	180		550	350	250	200	
钢铁	万吨	40	40	10							
矿建材料	万吨	100	90		10						

续表

货种	单位	2010 年					2020 年				
		合计	进口		出口		合计	进口		出口	
			小计	外贸	小计	外贸		小计	外贸	小计	外贸
水泥	万吨										
木材	万吨	30	30	20							
非金属矿石	万吨										
化肥	万吨										
粮食	万吨										
其他	万吨	100	60		40		150	90		60	
集装箱	万吨	800	420	330	380	280	3000	1620	1380	1380	1110
	万 TEU	80	42	33	38	28	300	162	138	138	111

资料来源：《东莞市虎门港总体布局规划》与《东莞市虎门港总体布局规划修编》。

正是在包括沙田镇政府和当地民众在内的各方面共同努力下，虎门港建设得到快速发展，逐步形成了一定的货物吞吐和生产规模，经济效益也不断显现出来。从各阶段的建成规模和取得的成绩看。

1997—2000 年，沙田港区首期工程就建成了 5000 吨级至 3.5 万吨级码头共 14 座，初步形成了功能齐全的运输网络。其中比较重要的有荣轩货柜码头、东莞国际货柜码头、海腾码头以及 3.5 万吨级的煤码头等。并开始动工兴建包括沙田海关、边检、检验检疫等项目的虎门港海关联检大楼等配套工程。

2003 年 8 月，国际货柜码头、海腾码头、华润水泥厂码头、金明石化码头、飞虎石化码头、荣轩货柜码头 6 个码头通过国家验收，使得虎门港名副其实地成为对外开放的国家一类口岸码头。

2007 年 5 月，虎门港获得国家、省发改委核准的深水泊位达到 11 个。其中，两个石化仓储码头于当年竣工投产。

2008 年年底，虎门港已成为包括集装箱码头、油气化工码头、散杂货码头等在内的初具规模的大中型海港。其中，引进投资项目 38 项，总投资 301 亿元，有 17 个深水泊位项目分别获得国家、省有关部门的核准，码头泊位品种齐全。首个多用途深水泊位——沙田港区 5 号 6 号泊位开港运营。虎门港的效益日益显著，进入全面开发阶段。

2009 年 3 月，又有 2 个深水泊位项目分别获得国家、省有关部门的核准，虎门港被核准的深水泊位达到 19 个。

2011 年 4 月，位于沙田镇立沙岛北部，淡水河南侧的虎门港海湾石油仓储码头建成，开始试运行。该码头主要从事汽油、柴油、重油及化工品的仓储运输业务，建设规模为 5000 吨级兼顾 2 个 1000 吨级泊位，设计年吞吐能力为 155 万吨，使用岸线 180 米，项目总投资 1.8 亿元。在 1 年多的试运行期间，共靠泊船舶 189 艘次，试运行情况良好。

2012 年 7 月，虎门港海湾石油仓储码头通过海事通航安全核查验收，正式运行。

在港口建设和不断完善的同时，沙田自身经济发展也从中获得了相当大的助力，例如，港口大道建成后，南连虎门港开发区，北过沙田、厚街、道滘、万江、南城等镇区，东接松山湖大道、东部快速路，把市几大园区连成一体，不仅解决了水陆联运的问题，也促进了沙田区域投资环境的改善。

再例如，沙田镇凭借在虎门港主港区的优越地理位置、丰富的港口码头资源、便利的交通网络、完善的软硬件设施，在"2006 年中国物流行业发展年会、2006 年中国口岸国际物流发展年会暨 2006 年中国物流年度风云榜颁奖盛典"上，被授予了"中国港口物流重镇"称号。

港口的辐射作用带动沙田与周边地区的统筹发展，有利于从更广阔的空间整合资源，从更高层次上进行产业布局，调整优化产业结构，形成产业集聚优势和规模优势。此外，港口的辐射作用在一定程度上超过了线性交通的范围，给东莞带来了新的活力，而位于虎门港主港区的沙田，其战略性地位日渐突出，在西部沿海产业带以及西南片区的发展中起着重要的作用。借助虎门、厚街和长安的经济能量和服务水平，沙田的港口资源，推动或辅助沿海（江）地区的产业升级和新发展背景下的产业聚集发展，形成了东莞沿海（江）地区的整体性的、互动发展的产业互动区域。

这种互为促进的作用，使得沙田与港口之间近些年的关系不断密切；相互之间形成了互相依存、共荣共损的局面。而港城联动，是建设大规模临港经济的必要条件。对虎门港和沙田而言，港城联动发展，不仅需要产业、功能、空间的统筹和匹配互补，更需要实施体制的创新，尤其需要打破行政区划的隔阂，按照统一规划、统一建设、统一招商引资、利益分享的管理运作模式，协调港城关系，取得港城"双赢"局面。

基于上述考虑，东莞市政府于2012年年底决定，改变原来虎门港的管理机构与沙田镇政府的领导班子为同一级别的两套人马，分别运行和分散决策的状况，把港镇机构的两个领导班子合并为一，由一套领导班子管理两个机构，以便于责任统一、决策统一、统筹发展。沙田镇与虎门港的战略关系在这次领导机构改革后将会更加紧密，形成港镇之间相互依托、匹配互补、联动发展、利益共享的一个整体格局。

可以预见，虎门港和沙田镇的统一领导给沙田带来了全新的发展机遇，有利于区域资源整合、加快城市化进程，促进经济快速发展。沙田港区的发展推动了沙田城镇功能的提升和规模扩大，包括临港型工业和出口加工工业的发展，居住、公共设施等标准的提高。沙田镇的产业也可以利用沿江港口优势，发展石化工业、仓储物流业；以先进适用技术改造提升优势传统轻纺业和家具制造业，引导其向规模化、集群化方向发展。由于综合执行力的提高，能够在新一轮高新技术和先进工业转移的机遇中，抓住机会，形成合力，使大力发展物流配送、电子商务和大型批发市场；强化生产性服务业，重点建设区域性物流中心、会展中心、旅游中心、信息咨询中心、金融中心等生产服务业基地的目标能够早日实现。

二　陆地交通的发展

改革开放以来，沙田陆地交通落后状况得到明显改善，公路建设的投入对当地经济社会发展的促进作用非常显著。回溯沙田陆路交通的发展历程，可以看到一个显著特征，即沙田经济增长的快慢与连接外部道路和镇域内道路的建设进度密切相关，也就是说，只有改变了沙田对外和对内交通通道不畅的状况后，才能够使沙田融入周边的经济发展环境，并在增长速度上得以逐步加快。

从沙田陆路交通的发展过程观察。沙田通向外部的公路建设始于20世纪70年代初期，第一条公路是莞沙公路的沙涌路段，即由沙田横流经四洲至厚街涌口，该路全长2公里多（2060米）。这条道路从1970年开始动工，当年就建好路基，但建设工期拖得比较长，直到1976年才铺上水泥路面，达到正式通车条件，前后一共耗时7年。这条公路建成后，公路路面仅宽6米，再加上没有公路桥相衔接，对外交通仍然比较困难，通行状况并未有较大改变，直到1977年建成横流大桥后，外部汽车才可直达沙田镇政府所在地的横流。

第二条沙田通向外部的重要公路是沙太公路（又名沙虎公路），此路起自横流途经民田、大坭、齐沙、稔洲等管理区，直至太平，全长13.247公里。于1972年开始建筑路基，至1975年路基建成，1986年年初铺水泥路面，同年10月1日正式通车。这条公路的宽度也是仅有6米。这两条连接外部的公路建成后，虽然起到了改变沙田陆路封闭状态，能够使沙田从陆路与外部沟通的作用，但因早期路面狭窄，车流很慢，常常出现交通堵塞的现象，出入仍很不方便。

1992年沙太公路改道扩建，裁弯取直，新沙太公路由横流起点经民田、大坭至齐沙接渡轮公路，然后转入虎稔路至太平。沙太公路最宽路段扩展达到80米，其他路段也在30米左右。1994年沙田镇将沙涌路段改道并扩建，由沙田中心区起经涌口连接107国道，全长3.5公里，路面拓宽到80米，并新建了沙田大桥。直到此时，镇外车辆才能畅通无阻方便地出入沙田。

沙田内部公路建设开始的时间相对较晚，区域内各村镇之间的大多数公路是20世纪90年代才开始修建。20世纪60年代以前，沙田村庄较分散，既无公路，也无像样的乡村道路，村与村之间只有田坐作路，行走极不方便。60年代后，沙田大搞海堤建设和联围工程，各村陆路交通就以河堤为路，除极少数能行自行车外，其余大多数只能供人行走，一到下雨天，遍地泥泞、行走困难。当地俗语形容沙田的路是"晴天一把刀、下

照片 6—13 早期的立沙公路

雨一团糟"。直至 20 世纪 70 年代，沙太路和沙涌路路基建好，并铺上石粉，带动沙田境内这两条道路的邻近乡村陆续建成较宽的石粉路，使沙田道路开始通行自行车和大板车，陆路交通状况才有所改善。20 世纪 90 年代，沙田内部的公路建设正式上马。1990 年建设了虎门渡轮公路，这是

照片6—14　沙田大桥。一桥飞架，给淡水湖两岸带来勃勃生机

一条由107国道虎门路段起途经稔洲、齐沙等管理区至虎门渡轮码头的公路。此后，又建设了南北大道，它是由厚街双岗家具大道经西太隆、义沙至稔洲接渡轮公路。1996年开始建筑立沙公路，是由中围村委会沙头经和安、大流至坭洲太阳洲码头，该公路2000年基本建成并铺上石粉。

照片6—15　沙田村村通上公路

照片 6—16　滨江路

照片 6—17　中心区的马路

　　进入 21 世纪后，沙田境内的道路状况得到进一步改观。于 2001 年开工建设望沙公路，2002 年年底建成。望沙公路的建成通车从根本上改变了立沙四个村委会的交通落后状况。立沙岛四面环水，没有桥梁相通，历

照片6—18　沙田中学旁的马路

照片6—19　沙田大道（1）

来只靠几艘横水渡跟外面联系，交通非常不便。由于外界没有公路通入岛内，岛内一条水泥公路也没有。改革开放以后，与发达地区相比，更显落后。20世纪90年代中期前，立沙岛内除原有几间砖厂外，没有一家工厂，90年代后期才在坭洲村建有煤场和水泥预制件厂。故立沙村民全靠农业为主，经济落后，村民生活比较贫困。望沙公路通车后，立沙岛与外

照片6—20　沙田大道（2）

部的交通顺畅，向北通洪梅、望牛墩接107国道，向东通道滘、厚街接莞太公路。岛内4个村委会均有水泥公路相连，对进一步开发立沙岛起到重要的作用。

　　21世纪前10年临近结束时，沙田道路建设进入了一个新的高潮期。随着珠三角地区交通建设的巨大投入，给沙田带来了很大的发展机遇。尤其是随着沿江高速、常虎高速、东涌快线、轨道交通等重大基础设施的规划和建设，使得沙田交通区位优势进一步显现，战略地位不断提升。

　　其中，跨越珠江东西两岸的东涌快线、广深港高速铁路、广深第二条快速联系干道——沿江高速公路等区域性重大交通设施的确定，使沙田的交通区位发生结构性变化，极大地增强了沙田的交通区位优势，改善了沙田的投资环境，也顺理成章地将沙田推向区域整体发展循环的最前沿。

　　区域竞争的加剧，极大地促进着珠三角地区基础设施的投资力度和投资质量，由于沙田地理区位的优势，在最新的珠三角地区重大区域性基础设施中，第二条高速公路——沿江高速公路、连接珠江口东西两岸的第二条快速公路东涌快线和广深港高速铁路等都在沙田通过，可以预计，这些设施建成后，沙田将随交通区位格局的变化而发生结构性变化，这在东莞市域内的发展中也是具有重要影响因素的资源配置。

照片 6—21　2007 年航拍沙田的马路

　　具体说，沙田区域内和周边开工和即将上马的重大交通设施有：沿江高速、广深高速、常虎高速三条高速公路，以及东涌快线、港口大道和疏港快速三条快速路和超过 8 个出口及连接点，一条跨区域的快速客运铁路及相应的东莞新站，市域轨道交通及三个站点，远期的客运及邮轮停靠码头，虎门港作业区——东莞最大的集装箱码头等，如此规模庞大的区域性基础设施的汇集，为沙田地区发展带来巨大机会，从这些交通设施的功能和运作走向看，广深港客运专线铁路和广深沿江高速公路等道路的建成对

照片6—22　2007年航拍沙田大桥、沙田广场和中心区

沙田今后的经济发展作用巨大（见表6—4至表—6，图6—3至图6—6）。

　　首先，广深港客运专线铁路是京广深港客运专线（京广深港高速铁路）的组成部分，亦为珠三角城际快速轨道交通网的骨干部分。起自新广州站，经东莞、虎门至新深圳站（龙华），全长约105公里，是珠三角地区的快速客运通道，将大大缓解地区交通压力，密切香港与珠三角内地的联系。其中在东莞市境内线路长度为29.80公里（含珠江水底隧道），经过沙田、厚街、虎门、长安、大岭山等镇。2011年12月26日，广深港高铁（广深段）正式开通，广州南站到深圳北站只需35分钟。从广深港客运专线虎门站到沙田镇中心大约19公里。广深港客运专线的线路在沙田段以隧道形式从建设中的虎门港5、6号泊位下穿越至沙田区内，直至规划中的沿江高速公路以东出地面，洞口位于沿江高速公路与进港南路交叉处，出地面后线路以桥梁形式向东南至深圳。广深港客运专线东莞站点设在沙田镇区东部的虎门镇辖区内，由于周边发展用地匮乏，所形成交通枢纽的受益区域事实上延伸到沙田。

　　其次，广深沿江高速公路是列入广东省"十一五"规划重点建设项目，属国家重点高速公路网规划中的北京至港澳放射线。广深沿江高速公路的

照片6—23   在沙田境内建设中的广深港客运专线铁路

照片6—24   沙田汽车站

建设,使高速公路网及东莞市政路网形成了有机的衔接,项目沿线连接黄埔港、新沙港、虎门港、深圳宝安机场、大铲湾港,蛇口港等交通、物流枢纽,可以极大推动穗、莞、深、港经济产业带的飞速发展,为粤港区域的经济发展带来了新的发展机遇。在原有穗、莞、深城际高速交通路网远

照片 6—25 沙田汽车站候车大厅

照片 6—26 沙田境内的广深沿江高速公路

远满足不了当前经济快速发展的时点上，广深沿江高速公路的建设将具有非常重要的现实意义。广深沿江高速公路项目起点与广州黄埔区 107 国道相接，沿途与东二环高速公路、番莞高速公路新联支线、虎门大桥等高速路网互通，连接广深沿江高速公路深圳段、深港西部通道直达香港。路线途经广州市黄埔区、萝岗区、东莞市麻涌镇、洪梅镇、道滘镇、沙田镇、虎门镇、长安镇，跨东宝河后进入深圳市，是继广深高速公路之后，珠江三角洲经济区又一条南北向重要交通主干道。广深沿江高速公路广州、东莞段里程 59 公里，采用双向 8 车道高速公路标准建设，路基宽度 41 米，概算投资总额 157.7 亿元。其中广州段路线长 9.645 公里，特大桥和大桥共 13 座，互通立交 3 处；东莞段路线长 49.235 公里，特大桥和大桥共 48 座，互通立交 7 处，隧道 2 处。最关键的控制性工程东江南特大桥全长 940 米，主跨度达到 256 米。广深沿江高速是沙田对外纵向联系的重要通道，将沟通广州、深圳、香港等城市，在东莞市域内联系麻涌、虎门、长安。沿江高速在沙田境内的通过为高架形式，道路红线宽度为 60 米，双向 6 车道。在沙田影响区域内设有三个出入口，其中两个出入口在镇行政辖区范围内，另一个出入口的服务对象直接指向立沙岛。广深沿江高速公路项目一期工程广州（黄埔）至东莞（虎门）段里程 41 公里，于 2012 年 1 月 18 日建成通车，虎门至长安段（约 18 公里）于 2012 年年底与深圳段同步建成通车。通车后从广州出发直达香港只需一个半小时。

照片 6—27　广深沿江高速公路从沙田穿过狮子洋

表 6—4　　　　　　　　　　**东莞市沙田地区交通规划发展策略**

交通设施及干线			通道与节点
对外交通	港口	立沙岛港口	以生产性运输为主，客运以近距、面向港澳为主。狮子洋为 5 万吨级通航航道，东江南支流为 3 万吨级通航航道。
		西大坦港口	
		东莞河口港口	
		客运码头	在西大坦港口南面的小型泊位预留客运码头，根据市场需求建设。
	铁路	广深港客运专线	沙田镇中部，西大坦—穗丰年—大坵—义沙。
	高速公路	沿江高速公路	从北到南穿越沙田，沙田镇设两个出入口：民田和齐沙。
	快速路	港口北大道	连接东莞主城区、厚街镇方向。
		港口南大道	连接虎门、常平、惠州方向。
		东涌快速干线	连接广州番禺、厚街、大岭山方向。
内部交通	主干道	港口大道	城镇主干路，共八条，红线控制宽度为 40—80 米。港口大道、沙太路、洪沙西大道，以增强内部联系为重点，是联系城镇南北各组团的城镇主干道；进港中路、东涌快线、厚沙二路、厚沙北路、洪沙南一路以强化与周边镇区的联系为主，重点加强与厚街、虎门方向的联系。
		沙太路	
		进港中路	
		厚沙北路	
		厚沙二路	
		洪沙西大道	
		洪沙中路	
		洪沙南路	
	次干道		改造优化次干道，完善路网"微循环"系统，确保与主干道的有效衔接，红线控制宽度为 30—45 米。
	内河航道	淡水湖航道	将淡水湖（包括上下湖）开辟为旅游水道，水道的通航标准有待进一步研究。

表 6—5　　　　　　　　　**沙田镇重点工程建设项目**（2008—2009 年）

单位：亿元

2008 年		2009 年	
项目名称	年度计划投资	项目名称	年度计划投资
湖西路续建工程	0.093385	环保路	1.25

2008 年		2009 年	
项目名称	年度计划投资	项目名称	年度计划投资
体育南路	0.39	湖西路续建	0.5128
环湖北路	0.32	明珠路	0.4520
		环湖南北景观	0.44
合计	0.803385		2.6548

资料来源：沙田镇政府城建办公室。

表 6—6　　　　　　　　沙田镇区内道路一览（城建规划）

序号	道路名称	线路起讫	现状		
			长度（米）	宽度（米）	面积（平方米）
1	滨江路	港口大道—海关	4700	36—26	155100
2	沿河路	海关—进港南路	6100	28	170800
3	港口大道	厚街桥—进港南路	10800	80	864000
4	沙田大道	镇标—渡轮路	8400	80	672000
5	明珠路	厚街沙塘—港口大道	4000	42	168000
6	环保路	家具大道—渡轮路	7900	38	300200
7	进港南路	港口大道—厚街	3100	55	170500
8	渡轮路	虎门—沙田渡口	5900	60—20	206500
9	莊士路	政府桥—滨江路	900	28	25200
10	穗齐路	进港南路—渡轮路	2100	28	58800
11	大丰路	沙田大道—港口大道	1800	40	72000
12	环湖南路	沙田大道—大丰路	1900	25	47500
13	环湖北路	站前路—明珠路	2300	25	57500
14	横流南路	镇标—滨港路	1600	25	40000
15	湖东路	莞沙路—港口大道	1300	16	20800
16	湖西路	莞沙路—横流南路	1200	16	19200

续表

序号	道路名称	线路起讫	现状		
			长度（米）	宽度（米）	面积（平方米）
17	环保中路	沙田大道—东引河	2300	21	48300
18	环保南路	丽海路—环保路	1500	32	48000
19	丽海路	环保中路—渡轮路	1500	35	52500

资料来源：沙田镇政府城建办公室。

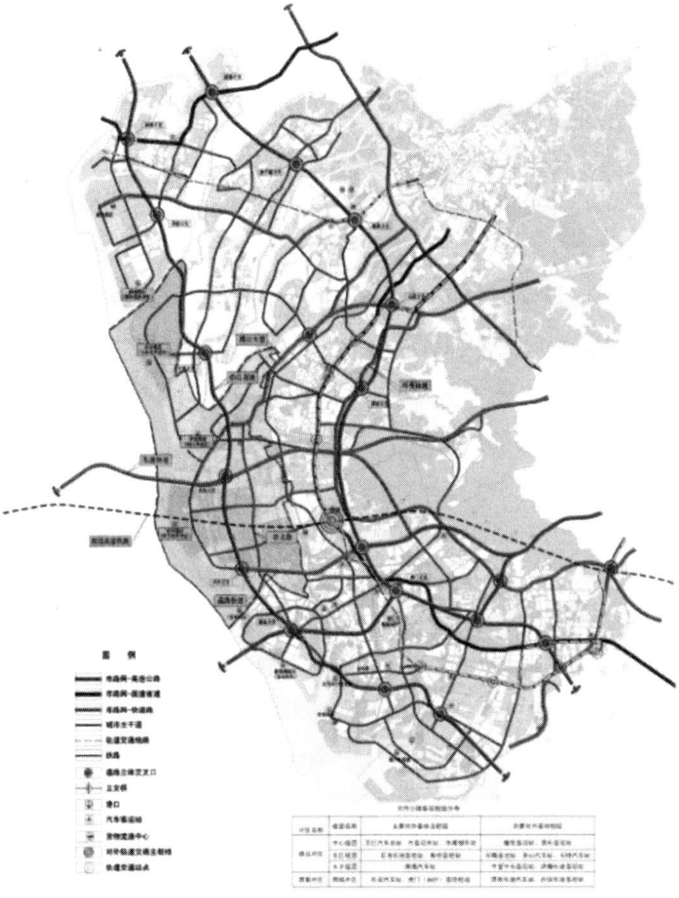

图6—3 沙田镇区域交通分析

图6—4　沿江高速、广深高速和沙田镇境内主次干道

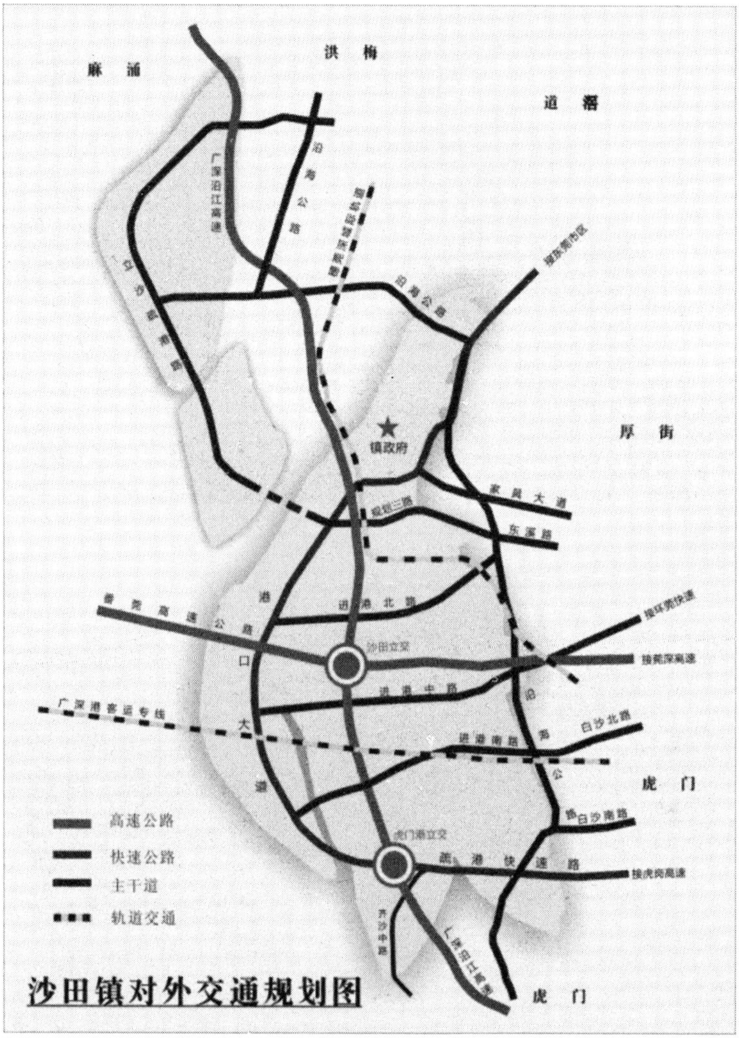

图 6—5　沙田镇对外交通规划

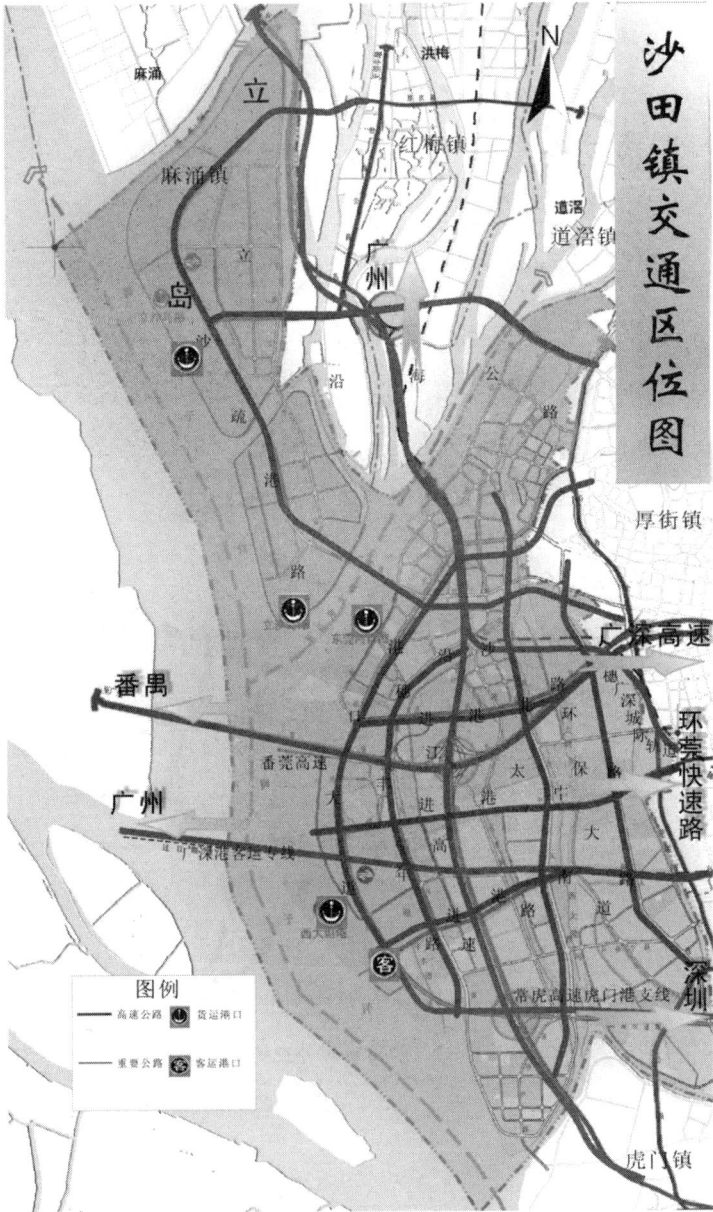

图6—6 沙田镇交通区位

第七章 商贸、服务业、金融业的发展与变化

新中国成立前在沙田境内的原有居民大都是家境窘迫的穷苦农民和佃户，所以，当地经济极不活跃，一直处于发展缓慢的自然农业状态，再加上地理环境偏远和交通不便，出门不是坐船就是步行，对外交流很少。当时，这里除了时有挑担子的游商光顾外，见不到任何像样的商业活动，可以毫无疑问地说，该区域历史上没有任何商业与贸易的痕迹存留。新中国成立后，当地农民在相当长的一段时间里也只是埋头耕作，生产出来的农副产品和饲养的禽畜除交售必要的上级规定任务外，其余都是留作家庭自用。这种低程度、少流动、缺变化的农耕经济限制和影响了当地商品流通和发展。这种现象一直延续到20世纪70年代末，也就是说，沙田改革开放前的商业与贸易长期几乎处于忽略不计的状态。

改革开放后，随着经济发展，沙田产业结构出现了明显调整与变化，其中，以商贸、金融为主要代表的第三产业呈现出从小到大、前慢后快的发展趋势（见图7—1）。尤其是进入21世纪后，第三产业不仅上升为沙田地方经济发展的支柱产业，并具有很大发展潜力和强劲增长态势（见表7—1）。

表7—1　　　　　　　　2000—2009年沙田镇第三产业增加值

单位：万元

年　份	第三产业增加值
2000	24911
2001	36153
2002	48673
2003	67387

续表

年　份	第三产业增加值
2004	94563
2005	114947
2006	143964
2007	179085
2008	233139
2009	241146

注：本表按当年价计算。第三产业：除第一、第二产业以外的其他各业。

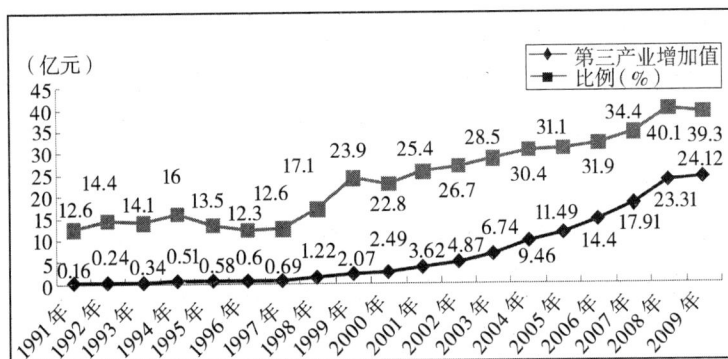

图 7—1　　1991—2009 年沙田第三产业增加值在地区生产总值中的比例

注：本图 1991—2003 年数据根据东莞市第一次全国经济普查结果重新核定。

其余各年份的数据引自《东莞统计年鉴（2010 年）》。

一　商贸、服务业与房地产业

20 世纪六七十年代"沙田公社"时期，沙田当地商贸活动主要集中在横流墟镇的一条小街道上，其代表性机构就是沙田供销合作社开办的几个门市部。而各生产大队也只有一间很小的供销社分店或合作商店的分店，负责供应一些副食、简单的生活用品和一些小型农具。

改革开放后，沙田第三产业随着当地经济发展，逐步成长和逐渐增加。1978 年后，因沙田至厚街、沙田至太平的公路相继通车，交通的便利促进了当地与外地交流，在经济因素增长的推动下，人们的商业意识逐渐加强，弃农就商，洗脚上田者与日俱增，沙田市场渐渐发展壮大起来。根据沙田镇志统计的数据，20世纪八九十年代，在沙田横流这个当时仅有两千多人的小墟镇中已出现了餐饮、旅馆、印刷、成衣等30多个行业，其中私人开办的两层楼房以上的酒店、酒家5间，发廊9间，此外，照相、镶牙等服务型小店铺也纷纷出现，种类逐渐繁多、一应俱全。

20世纪90年代中期，沙田地区的商业趋向兴旺，其中，横流地区已发展为各种业态相对比较全面的商业墟镇，肉菜市场和综合市场由原来一个发展到四个，镇域内农村的小卖部、大排档、桌球室等如雨后春笋一般涌现，有不少管理区开辟了商业市场，出现一片百业待兴的景象。

进入21世纪后，随着港口产业和地方经济不断发展，沙田常住人口大幅增加，居民购买力逐渐增强，这些有利于三产成长的变动因素相互促进与累积，成为了促使沙田商贸业发展的强劲推力，带动沙田镇商贸业快速发展，加快了商贸结构向现代化调整的步伐。此时，外部一批较大型商贸企业开始陆续进入，本地一些具备现代商贸流通业特征的企业也不断涌现，沙田的商业活动出现快速发展势头和兴旺发达景象。沙田地区社会消费品零售总额从2002年的34395万元，上升到2008年的79828万元；城乡集市贸易总额也从2002年的2.3亿元，上升到2008年的6.0亿元（见图7—2）。如果从2005—2009年沙田镇第三产业增加值及内部构成观察，可以很清楚地看到沙田商贸业在第三产业增加值中占据着相当大的份额（见表7—2）。

表7—2　　　2005—2009年沙田镇第三产业增加值及内部构成的部分数据

单位：万元

年　份	第三产业增加值总计	交通运输及仓储业	批发和零售业	住宿和餐饮业	金融业	房地产业
2005	114947	8683	43129	6984	4586	5342
2006	143964	11074	53973	8983	5565	4586

年　份	第三产业增加值总计	交通运输及仓储业	批发和零售业	住宿和餐饮业	金融业	房地产业
2007	179085	13853	63391	11973	6928	10539
2008	233139	17974	78384	15009	8601	13045
2009	241146	26987	41105	24611	16755	34188

注：本表按当年价计算。第三产业：除第一、第二产业以外的其他各业。

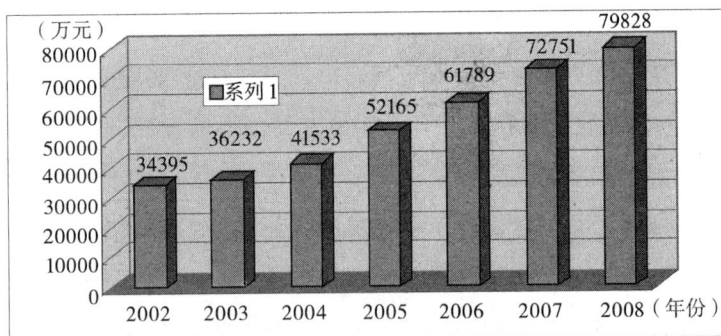

图7—2　2002—2008年沙田镇社会消费品零售总额增长情况

照片7—1　商业活动繁华的中心区

（一）商场、专卖店、集市贸易

改革开放初期，沙田境内商业活动很少，贸易量小，发展比较缓慢。比如，1976 年沙田地方政府曾经在振海东路建设了一个砖瓦结构的、仅有 140 平方米左右的小型交易市场，但当时很少有商家入驻，后来不得已于 2 年后（1978 年）将场地转给沙田供销社作为职工宿舍。80 年代初，沙田的市场贸易才开始起步，1981 年沙田工商所根据市场需要，在振海东路西侧建立了一个大约 180 平方米的简易市场，作为摆卖水果、蔬菜和肉类之用，效果较好。随后于 1982 年又在振海路边建了一个房顶是铁皮瓦、面积达 800 平方米的市场。这个市场的建立进一步聚拢了商气，活跃了当地贸易。以此时为始点，沙田集市贸易开始逐渐发展壮大起来。

随着改革开放步步深入，沙田经济得到进一步发展，人民生活水平提高，购买力增强，原有的市场规模开始不适应发展需要，为了解决群众购物拥挤的问题，1985 年沙田工商所又在横流涌泵泥填海，造地 4758 平方米，并投资 112 万元，建立了一个 7058 平方米的永久性混凝土结构两层楼房的市场和一个运输货物的码头。新市场设有批发和零售，有成衣、五金、副食、咸杂、饮食、水果、肉类、水产、蔬菜、修理、鸡鸭苗、粮食、三鸟、熟食等摊档，市场内空气清新、环境优美，地理位置上也具有水陆交通的优势，为群众购物提供了方便。当时，除沙田本镇的国营、集体单位和个体户在市场设档经营外，还有来自厚街、道滘、虎门各镇以及中山、番禺、高州、信宜、潮汕等各县市的个体户到沙田市场设档经营，从而促进了沙田的商品流通，繁荣了地方经济，活跃了当地市场。

1990 年以后，沙田经济得到较快发展，工厂增多，外来人口增加，原有的市场与日益兴旺的需求不相匹配。为了解决群众购物难的问题，一方面扩展了原来的沙田市场（即第一市场），另一方面在原来沙田出口收购站的地方开辟了第二市场（见表 7—3）。第二市场面积达 2500 平方米，有 100 多个摊档，主要经营水果、肉类和蔬菜等。1999 年，在中心区新建设了一个中心区肉菜市场，面积达 2000 平方米。2000 年，沙田镇府进一步开辟了一个综合市场（步步高综合市场），内有成衣、鞋业、小百货、水果、肉菜等摊档，和一个自选商场。市场门前的空地上，每当黄昏就有很多小贩摆卖熟食小炒，有不少人到这里就餐，呈现出一派繁荣景象（见表 7—4）。

2000 年以后，沙田的集市贸易伴随着当地的经济发展不断攀上新的台阶，尤其是近年来，各村委会为了方便群众购物，纷纷自己开辟商业市场，繁荣农村经济，现在各行政村基本上都有规模不等的市场，其中以沙太公路沿线行政村的市场建筑较好，规模较大，也比较繁荣（见表 7—5、表 7—6）。

根据统计，到 2007 年，沙田农贸市场已经发展到 18 家，营业面积达 24530 平方米以上（见表 7—7、表 7—8）。2008 年，沙田的主要农贸市场的面积将近 30000 平方米。此外，2008 年，沙田商贸中心以及 SPAR 超市、肯德基等全球知名商业企业也正式在沙田开业。沙田商贸服务业迈上新的台阶，已经进入快速发展阶段。

照片 7—2　2008 年肯德基正式在沙田开业，照片正前方"博文书城"招牌后面是沙田欧陆步行商业街

照片 7—3　沙田大道旁边的欧陆步行商业街

表 7—3　　　　　　1995—2000 年沙田镇集市贸易情况统计

	1995	1996	1997	1998	1999	2000
社会消费品零售总额（万元）	15600	16451	17109	17184	20032	21821
集市贸易成交额（万元）	4783	7340	7998	7910	8379	8814

资料来源：沙田镇志。

表 7—4　　　　　　2000 年沙田镇主要商场、集贸市场分布状况

名称	地址	营业面积（平方米）	经营主导商品
东莞市沙田供销社汇华商场	东莞市沙田镇横流大街	2800	销售：百货、五金、交电、针纺织品、钟表
东莞市糖酒集团美佳超市有限公司沙田分公司	东莞市沙田镇步步高市场	700	销售：食品、日用百货、家用电器、卷烟
东莞市沙田腾隆副食商店	东莞市沙田镇齐沙村金隆工业区齐兴综合楼	386	零售：日用百货、蔬菜、水果、食品

名称	地址	营业面积（平方米）	经营主导商品
东莞市沙田人人乐商场	东莞市沙田镇沙太一路	2783	零售：服装、百货、皮具、卷烟
东莞市沙田人和百货商场	东莞市沙田镇大坭满丰村步行街	2800	零售：百货、副食；卷烟；处方药、非处方药；中药材、中成药、中药饮片、生化药品、化学药制剂、抗生素制剂；通信器材、家用电器；化妆品
东莞市沙田金都百货有限公司	东莞市沙田镇民田村沙太路段	7000	销售：日用百货、服装、家用电器、移动电话
东莞市万隆贸易有限公司	东莞市沙田镇阇西村泗盛组阇西综合市场二楼	1500	零售：食品零售；销售：电器、百货、服装、皮具、通信器材、玩具、金银首饰
东莞市佳乐商贸有限公司	东莞市沙田镇西太隆市场侧王伟邦综合楼	3441	零售：糖，饮料，食品，卷烟，酒类；销售：服装、家用电器、通信器材、日用品（法律、行政法规及国务院决定禁止或者规定须取得许可证后方可经营的项目除外）
第二市场	横流社区	2500	
中心区市场	横流社区	2200	
步步高市场	横流社区	1000	
杨公洲市场	杨公洲村委会	550	
阇西市场	阇西村委会	1500	
鹤洲市场	杨公洲村委会	500	
民田市场	民田村委会	11000	
西太隆市场	西太隆村委会	1700	
大坭市场	大坭村委会	3006	
穗丰年市场	穗丰年村委会	2054	
齐沙市场	齐沙村委会	1800	

名称	地址	营业面积（平方米）	经营主导商品
东引市场	稔洲村委会	1000	
稔洲综合市场	稔洲村委会	3000	
桂轩洲市场	福禄沙村委会	1000	
恒福市场	稔洲村委会	1600	
保康市场	横流村委会	3461	
稔洲市场	稔洲村委会	2500	

资料来源：沙田镇政府经贸办公室。

表7—5　　2007年沙田镇专卖店统计（100平方米以上）

名称	地址	业态	经营面积（平方米）
新利雅时装店	大坭市场南沙田大道路边	专卖店	100
嘉伦光彩大药店	大坭市场南沙田大道路边	专卖店	100
新清服装店	阁西四盛	专卖店	100
豪酒酒业	横流南路101号	专卖店	100
和讯通信	横流南路11号	专卖店	100
茂光眼镜	横流南路242	专卖店	100
大地通信	横流南路25号	专卖店	100
广联通信	横流南路67号	专卖店	100
嘉伦光彩	横流南路80号	专卖店	100
沙田恩耀文具商店	齐沙金隆工业区	专卖店	100
中信通讯器材店	齐沙金隆工业区	专卖店	100
奇记五金	稔洲村禾上右路7号	专卖店	100
李发天副食店	稔洲村旧围	专卖店	100
志达五金店	稔洲村龙船州小组	专卖店	100
福记五金	西太隆明珠路	专卖店	100
信德堂	西太隆四围东路	专卖店	100
富发五金店	西太隆运河西路	专卖店	100

名称	地址	业态	经营面积（平方米）
陈榕江五金店	义沙村环保路	专卖店	100
华辉全电器商店	稔洲村恒福商铺 12—13 号	专卖店	108
国药医药有限公司	稔洲村恒福商铺 19—20 号	专卖店	108
宝城医药店	稔洲村恒福商铺 5—6 号	专卖店	108
力强文具	横流南路 37 号	专卖店	110
四航五金店	民田村沙田大道 23 号	专卖店	110
惠农农具	西太隆运河西路	专卖店	110
志兴五金电器店	阁西三盛	专卖店	120
东莞国药	稔洲村禾上右路 21 号	专卖店	120
杨瑞芝茶叶店	稔洲村金湾组	专卖店	120
向东副食店	稔洲村金湾组	专卖店	120
万客隆服装	西太隆大街	专卖店	120
诺佳手机店	西太隆大街	专卖店	120
新兴五金	西太隆明珠路	专卖店	120
锐兴五金店	西太隆运河西路	专卖店	120
常景船舶配件店	先锋村沿江路 12 号之一	专卖店	120
雄旺梁油店	杨公洲下学小组 200 号	专卖店	120
树波副食店	杨公洲学洲小组 320 号	专卖店	120
杨发五金	义沙村环保路	专卖店	120
鑫超五金店	义沙村天宅（环保路）	专卖店	120
南征五金店	福禄沙	专卖店	120
兴益五金店	福禄沙	专卖店	120
天心药店	福禄沙	专卖店	120
恒兵通信器材店	福禄沙	专卖店	120
水旺饮食店	福禄沙	专卖店	120
地愿水店	福禄沙	专卖店	120
易通电信	福禄沙	专卖店	120

续表

名称	地址	业态	经营面积 （平方米）
康乐药店	福禄沙	专卖店	120
裕昌五金	西太隆明珠路	专卖店	130
知己时尚商场	大圯村临海南路	专卖店	150
移诺通讯器材店	阁西四盛	专卖店	150
康升百店	稔洲村金湾组	专卖店	150
国乐药店	稔洲村金湾组	专卖店	150
风记副食店	稔洲村旧围	专卖店	150
隆锋副食店	稔洲村旧围	专卖店	150
天天记副食店	稔洲村旧围	专卖店	150
东莞国药	西太隆大街	专卖店	150
诚信鞋业	西太隆大街	专卖店	150
广盛五金电器店	义沙村茂隆组	专卖店	174
华声电器	横流南路108号	专卖店	180
豪发副食店	稔洲村禾上右路12	专卖店	200
佳惠服装店	稔洲环保城天科11—13号	专卖店	200
灵苑时装店	稔洲环保城天科16—20号	专卖店	200
鹏润通讯	西太隆大街	专卖店	200
中浩通讯器材店	稔洲村恒福商铺21—22号	专卖店	216
心连心鞋服店	阁西四盛	专卖店	250
本草药业连锁店	稔洲村龙船州小组	专卖店	250
华江五金店	福禄沙	专卖店	300
靓丽服装鞋业	稔洲环保城永发市场	专卖店	350
齐沙辉煌家具	齐沙金隆工业区	专卖店	1000

资料来源：沙田镇商业网点调研，引自《东莞市沙田镇2008—2020商业网点发展规划》。

表 7—6　　　　　　2002—2008 年沙田镇社会消费品零售总额概况

指标　　　　年份	2002	2003	2004	2005	2006	2007	2008
社会消费品零售总额（亿元）	3.4	3.6	4.2	5.2	6.2	7.3	7.9
同比增长（%）	12.0	5.3	14.6	25.6	18.5	17.5	10.0
城乡集市贸易总额（亿元）	2.3	2.5	3.0	3.8	4.6	5.4	6.0
同比增长（%）	12.0	7.2	20.4	25.4	21.3	18.4	12

资料来源：沙田统计办。

表 7—7　　　　　　　2007 年沙田镇主要肉菜市场情况统计

序号	市场名称	营业类型	地点	营业面积（平方米）
1	第一市场	海鲜、服装	横流	1500
2	第二市场	海鲜、服装	横流	2500
3	中心区市场	肉菜	横流	2000
4	步步高市场	蔬菜批发、服装	横流	1000
5	杨公洲市场	蔬菜批发、服装	杨公洲	550
6	鹤州市场	肉菜、服装	杨公洲	500
7	阁西市场	百货、饮食	阁西	1500
8	民田市场	肉菜	民田	2500
9	西太隆市场	肉菜、服装	西太隆	3000
10	大坭市场	肉菜、服装	大坭	800
11	穗丰年市场	肉菜、服装	穗丰年	2000
12	齐沙市场	肉菜、服装	齐沙	1200
13	东引市场	肉菜、服装	稔洲	680
14	稔洲农副产品市场	农副产品	稔洲	—
15	恒福市场	农副产品	稔洲	2200
16	保康市场	肉菜、服装	横流	2600
17	稔洲市场	肉菜、服装	稔洲	—
18	福禄沙桂轩州市场	肉菜、服装	福禄沙	—

资料来源：沙田经贸办（2007 年数据），引自《东莞市沙田镇农贸市场专项规划》（2007—2015）。

表 7—8　　　　　　　　2007 年沙田镇农贸市场状况统计

类别 村	市场名称	行政辖区 面积（平方 公里）	营业类型	营业面积 （平方米）	服务人口 （万人）	平方米/ 千人
横流村	第一市场	1.7	海鲜、服装	1500	1.1	872
	第二市场		海鲜、服装	2500		
	中心区市场		肉菜	2000		
	步步高市场		蔬菜批发、服装	1000		
	供销社市场		肉菜、服装	2600		
杨公洲村	杨公洲市场	—	蔬菜批发、服装	550	1.1	5
	鹤洲市场		肉菜、服装	500		
阇西	阇西市场	4.9	百货、饮食	1500	0.2	714
民田村	民田市场	5.7	肉菜	2500	1.4	178
西太隆村	西太隆市场	4.2	肉菜、服装	3000	1.0	300
大坭村	大坭市场	4.9	肉菜、服装	800	1.1	72
穗丰年村	穗丰年市场	6.0	肉菜、服装	2000	0.6	333
齐沙村	齐沙市场	4.0	肉菜、服装	1200	2.5	48
稔洲村	东引市场	—	肉菜、服装	680	2.6	110
	稔洲综合市场		农副产品	—		
	恒福市场		农副产品	2200		
	稔洲市场		肉菜、服装	—		
福禄沙村	福禄沙桂 轩洲市场	—	肉菜、服装	—	—	—

资料来源：沙田经贸办（2007 年数据），引自《东莞市沙田镇农贸市场专项规划》（2007—2015）。

（二）旅馆业

沙田旅馆业出现比较晚。从具有旅馆业业态经营形式的初始状态看，最早可追溯到沙田公社时期的公社招待所。沙田公社招待所于 20 世纪六七十年代设置，不对外开放，只接待上级到沙田工作的人员住宿，房间不多，每个房间有一两张双层床，设备比较简陋。因此，从严格意义上说沙田公社招待所不能算作旅馆。而最早出现的商业性质的旅馆是改革开放初期的沙田供销社旅店，沙田供销社旅店最初设在一个茶楼（沙田茶楼）的二楼，只有一些单床散铺和几个房间，设备简陋，主要是供应一些外地来打工的人作短暂居住。1988 年建成供销大楼后，将旅店搬至大楼的三四楼，有单人房 12 间、双人套房 8 间、4 人房 6 间、双人房 3 间，有服务员 4 人，可同时供 60 人住宿。20 世纪 90 年代中期又搬至供销社大楼对面二楼，有双人套房和单人房 10 多间，设备比较好，收费不高。

私人在沙田最早开办的旅店是"东风旅店"，于 1985 年开业，当时只有双人房 8 间、三人房 1 间、单人房 3 间。1989 年扩建为二层楼住宿并设有双人套房，房内设备较齐全，全店可同时供 40 人住宿。其他 80—90 年代在沙田出现的旅馆还有东湖酒店、海鲜酒家、沙中招待所、华泰旅店和恒福旅店。但是，这些当时的酒店、旅馆和旅店规模都不大，客房仅在十几间到二十几间房屋，客房最多的是 1999 年开业的恒福旅店，也只有 36 个房间。

进入 21 世纪后，随着沙田经济的快速发展，流动人口不断增加，旅馆业得到快速发展，尤其是出现了一些上规模、上档次的酒店。截至 2012 年的统计，沙田镇已有楼房 5 层以上、客房 100 套以上的大型酒店 5 家，其中，五星级和四星级的大酒店各 1 家，其余 3 家也都是汇集豪华客房、餐饮、休闲为一体的商务型酒店。五星级的世纪豪庭大酒店，占地面积 2 万多平方米，分为主楼与副楼通过空中走廊连接，总建筑面积达 5 万多平方米。酒店设有中、西、日、巴餐厅，客房，康体中心，水疗，夜总会，国际宴会厅，全球同声翻译国际会议厅，游泳池，网球场，贵族会所等配套设施，是沙田镇内的最高地标建筑，也是虎门港的重要服务配套项目。四星级的兆康大酒店，是一家集客房、餐饮、娱乐和休闲为一体的涉外豪华商务型酒店。酒店总营业面积 1 万平方米，共有各式高级豪华客房 200 余间，典雅舒适；中西餐厅格调高雅，荟萃各地精致美食，可容纳 1000 人就餐；健康中心设备一流，拥有先进的健身设施和器材。

照片7—4　五星级的世纪豪庭大酒店

照片7—5　四星级的兆康大酒店

（三）餐饮业

沙田的饮食业，原来较落后，在六七十年代只有沙田供销社属下的一间小食店，早上仅供应一些粉面类食品，中午也只有一些经济饭菜。改革开放后，随着地方经济的发展，工厂增多，外来人口不断增加，饮食业得到发展与壮大。在横流墟镇先后出现了沙苑酒家、莲香酒楼（后改为沙田渔港）、海鲜酒家、东湖酒店、西湖酒家等较大规模的餐厅，使得沙田饮食业渐渐繁荣起来。但是，90 年代中后期，因市场竞争激烈，再加上自身管理不善，一些酒店相继停业。2000 年只剩下沙田渔港和新开张的碧湖海鲜酒家继续经营。但与此同时，沙田镇西大坦村的海边逐渐兴起海鲜大排档。西大坦位于狮子洋东岸，这里的大排档是在海堤边搭起的别具一格的棚屋并在内进行经营，这种海鲜大排档自 90 年代中期开始出现以来，非常受食客欢迎。在这些大排档里不但能吃上新鲜美味的各种海鲜，而且可以饱览狮子洋风光，享受海风吹来的清爽。每当夏天黄昏时，来自镇内、厚街镇、虎门镇，甚至东莞市区的食客纷纷聚到此处品尝鲜美的海鲜，景象很是红火。

进入 21 世纪后，沙田的酒店餐饮业发展迅速，网点设施相对成熟，酒店餐饮业逐渐上升为沙田商贸业的重要部分（见表 7—9）。2009 年，沙田的餐饮业开始相对集中，其中，规模以上餐饮网点主要分布在新城中心区和沙田大道，且多为高档酒店，这里已形成沙田餐饮业的主要聚集地，为其城镇商业中心提供了良好的配套。另外，以西大坦海鲜长廊为龙头的海鲜餐饮业也经营得不错，有近 10 间海鲜大排档在运营中，海鲜种类多、价廉物美，突显了沙田海鲜饮食风味的独有特色，海鲜长廊成为一条东莞市闻名的食街和沙田镇的名片。现在，天天都能看到周边城镇的大量食客开车到沙田海鲜长廊品尝海鲜。

表 7—9　　2007 年沙田镇餐饮网点统计（营业面积 200 平方米以上）

序列	名称	地点	经营业态	营业面积（平方米）
1	鼎尚天怡酒店	中心区	酒店	20000
2	嘉福海港酒店	新城中心区	酒店	1400
3	恒安酒店	新城中心区	酒店	1000
4	新城酒店	新城中心区	酒店	1500
5	耀豪酒店	新城中心区	酒店	1000
6	湘聚源	新城中心区	餐饮	300
7	蜀味风	沙田大道	餐饮	200
8	白天鹅饺子馆	沙田大道	餐饮	300

序列	名称	地点	经营业态	营业面积（平方米）
9	御湘阁	沙田大道	餐饮	200
10	天母蓝鸟咖啡	中心区	餐饮	300
11	海鲜长廊	/	餐饮	/

资料来源：沙田镇商业网点布局规划调研。

照片7—6　2006年西大坦海鲜长廊

照片7—7　夜幕降临的西大坦海鲜长廊

照片 7—8　西大坦海鲜长廊一角

（四）房地产业

沙田镇有优越的地理位置、十分便捷的交通网络、独特的水文化环境和较为充足的土地资源储备，这些都为沙田镇的房地产开发提供了先天条件。21 世纪以来，沙田的房地产业得到快速发展。从 2003 年开始，粤港花园二期工程、庄士花园、东沙港、广场花园别墅小区等房地产项目先后启动，其中，东沙港、粤港花园、庄士花园等一批民营投资的房地产项目取得了较好的经济效益和社会效益。这些现代化的住宅小区不仅为沙田城市建设增加了一些亮丽色彩，也在相当程度上提高了沙田人民的生活质量，带动了地方经济发展。例如，民营房地产商开发的东港城、粤港花园"活力粤港新天地"、庄士花园"海上海"、利澳花园二期等项目，都配套建设了相当规模（江畔花园、湖景花园、源盛花园等）的园林绿化设施，在推广现代生活理念、改善居住环境上，起到了引领和示范作用。

2008 年以后，房地产业对沙田镇经济发展的支撑作用越来越明显。2008 年全镇房地产开发投资总额达 32429 万元，增加值 13045 万元，比 2007 年增长 23.8%，增加值占第三产业增加值的 5.6%，对全镇经济增长的贡献率为 4.1%（见表 7—10）。2009 年，全镇房地产增加值进一步快速拉升到 34188 万元，比 2008 年增长 162.08%，增加值已占第三产业增加值的 14.18%（见表 7—11）。

表 7—10　　　　　　　　　　2008 年沙田镇房地产业

	年实际值
房地产开发投资总额（亿元）	3.24
房地产增加值（亿元）	1.30
房地产增加值占第三产业增加值的比重（%）	5.6
房地产对全镇经济增长的贡献率（%）	4.1

资料来源：经济所学者做的《沙田产业规划》。

表 7—11　2005—2009 年沙田镇第三产业增加值中内部各部门数据所占比例

单位：%

年份	第三产业增加值总计	五项合计	交通运输及仓储业	批发和零售业	住宿和餐饮业	金融业	房地产业
2005	100	59.78	7.55	37.52	6.07	3.99	4.65
2006	100	58.47	7.69	37.49	6.24	3.87	3.18
2007	100	59.58	7.74	35.40	6.69	3.87	5.88
2008	100	57.07	7.71	33.62	6.44	3.70	5.60
2009	100	59.58	11.19	17.05	10.21	6.95	14.18

注：本表按当年价计算。第三产业：除第一、第二产业以外的其他各业。

二　金融业

新中国成立前，沙田的经济十分萧条，当地只有落后的农业，没有商业和工业，故在新中国成立前，沙田地区没有一家钱庄、银行之类的金融机构。新中国成立后，沙田经济逐步发展，由单一的农业经济向多种经济发展，金融机构也相继成立。1978 年中共十一届三中全会后，

照片7—9　沙田狮子洋边的商业地产

照片7—10　中心区的商品房

改革开放政策促进了沙田镇工、农、商各行各业的蓬勃发展，市场兴旺，经济繁荣，人民生活水平显著提高，金融行业迅速发展，业务增

照片7—11 2007年航拍中的沙田成规模开发的商业房产

照片7—12 商业地产"东港城"一角

多，银行的各种存款、贷款逐年扩大。1980年私人存款仅有148万元，2000年全镇各种存款已上升为10.56亿元。由于沙田存款和贷款的业务迅速扩大，因而除农业银行沙田办事处和沙田农村信用合作社外，还相继成立了中国建设银行东莞分行沙田办事处、中国工商银行东莞市分行沙田分理处等。为了扩大业务范围，方便群众，各银行开通了通存通

照片7—13　商业地产"东港城"一角，后面是还没有完工的酒店

照片7—14　商业地产"东港城"一角

兑、联网收付款、代发工资、代收电话费等业务，使存款余额逐年大幅度增加。

　　进入21世纪后，沙田的存款余额得到了快速增长（见表7—12、表7—13）。2003年，全镇各项存款余额16.14亿元，同比增长39.69%，其中城乡居民储蓄存款余额达10.18亿元，同比增长

照片 7—15　2006 年沙田的街景

28.92%。从 2003 年以来全镇各项存款余额的进一步变化看，2003—2009 年的 6 年间，全镇各项存款余额从 16.14 亿元上升到 47.30 亿元，年均增长 19.63%。其中城乡居民储蓄存款余额 2009 年达 30.15 亿元，年均增长 19.84%。在增长速度上居民储蓄存款余额略微快一点。从各个金融机构吸收的存款余额数量看，东莞农村商业银行沙田支行（农村信用合作社）最多，2009 年各项存款余额达到了 20.01 亿元，占到全镇总数的 42.31%，几乎超过处于第二位的工商银行 1 倍。2004 年以前，农村信用合作社和工商银行这两个金融机构的存款余额差距不大，农村信用合作社存款余额的快速增长发生在 2004 年以后。2004 年后的 5 年中，农村信用合作社的存款得到快速增加。其原因是多种因素造成的，包括各金融机构的发展重点调整、网点增减等。

　　沙田地区贷款余额虽然也增长比较快，但是，与存款余额相比，还是有比较大的差距。在 4 个金融机构中，仅有工商行的贷款余额大于存款余额，其他 3 家都是存款余额大于贷款余额。从总体上看，沙田镇还只是一个金融机构吸收存款输出资金的地区。

表 7—12　　　2001—2009 年沙田金融机构的各项存款余额变化

单位：万元

年份	农村信用社	农业银行	建设银行	工商行	总计
2001	24272		16615		
2002	46045	15708	16723		
2003	57523	28765	18879	56208	161375
2004	67865	43659	18142	67494	197160
2005	84460	59764	19250	73167	236641
2006	113978	78373	17482	86506	296339
2007	143195	86858	19685	106335	356073
2008	176086	100995	22826	122333	422240
2009	200107	116201	39711	116996	473015

资料来源：沙田党政办公室。

表 7—13　　　2001—2009 年沙田金融机构的居民存款余额变化

单位：万元

年份	农村信用社	农业银行	建设银行	工商行	总计
2001	17977		13069		
2002	37278	9174	12913		
2003	45423	16726	13152	26479	101780
2004	51675	22665	12619	34788	121747
2005	62897	32059	13765	41277	149998
2006	81589	44760	13888	47570	187807
2007	98189	47607	14967	52430	213193
2008	125362	68645	17293	60772	272072
2009	139469	80139	22172	59705	301485

资料来源：沙田党政办公室。

（一）东莞农村商业银行沙田支行（沙田镇农村信用合作社）

沙田农村信用合作社是沙田镇规模最大和存在时间最长的金融机构。最初成立于 1953 年，当时最早成立的是新沙和穗丰年乡的信用合作社，1954 年沙田下属各乡相继成立了信用合作社。1961 年随着沙田人民公社的成立，又成立了沙田信用联社，联社当初只有 4 人，当年私人存款结余只有 15.2 万元。由于 1964 年农行沙田营业所成立，沙田信用社和农行沙田营业所一起办公，一套班子两个机构，信用社和农行营业所账目分开结算。1988 年职工人数发展到 51 人，私人存款已达到 2618 万元，贷款达到 2140 万元（见表 7—14）。1996 年年底，沙田农村信用社和农行沙田营业所分家，脱离隶属关系，沙田农村信用社搬至横流大街新办公大楼办公，2000 年各项存款余额达 3.8 亿元，贷款余额达 2.4 亿元。2004 年各项存款余额上升到 6.8 亿元，贷款余额达 4.0 亿元。2009 年各项存款余额进一步达到 20.0 亿元，贷款余额达 3.1 亿元。沙田农村信用社贷款余额最多的时候是在 2005 年，达到 4.7 亿元；存款余额最多的时候是在 2009 年，达到 20.0 亿元。2000 年到 2009 年的 10 年间，存款余额增加了 423.10%，年均增长 20.19%（见表 7—15）。

2009 年 12 月 23 日，东莞农村信用社转型，改制为"东莞农村商业银行"，沙田农村信用社也同时改制为东莞农商行沙田支行。

表 7—14　　　　　　沙田信用社 1960—1989 年存贷款情况

年份	私人存款（万元）	贷款（万元）		年份	私人存款（万元）	贷款（万元）	
		集体	社员			集体	社员
1960	11.5			1975	74.2	5.7	14.5
1961	15.2	2	1.8	1976	63.	16.3	17.6
1962	21	1.3	2.2	1977	68.4	25.7	16.3
1963	32.8	1.7	2.3	15.5	1978	79.8	35.9
1964	27.8	1.6	2.9	1979	107	29	11.7
1965	29.2	2.8	4.2	1980	148	73.7	21.8
1966	24.1	1.1	4.5	1981	230	75.9	29.4
1967	25.2	1.4	6.6	1982	325	94	36
1968	36.3	2	9.7	1983	436	304	89.9
1969	38.3	0.3	13.8	1984	732	825.3	142.1
1970	25.7			1985	1226	880	838
1971	24.1	9.2	26.2	1986	1802	129	996
1972	29.9	10.01	26.7	1987	2532	185	1766
1973	37.6	2.8	23.1	1988	2618	275	1865
1974	68.3	3.7	16.3	1989	3672	444	2864

资料来源：沙田党政办公室。

表7—15　　　　　沙田农村信用社 1997—2009 年存（贷）款情况

年份	职工人数	营业网点（个）	存款		贷款余额（万元）
			各项存款余额（万元）	居民存款余额（万元）	
1997	78	20	27251	24221	17366
1998	77	20	32890	28493	18753
1999	79	20	39008	33237	22133
2000	81	19	38254	30536	24103
2001	81	19	24272	17977	20943
2002	83	19	46045	37278	27246
2003	86	16	57523	45423	30768
2004	86	16	67865	51675	39985
2005	87	15	84460	62897	47437
2006	87	15	113978	81589	40323
2007	86	15	143195	98189	31068
2008	87	12	176086	125362	30616
2009	89	12	200107	139469	30793

资料来源：农商行沙田支行。

（二）中国农业银行东莞支行沙田办事处

农行沙田办事处的前身是农行沙田营业所，成立于1964年，当时共有职工4人。1975年，营业所的职工发展到8人。营业所以现金出纳、信贷结算为中心，并开展信贷储蓄业务，对扶持当时沙田国营企业和乡镇企业的发展方面起到一定的促进作用。1990年由营业所升格为沙田办事处，贷款余额 2019 万元，存款余额达 264 万元。1996年农行沙田办事处跟沙田信用社分家，以后几年开通了代发工资、代收电话费，开拓了金穗卡、储蓄卡等业务，并开通了全省的通存通兑业务。由于开设了多种方便群众的业务，所以2000年职工人数增加到20人，存款余额达到 14718 万元，贷款余额达到 9015 万元。2000年以后，农行沙田办事处的营业网点虽然没有增加，职工人数却逐年增多，从 2002 年的 21 人，增加到 2009 年的 34 人，增长了 61.90%。同时，储蓄存款余额也从 2002 年的 9174 万元，增加到 2009 年的 80139 万元，增长了 773.54%（见表 7—16）。

表 7—16　　　　　1990—2009 年沙田农行办事处各项指标统计

单位：人、个、万元

年份	职工人数	网点个数	贷款余额	存款余额	储蓄存款余额
1990	8	1	2019	264	34
1991	8	1	2604	248	42
1992	8	1	2736	1179	56
1993	8	1	2735	1244	60
1994	10	1	2851	1057	63
1995	10	2	2875	4366	2357
1996	19	2	2878	6273	2404
1997	20	2	3243	7257	2446
1998	20	2	3919	8456	4861
1999	20	2	8250	12727	14718
2000	20	2	9018	14718	6491
2001		2			
2002	21			15708	9174
2003	23	2	9773	28765	16726
2004	23	2	8428	43659	22665
2005	26	2	8073	59764	32059
2006	28	2	13483	78373	44760
2007	30	2	21731	86858	47607
2008	32	2	23811	100995	68645
2009	34	2	16581	116201	80139

资料来源：农行沙田支行。

（三）　中国建设银行东莞市分行沙田办事处

建行沙田办事处成立于 1989 年 10 月 28 日，办事处设在沙太一路，当时只有一个营业网点。1990 年在横流大街增设一个营业网点，1994 年办事处迁至横流大街新办公大楼，职工增至 30 人，共有三个营业网点，各项存款余额达 3563 万元，贷款余额达 1657 万元。由于改革开放深入发展，沙田的工、农、商等各业繁荣，人民生活水平提高，建行沙田办事处实行了多项便民服务，因而从开办到现在存款余额和贷款余额逐年提高。

2000 年后，建行调整了发展方向和重点，建行沙田办事处的营业网点从 3 个减少到 1 个，职工人数从 2000 年的 34 人，减少到 2009 年的 13 人，呈现出业务萎缩的状态。虽然存款余额有所增加，2009 年与 2000 年相比，存款余额增加了 168.93%；但是贷款余额快速减少，从 2000 年的 8282 万元，缩减到 2009 年的 73 万元（见表 7—17）。建行在沙田的功能，已经转变为一个仅仅在当地吸储的金融机构。

表 7—17　　　　　　1994—2009 年沙田建行办事处各项指标统计

单位：人、个、万元

年份	职工人数	网点个数	存款		贷款余额
			各项存款余额	其中：居民存款余额	
1994	30	3	3363	2373	1657
1995	30	3	5483	3955	1815
1996	30	3	9667	6208	1884
1997	31	3	9667	6208	1862
1998	26	3	14855	7881	2064
1999	33	3	19445	9621	2735
2000	34	3	14766	11237	8282
2001	33	3	16615	13069	539
2002	12	1	16723	12913	339

年份	职工人数	网点个数	存款		贷款余额
			各项存款余额	其中：居民存款余额	
2003	12	1	18879	13152	268
2004	12	1	18142	12619	206
2005	11	1	19250	13765	142
2006	12	1	17482	13888	116
2007	12	1	19685	14967	106
2008	12	1	22826	17293	83
2009	13	1	39711	22172	73

资料来源：建行沙田办事处。

（四）中国工商银行东莞分行沙田办事处

工商行沙田办事处成立于1993年，办公地点设在振海路银海大厦内，成立初期职工人数有15人，营业网点一个，各项存款余额只有871万元，贷款余额有715万元。随着经济的发展，人民生活水平的提高，经工商行沙田办事处职工的努力，并推出牡丹卡柜员机，方便群众提款，增设营业网点，使办事处业务大增。1994年各项存款余额增至4328万元，贷款余额为2333万元。1999年开通了全国143个大城市通存通兑业务后，存款和贷款业务更提高一步，至2000年存款余额达36270万元，贷款余额达9912万元，从开办到2000年，存款余额和贷款余额逐年都有较大的上升，对支持沙田各行各业的快速发展起到了积极的作用。

2000年后，工商行沙田办事处的营业网点减少了1个，职工人数与1997年相当，总体上没有大的变化。但是，存贷款余额有了明显的增长。2009年与2000年相比，其中，各项存款余额增加了222.57%；贷款余额增长了900.01%（见表7—18）。

表 7—18　　　　　　1993—2009 年工商行沙田办事处存款和贷款情况统计

年份	职工人数	营业网点（个）	存款		贷款余额（万元）
			各项存款余额（万元）	居民存款余额（万元）	
1993	15	1	871	312	715
1994	20	2	4328	2011	2333
1995	22	2	6752	3583	3693
1996	32	3	11915	6381	4943
1997	32	3	16358	8137	6735
1998	31	3	21250	11494	7091
1999	23	3	27702	15464	8833
2000	23	3	36270	18343	9911
2001		2			
2002		2			
2003		2	56208	26479	36915
2004		2	67494	34788	44322
2005		2	73167	41277	48195
2006	30	2	86506	47570	51233
2007	31	2	106335	52430	57588
2008	32	2	122333	60772	54464
2009	32	2	116996	59705	99121

资料来源：工商行沙田办事处。

三　沙田商业的所有制形式

（一）国有商业

沙田的国有商业很少。新中国成立后直到 20 世纪末只出现过 3 家国有商业企业。分别为："东莞食品公司沙田分公司""东莞市粮油食品出口公司沙田出口收购站"和"沙田医药公司"。这三个国有的商业企业，一个是为了当时的农产品出口任务，主要的是本地的香蕉；另一个是为了执行国家的统购统销政策；只有医药公司是为了满足当地人们的日常治病需求的。

这其中，东莞食品公司沙田分公司的历史最长，最初是1953年在沙田泗沙成立的一个食品小组，隶属于虎门。1961年成立沙田人民公社后，食品小组于1962年迁至勒仔围地塘，并成立食品站。1964年将食品站迁到横流墟镇，并在和安、穗丰年两地分别设立分站。1972年又在金和尾增设一个分站。这时沙田食品站共有职工18人，总站屠场有3000多平方米，办公楼、仓库等建筑面积1000多平方米。1989年沙田食品站迁至杨公洲四洲村，并升格为沙田食品公司，1998年搬迁到大坭，占地面积8600多平方米，建筑面积为300多平方米，投资250多万元。1998年10月跟沙田镇府合办新港食品发展有限公司。

东莞食品公司沙田分公司的主要业务是执行国家的统购统销政策。新中国成立以后，由于国家推行计划经济政策，对生猪和"三鸟"、蛋类等实行统购统销。据1961年统计，该年国家给沙田公社下达生猪派购任务为950头，结果当年收购生猪1173头，多收购223头，超额23%；国家下达"三鸟"的派购任务为27995只，结果当年收购38476只，多收购10481只，超额37%；国家下达鲜蛋派购任务214担，结果当时收购283担，多收69担，超额32%。

1985年国家取消生猪、"三鸟"派购任务，农民饲养的生猪和"三鸟"数量大为减少，而且可以自宰自销，屠宰出现"多刀制"，使公司收购出现极大困难。下面分站有时一天只能宰杀一头猪，"三鸟"、蛋类已没有收购。为了保证猪肉的正常供应，食品公司组织人力到湖南省等地购进生猪，从而保证市场的需要。1995年，实行屠宰"一把刀制"，以利检疫、税收，保证人民吃上放心肉，统一由食品公司屠宰场屠宰生猪。

1985年，取消生猪派购任务之后，居民取消牌价供应猪肉，由地方财政每年每人补贴8元差价，1987年开始改为每年每人10元补贴，直至1998年以后取消肉价补贴。

东莞市粮油食品出口公司沙田出口收购站成立于1964年，设在横流墟。当时，隶属于麻涌香蕉出口站，有工作人员30人（其中临时工十多人），主要以收购香蕉销往苏联，年出口总量约为40万美元。

在70年代中期，沙田出口站脱离麻涌出口站管辖，直属东莞县（市）食品进出口公司管辖，仍以收购香蕉为主，除销往苏联外，还销往香港等地。由于改革开放以后，私人蕉站纷纷成立，大量收购香蕉北运，使出口站收购量大大减少。至1983年出口香蕉只有15万美元。1985年出口站除继续收购香蕉出口外，主要从东莞、中山、番禺等地大量收购莲藕、大薯、粉葛等块根类果菜，经太平洋远销中国香港、加拿大、美国、日本、法国等国家和地区。1989年出口额上升到47万美元。90年代以后不再出口香蕉，只出口块根类蔬菜，平均每年出口800吨左右。至1999年因外商改变了条件，由原来先结账后出口，改为先出口后结账，使出口站受到亏损而暂停出口。到90年代末期，出口站原有职工18人，已有7人退休、3人下岗，在职职工只有8人。

沙田医药公司（沙田国营药材商店）是1977年6月成立的，当时职工有14人，经营中西药材的批发和零售。零售店只有一间，设在横流大街医院旁边。批发部一直为沙田各管理区医疗站供应中西成药。1989年沙田国营药材商店升格为东莞市沙田医药公司，为了方便群众、扩大经营，除原来一间零售店之外，在横流市场、民田、齐沙、稳洲等管理区新开药品零售商店各一间，至2000年已有零售商店6间，职工共51人，营业额不断上升。1995年总营业额有138万元，1996年为176万元，1997年为205万元，1998年为231万元，1999年为299万元，至2000年总营业额达到365万元。

（二）集体商业

集体商业更少，仅有供销合作社一家。沙田供销社是1962年5月由厚街、麻涌两个供销社分出而成立的。当时有职工38人，在1970年和1983年先后两次扩股，1983年供销社职工达146人。

沙田供销社成立初期，在厚街鳌台分得仓库一间，作为副食、生产资料和百货的调拨批发之用，靠一艘5吨水泥船和两艘小艇作为运输工具，将商品运到各供应站。1962 年在原有 6 个供应站的基础上新建和安、西大坦和杨公洲 3 个站，以后陆续搬到横流建了肥料、农药、副食、土产、针织、百货等 8 间茅棚仓库，共 1100 平方米。

1962 年，全供销社总销售额为 138 万元，利润 9000 元，固定资产 1.2 万元，当时政策亏损的商品有农具、木材和钢材，总亏损达 62752 元。

1977 年建日杂门店 1 间，农资门店 2 间，副食门店 1 间，百货门店 1 间，五金门店 1 间，还有生资副食、百货、调拨批发组，土产收购站。1977 年总销售额为 429.68 万元，利润 4788 元，人均销售额 34091 元，毛利 41 万元，固定资产为 31 万元。

1986 年全供销社共有日杂、农资、五金、百货、图化、副食、综合、旅店、茶楼 9 个门市部，有生产资料、五金、百货、日杂、土产 5 个批发部，两个土产废品收购站。此外，还兴建了日产 30 吨的复合肥厂，1 间 3 层半 2000 多平方米的商业大楼。从 1984 年至 1987 年每年建一座 3~5 层的大楼，总面积达 5750 平方米，底层全部作门市或仓库，全供销社现有仓库 29 座，共 5250 平方米。大小机动船 8 艘，共 81 吨，人货车一部，手扶拖拉机三台，固定资产 89 万元，职工 145 人，购进实绩 708 万元，总销售额 1032 万元，人均销售达 10 万元。

沙田供销社长期以来以服务"三农"为宗旨，非常重视做好农业生产资料的组织和供应工作，讲求保质、保量，坚持送货上门，做好售后服务和技术指导，深受农民好评。

20 世纪 90 年代以后，随着改革开放的深入发展，私营和个体商户兴起，商业市场的竞争日益增强，为求得生存和发展，十年来针对市场形势的变化，结合企业本身的实际情况，继续深化体制改革，强化经营管理，重点抓好转制工作。在 1997 年、1998 年两年中，推行建材部和旅业部转制，充分体现了企业得益，个人多得，权、债分明的效果。2000 年把效益较差的四个购销站——燃化部、土产部、生资部、农药部等推行企有私营模式。通过实践，购销两旺，效益不断提高。十年来，沙田供销社注重商业网点的建设，积极办好汇华商场，使汇华商场成为沙田的购物中心。自 1997 年以来，根据本地区商业发展情况和市场需求的变化，在巩固好老区零售阵地的同时，先后在齐沙、东引、横流、西大坦等地方办起4间连销分店，大大地方便了群众购物，得到社会群众的好评。优质的服务、良好的信誉，使供销社多次被省市消费者委员会定为"消费者信得过企业"。在2000年总销售额1494万元，比1999年增加94万元，增长6.7%。

（三）民营及个体商业

改革开放以来，民营及个体商业是支撑沙田商业发展的主力军。

改革开放前，沙田的民营企业及个体商业无论是数量还是档次，均长期处于落后状态，沙田人世代从事农业。至20世纪70年代只有个别摆卖咸酸杂食的小摊档，以及一些串街走巷的从事理发、补锅和修理简单农具的木工等个体手工业，但他们都是自发的，既没有登记注册，也没有纳税。直至1977年到工商所登记注册的个体户只有3户，从业人员3人。

80年代以后，随着改革开放逐步深入，工农业迅猛发展，人民生活水平大大提高，购买力增强，许多农民洗脚上田，从事各种各样的商业活动，使沙田的个体商业和民营经济从无到有、从个体工商户单一经济为主到个体、私营、混合经济多元并举，不断发展壮大。其中比较突出的是从事香蕉水果北运，由几人或十多人的以合股形式组成运销公司，每家公司资金由四五万元至几十万元不等，按当地时价收购香蕉、柑橘等水果，一般收到一万斤左右便组织运到北方各省市，终点站设有销售点，有专人长住那里接货销售出去，这些大大小小的公司最高峰时全镇共有70多家。

1990年以来，民营企业、个体商业有更进一步发展，一方面本地农民更多洗脚上田到市镇经商，或在本村或在家门口办个体商户；另一方面也吸引了不少外地人到沙田开店经商。目前，横流街市以及各村的市场大多是私营和个体户经营，形成了镇级、村级、村小组级、联户、个体"五个轮子"一齐转的局面。至2000年全镇有民营和个体工商户1600多家，在农村产业结构中异军突起，迅速壮大。

民营企业、个体商业，不但数量多，分布广，而且所经营的行业也非常广泛。按行业划分可分为饮食、建筑、制造、生产性修理、粮油、食品、水产、肉食、蔬菜、干鲜果品、服装、图书、废品收购、旅业、美容美发、摄影、家电修理、家用电器、通信器材、百货、咸杂、钟表修理、摩托车、自行车修理等行业。这些行业，既大大地方便了群众，又活跃了市场经济。2000 年全镇私营及个体零售总额为 21821 万元，比 1995 年增加 4.0 倍（见表 7—19）。

表 7—19 　　　　沙田镇集市贸易中私营及个体经济情况统计

	1995	1996	1997	1998	1999	2000
社会消费品零售总额（万元）	15600	16451	17109	17184	20032	21821
其中私营及个体经济（万元）	3553	9313	10538	9569	10881	12647
私营及个体业人数（人）	1326	1393	1461	2357	2614	2830

资料来源：《沙田镇志》。

2004 年，民营经济成分逐步扩大，出现了东沙港、粤港花园、庄士花园房地产等一批较好的民营项目。（《东莞年鉴》）

2005 年，沙田镇民营经济总量持续壮大，出现一批较好的民营项目，如创建十里海鲜长廊特色饮食街，开发东港城、粤港花园"活力粤港新天地"、庄士花园"海上海"、利澳花园二期，规划出江畔花园、湖景花园、源盛花园等，全力支持五星级的福华大酒店和四星级的兆康酒店的兴建。（《东莞年鉴》）

总体上看，近些年沙田镇商贸服务业发展势头较好。全镇批零企业（不含个体）从 2001 年的 130 家增加到 2008 年的 319 家，餐饮企业从 5 家增加到 10 家，物流企业从 19 家增加到 43 家。新兴服务业逐渐引入和发展。一些现代服务业态也逐渐发展起来，如中介服务企业从 2001 年的 1 家增加到 2008 年的 12 家，咨询企业从 49 家增加到 110 家。服务业对全镇经济贡献度稳步提高，第三产业增加值占 GDP 的比重从 2004 年的 30.4% 上升到 2008 年的 40.1%。

同时，还应该看到，全镇商贸服务业发展总体上比较薄弱和滞后。镇区经济总量中服务业占比到 2008 年依然低于全省平均 42.9%、全市平均 46.9% 的水平；而且服务业结构不尽合理，传统服务业占据主要地位，新型服务行业少、小、散、慢、低、差现象比较突出，如商店、购物中心、连锁店、品牌店等规模小、分散，商务设施不足、一些新型服务业态尚处于空白或萌芽状态，缺乏有影响力的服务龙头企业和叫得响的服务品牌。

第八章　城市化进程及基础设施建设

自 20 世纪 60 年代以来，沙田镇从一个相对封闭、居住分散、比较落后的农村地区，经过几个发展阶段跃进，迅速转变成为一个具有相当活力的现代化城镇，其变动过程与成果给人的印象深刻并具有一定启迪意义。沙田城市化发展的特点表现为，时间短、跨度大、效果显著。沙田城镇建设的起始时间应追溯到 1961 年，该年 7 月，沙田人民公社成立，社址设在横流水闸北侧，而横流当时是一片人迹稀少、无人居住的荒滩。以此时点始，公社所在地横流为聚集点的市镇建设开始起步。从此以后，沙田逐年在横流建路、建桥，改善居住环境，人流与物流渐渐增多，逐步发展成圩镇，出现了沙田历史上的第一个商业聚集街。1978 年改革开放后，沙田市镇建设得到迅速发展。尤其是进入 21 世纪以来，桥路成网，新村、花园、新工业区林立，街道绿化、美化、净化，环境不断改善。一个新兴的现代化城市（城镇）初具雏形，拔地而起。

一　城市规模扩大和城市管理功能健全

从统计数据看，1999 年沙田的建设用地达到 9.73 平方公里，城镇建设在规模上已具有一定体量。2005 年沙田镇建设用地规模进一步扩大到 18.28 平方公里，占规划区比例为 17.06%，比 1999 年建设用地增长 87.87%；在这短短的 6 年间，每年以近 2 平方公里的速度扩大城镇建设，年均增长速度达到 13.44%，城市化建设速度确实比较迅速。

2008 年年底，第二次全国经济普查数据显示，沙田镇建设用地进一步上升到 26.48 平方公里。其中，城镇建成区的面积达到 7.92 平方公里（见表 8—1）。此时，沙田已初具小城市雏形和规模体态。根据沙田今后的发展规划，城市化进程仍处在快速增长期。到 2020 年，沙田非农建设用地将达到近 55 平方公里（54.92 平方公里），占到全镇域总面积的 50% 以上（见表 8—2）。

表 8—1　　　　　　　　　　　镇域土地利用构成现状

序号	类别名称		面积（公顷）	占总用地比例（%）
1	镇域总用地		7879.78	100.00
2	其中	城镇建设用地	1107.42	14.05
		镇建成区	792.2	10.05
		环保工业园		
3	村庄建设用地		1540.79	19.55
4	其中	农业生产用地	1152.1	14.62
		耕地菜地园地	943.73	11.98
		基本农田保护用地	1143.92	14.52
5	其中	水域和其他用地	4079.47	51.77
		水域	3754.59	47.65
		山体		
		其他用地	312.57	3.97

资料来源：沙田镇国土分局（注：二调数据）。

表 8—2　　　　　　　　2020 年沙田镇建设分类用地预测指标

用地类别及名称		用地（公顷）
非农建设用地		5492.49
其中	居住用地	785.20
	公共设施用地	379.19
	工业用地	1343.73
	仓储用地	1159.42
	对外交通用地	163.69
	道路广场用地	897.28
	市政设施用地	124.08
	绿地	639.90

续表

用地类别及名称	用地（公顷）
城镇控制发展用地	655.88
区域重大交通设施	297.52
水域及其他用地	4260.51
城镇总体规划用地	10706.41

资料来源：《东莞市沙田镇总体规划（2009）》。

照片 8—1　沙田的城市中心区

在城市化过程中，沙田城市管理功能也在逐步健全。就其进程看，1978 年后，市镇建设和管理的相关机构开始陆续出现。20 世纪 80 年代末90 年代初，是沙田城镇建设有序和快速发展的一个重要阶段，尤其是表现在城镇建设管理功能和服务设施逐渐健全方面。其中，最早代表沙田镇城市建设有序发展的城镇规划专职部门，是 1987 年 10 月成立的规划城建办公室。这个机构是沙田镇政府主管城镇规划工作的一个重要部门。1991年 1 月，沙田环卫所成立，职责是负责街道的清洁卫生工作。1992 年 2

照片 8—2　2010 年航拍的沙田城市

照片 8—3　2011 年航拍的沙田城市——左边是淡水湖，右边是狮子洋，穿过狮子洋的是正在建设的广深沿江高速公路

月组建园林工程队，负责市镇的绿化美化工作。1992 年 3 月，成立环保办公室，主管环保工作。1993 年 6 月规划城建办公室成立城监中队，主管镇容管理工作。1993 年 7 月设立房管所，主管私人和单位建屋开线、

办证等工作。至此，主要城市管理部门在沙田均已出现。

2006 年后，是沙田城镇发展的另一个重要时期，这时城镇建设和管理从各部门分头负责，转变为把各方面力量整合起来的综合管理阶段。其标志就是，2006 年 4 月成立的具有综合管理作用的沙田镇公用事业服务中心。该中心下设 7 个部门，即综合组、市政设施管理所、环境卫生管理组、园林绿化管理组、给排水管理组、燃气管理组、城管队。公用事业服务中心负责管理、监督沙田镇各项公用事业。

随着市镇建设的领导机构，管理机构不断完善、健全，沙田镇市镇建设在 2006 年以后的速度更快，建设水平和管理水平逐渐规范、不断提高和越来越上档次。

二 城市建设基础设施配套

水电和通信是一个城市能否正常运行和顺利发展的重要配套设施，不仅关系着城市居民的生活质量，更是城市经济发展的基础保障。沙田城市建设对供水、用电、邮电等基础设施方面的投入力度较大，效果明显。

（一）供水的发展与现状

沙田镇的土地被东江南支流分为南北两片区，南片区原有一座阁西山水厂，该水厂设计规模 10 万吨/日，实际供水能力为 5 万吨/日，水源取自淡水湖。由于淡水湖水质受污染，自 1999 年东莞市中西部供水工程竣工通水后，这个水厂已基本停止生产，只作为加压泵站使用。进入 21 世纪后，南片区域的供水开始了大范围的改造。例如，沙太路水管最初是20 世纪 90 年代初铺设的，随着经济的发展，沿线水管严重偏小、老化，送水量不足，用水高峰时，齐沙村、稔洲村一带缺水，给居民和企业带来诸多不便。2004 年镇政府将沙太路水改作为重点工程来抓，管线全长7900 米，全部铺设直径 1.6 米以上的钢管，总投资 3540 万元。工程于2004 年 2 月开工，7 月全部完工，从此保证了沙太路沿线居民和企业生活生产用水的正常供给。现在南片区用水由东莞市第三水厂和第四水厂供应。

北片区（立沙岛）用水，分别由岛上的沙头顶水厂与南新洲水厂供给，两水厂水源为近狮子洋的淡水河与东江南支流，供水规模都为5000吨/日。由于濒临狮子洋，立沙岛一年中有5—7个月为咸水期，水质较差，而且供水管径偏小，为解决立沙岛居民用水，2004年，沙田镇政府把立沙岛通水作为一项民心工程来抓，投资1450多万元引东江水进立沙岛。该项目由东江水务公司负责，从洪梅镇桥西路供水管上开口接出一条供水管沿望沙路铺设直至立沙岛。2005年，供水管连通后不仅解决了东莞市没有通自来水的4个村委会近1万人口的饮水问题，也彻底改变了立沙岛群众长期饮用咸淡水的状况（见表8—3—表8—5）。

表8—3 1999—2007年沙田用水量分类

| 年份 | 用水量（万吨/年） | | | | | | 用水人口（万人） | 用水指标（万吨/万人·日） |
	工业	居民	商业	特种	其他	总量		
1999	482.6	249.1	22	5.8	6.5	766	6.39	0.427
2000	810.2	418.2	37	9.8	10.9	1286.1	6.95	0.659
2001	942.5	486.5	42.9	11.4	12.7	1496	9.76	0.546
2002	1055.3	544.7	48.1	12.7	14.2	1675	9.84	0.606
2003	1370.9	707.6	62.5	16.5	18.5	2176	10.80	0.718
2004	1529.6	789.6	69.7	18.5	20.6	2428	11.28	0.767
2005	1828.33	618.35	143.68	9.2	16.68	2616.24	12.10	0.770
2006	2022.70	669.81	105.55	11.2	36.89	2846.15	12.67	0.800
2007	2118.06	725.20	135.39	33	114.79	3126.64	13.50	0.807

注：表中人口数为沙田镇相关部门提供的资料。日变化系数取1.2—1.3。

资料来源：沙田镇政府党政办公室。

表8—4 沙田远期用水量预测

年份	人口规模（万人）	综合用水指标（升/人/日）	用水量（万吨/日）
2007	10.61	807	8.57
2010	16.60	1000	16.60

年　份	人口规模（万人）	综合用水指标（升/人/日）	用水量（万吨/日）
2020	31.00	1000	31.00

资料来源：沙田镇政府党政办公室。

表 8—5　　　　　　1991—2009 年沙田水厂历年供水情况

	1991	1992	1993	1994	1995	1996	1997	1998	1999	2000
年供水总量（万立方米）	119	308	456	456	476	412	426	759	995	1144

	2001	2002	2003	2004	2005	2006	2007	2008	2009
年供水总量（万立方米）	1825	2008	2190	2373	2951	3390	3595	3494	3264

资料来源：沙田镇政府党政办公室。

（二）城市电力供给

20 世纪 60 年代以前，沙田地区没有电力供应，群众以油灯或煤油灯作为主要照明工具。1960 年冬，东莞县第一座水轮潮汐发电站，在沙田官洲乡泗沙村建成，从而解决了附近农村的照明用电，这也是沙田有史以来第一次使用交流电照明。1964 年 5 月 1 日，虎门 35 千伏变电站建成，并向沙田输送 10 千伏电源，供沙田农用排灌和民用照明之用，从此沙田电路接上了珠江大电网。1965 年 5 月望牛墩变电站向立沙片供电，从而使全沙田的居民都能够用上电。但由于当时供应电力有限，远远不够排灌和照明需要，故沙田地区经常出现断电、停电现象，给沙田的农业排灌和居民照明带来了较大影响。据历史资料，1977 年，全年用电量 110 万度（千瓦/小时）（1098285 千瓦时）。

改革开放后，沙田的用电矛盾更加突出，1988 年 12 月 25 日，沙田镇政府投资 70 万元，建成总容量为 35 千伏的沙田变电站。缓解了沙田用电难的问题，为招商引资提供了必要基础条件。当时沙田围内除稔洲工业区由太平变电站供电外，其余都由沙田变电站供电。变电站的电力分五条线路输出：第一条专供水泥厂用电；第二条供阁西管理区用电；第三条供民田（部分）、西太隆、义沙、齐沙、大坳等管理区用电；第四条供民田（部分）、阁西（小部分）、福禄沙、西大坦、穗丰年等管理区用电；第五条供横流、杨公洲等管理区用电。还有两条备用线路。此后几年，沙田围内线路极少出现故障，供电比较正常，人们日常照明、工厂用电等得到保证。

随着工业发展，沙田地区用电量显著增加，为了保证工业用电和生活用电的需要，沙田镇政府又于1993年投资1600万元在阁西山脚新建1座110千伏变电站，主变台数2台，其中一台主变容量是4万千伏安，另一台是2万千伏安。10千伏线路长105.6千米，10千伏出线回路12千米。配变台数330台，配变容量104500千伏安。供电范围包括中围、和安、大流、阁西、杨公洲、先锋、横流、福禄沙、民田、西太隆、大坳（部分）等村。

1996年，为了改善投资环境，保证水电的供应，又投资2200万元在大坳满丰新建一座110千伏变电站，主变台数2台，每台主变容量4万千伏安，共8万千伏安，10千伏线路长度83.1千米。10千伏出线回路10千米，配变台数250台，配变容量为63500千伏安。供电范围包括义沙、稔洲、齐沙、穗丰年、西大坦、大坳（部分）等村。

21世纪以来，沙田对电力设施投资的力度比较大，每年都有数千万元的资金投入，平均年投入4717万元，最多的年份（2004年）达到7835万元，最少的年份（2005年）也为2218万元。

与此同时，沙田的用电量出现了明显的增长，总用电量从2000年的20065万度（千瓦/小时），快速提升到2009年的83361万度（千瓦/小时），增长了315.46%（见表8—6）。其中，生活用电量从2000年的3030万度（千瓦/小时），提升到2009年的7834万度（千瓦/小时），增长了158.58；生产用电量从2000年的17035万度（千瓦/小时），提升到2009年的75527万度（千瓦/小时），增长了343.36%。9年间，生活用电增加了1倍多，而生产用电增加了3倍多。从比例上看，2000年生活用电量占到总用电量的15.10%，到2008年，这一比例下降到9.40%，而同期生产用电量从 84.90% 上升到 90.60%。从中可以看到，沙田用电量的快速增加主要是生产用电快速增长使然。

表 8—6　　　　　　　　1995—2009 年能源建设和使用情况

年度	电力设施投资（万元）	用电量（千瓦/小时）			人均用电量（千瓦/小时）
		生产用电	生活用电	合计	
1995		70182060	11493226	81675286	
1996		85141315	13717694	98859009	
1997		99001082	16697043	115698125	
1998		114816101	19965026	134781127	
1999		120613758	22977064	143590822	
2000		170351547	30297280	200648827	
2001		211769968	31539555	243309523	
2002		302918522	22109791	325028313	
2003	3136.25	370507282	24223024	394730306	
2004	7835.32	481926310	30879689	512805999	
2005	2217.72	574794511	42148033	616942544	
2006	2732.47	667797874	51168658	718966532	
2007	5390.49	775050975	57432809	832483784	
2008	5042.50	763443485	65293728	828737213	
2009	6661.96	755271107	78342855	833613962	

资料来源：沙田供电公司。

（三）通信设施状况

沙田镇 2007 年年底有固定电话用户 55133 户，现有市话接入模块局五个：沙田新局、泗沙模块局、齐沙模块局、福禄沙模块局和坭州模块局。沙田电信模块局与其母局（厚街电信局）间采用光纤作为中继传输，沿电信管道敷设。沙田镇电信主干线已建有电信管道，连接各交换局及接入网点，各机房之间已形成以光纤传输为主的骨干网络。

沙田镇现有一个邮政支局，下设4个邮政所，分别为民田邮政所、穗盛邮政所、西太隆邮政所和大坭邮政所。邮政的业务包括函件、汇兑、包裹、物流、速递、集邮、报刊和代办等。

沙田镇现有一个广播电视前端局，与其他公建合建，用户已超过1.2万户。随着沙田镇经济近几年的快速发展，一个以交换程控化、传输数字化的现代化通信网已在沙田初具规模，基本适应了全镇国民经济和社会发展的需要。

当然面对快速的经济社会发展，通信设施也存在一些问题和不相适应的情况。例如，沙田镇近几年各种信息数据库、计算机网、有线电视以及多媒体终端技术，虽发展迅速，但由于管理的力度不够以及法规不健全，处于一种较混乱的局面。模块局的分布不够完善，尚未达到全镇域覆盖。通信管道还没有全镇连通。原有沙田至道滘的微波通信设备被拆除，微波通道得不到控制，对确保通信的连续、可靠性方面欠缺保障。此外，有些邮政所的服务半径过大，不方便居民的用邮；由于规划部门与邮政部门的协调不够，邮政报刊亭、邮筒、邮箱等邮政设施没有合理设置，影响邮政服务质量。再有，沙田镇电视线路大部分以架空敷设，对镇容镇貌有负面的影响，有部分线路过长，有些电视信号的质量和可靠性有待提高；现有的网络是单向传输的，对以后的发展存在制约。

随着沙田经济的发展，人口结构的变化，人民的生活水平不断提高，将对通信的需求和邮政的服务有更高的要求。现有的电信设施、邮政服务和有线电视网络还需要不断改善和提高才能适应社会发展的要求。

因此，2009年沙田对通信（电信工程）作了新的发展规划：其目的是：第一，侧重于沙田镇本地电话网、用户接入网及微波通信网的规划与建设，力求协调城建部门，并指导下一层次规划，以达到搞好城镇规划、促进沙田镇经济发展的目的。第二，迎接信息化浪潮，在规划期内建立集语音、数据、图文于一体的数字化、宽带化、智能化和个人化的通信。第三，合理规划电信设施用地，建立畅通的地下管网和空中微波通道，以提高电信服务质量，确保经济、安全、可靠。第四，建立统一的、管道资料共享的、有偿使用的管道网系统。

照片8—4　沙田电信大楼

三　现代化的宜居城市初显

（一）环境卫生

这些年沙田镇的环境卫生状况变化很大，尤其是2008年以后，为了

照片8—5　沙田邮局

扎实推进省卫生镇创建工作，镇政府投入了大量的人力和物力，取得了明显效果，全镇环境卫生得到显著改善和提升。

1. 环境卫生机构与设施

当前，沙田镇环境卫生的主要管理机构是环境卫生管理组，该管理组是2006年4月成立的沙田镇政府公用事业服务中心的下属单位，负责沙田镇的镇容和环境卫生方面的行业管理。环境卫生管理组的主要职责是：（1）拟定镇容镇貌标准、环境卫生质量标准，并组织监督检查；（2）对镇内环境卫生的清扫保洁、运输、管理等工作进行检查、监督和业务指导；（3）监督垃圾收集、垃圾运输、垃圾中转站及公厕的管理运作；（4）监督城市环境卫生设施的管理运行。

各村（社区）同时设有专门的环卫管理办公室，并与镇环境卫生管理组形成从上到下的环卫管理体系（见表8—7）。根据2007年的统计，沙田各村（社区）环卫办共有环卫管理监督人员为47人。各级环卫管理机构的经费来源不大相同，公用事业服务中心的经费直接由镇财政划拨，而各村和社区经费由各基层单位自己筹集解决。

表8—7　　　　　　　　　沙田镇市容保洁管理机构与职责

	机构	职责	人员编制（人）	经费来源
1	东莞市沙田镇公用事业服务中心	管理、监督	16	财政划拨
2	杨公洲村环境卫生管理办公室	管理、监督	4	自筹
3	阇西村环境卫生管理办公室	管理、监督	3	自筹
4	民田村环境卫生管理办公室	管理、监督	3	自筹
5	福禄沙村环境卫生管理办公室	管理、监督	5	自筹
6	先锋村环境卫生管理办公室	管理、监督	5	自筹
7	大坭村环境卫生管理办公室	管理、监督	3	自筹
8	齐沙村环境卫生管理办公室	管理、监督	3	自筹
9	穗丰年村环境卫生管理办公室	管理、监督	3	自筹
10	稔洲村环境卫生管理办公室	管理、监督	4	自筹
11	义沙村环境卫生管理办公室	管理、监督	3	自筹
12	西太隆村环境卫生管理办公室	管理、监督	6	自筹
13	横流社区环境卫生管理办公室	管理、监督	5	自筹
总计	—	—	63	—

资料来源：沙田镇公用事业服务中心财务部。

2. 沙田镇环境卫生单位、人员与机械配置

沙田镇中心区的环境卫生保持工作由东莞市美升达市政公司负责，该公司的前身是1991年1月成立的沙田环卫所。沙田环卫所在成立初期，有工人25名；发展到2007年转变为美升达市政公司时，已增加到120人；其中，清洁工92人，司机4人，司机助理2人，船员4人，机动工人10人。沙田镇各行政村的环境卫生，由各村环卫队负责。各村环卫队共有339人（见表8—8）。

表8—8　　　　　　　　各村委会环境卫生工作人员情况

序号	村委会名称	环卫工人数量（人）
1	杨公洲	29
2	阇西	48

序号	村委会名称	环卫工人数量（人）
3	民田	39
4	福禄沙	15
5	先锋	11
6	大坭	34
7	齐沙	45
8	穗丰年	16
9	稔洲	35
10	义沙	30
11	西太隆	37
总计	—	339

资料来源：沙田镇公用事业服务中心财务部。

3. 环境卫生经费投入情况

与环境管理机构的经费来源一样，沙田镇中心区的环境卫生经费由镇财政经费支出，镇内各村的环境卫生经费由各村自行解决。2002—2006年间，沙田镇的镇中心区的环境卫生经费投入情况如表8—9所示。

表8—9　　　沙田镇环境卫生经费投入情况统计（2002—2006年）

单位：万元

	2002	2003	2004	2005	2006
投入资金	234.17	242.52	163.57	39.24	274.78

资料来源：沙田镇公用事业服务中心财务部。

4. 沙田镇环卫机械化程度与设备状况

沙田的环卫工作主要是靠人工打扫和清理，机械配置上仅有少辆的环卫车辆。1991年1月沙田环卫所成立时有装垃圾汽车1辆。2000年，环境卫生所清运垃圾汽车增加到4辆，其中：吊厢车1辆、吊桶车3辆，此外还有洒水车1辆、上落班车1辆、推土机1辆、五十铃货车1辆。2007年东莞市美升达市政公司成立时，该公司的机动车在数量方面，与其前身的沙田环卫所相比并没有增加，部分种类的车辆还有所减少，如吊桶车由3辆减少到1辆；但是，增加了1台扫地车和1台吊斗车，因此在一定程度上提高了机械化清扫能力。根据该公司 2007 年的统计：共有 4 辆作业车。其中，扫地车 1 台（8 公里/时），吊桶车 1 台（5 吨），吊斗车 1 台（5 吨），水车 1 台（8 吨）。

全镇环境卫生工作由于主要使用的是人力，因此劳动械具的构成主要是手推车、大扫把、铁铲等简单工具。根据 2008 年的统计，美升达市政公司配置有手推车 70 部，大扫把、铁铲 92 份，与清洁工人数大致相同；各村的环境卫生械具配置也大体相当（见表 8—10）。

表 8—10　　沙田镇美升达市政公司和各村（居）委会手推车和垃圾车配置情况

村（居）委会名称	环境卫生机械设施		
中心区	类型	手推车	垃圾车
	数量	70	2
横流社区	类型	手推车	垃圾车
	数量	1	0
稔洲村	类型	手推车	
	数量	15	
义沙村	类型	手推车	共用 1 辆垃圾车
	数量	18	
齐沙村	类型	手推车	
	数量	14	
先锋村	类型	手推车	
	数量	10	
杨公洲村	类型	手推车	
	数量	12	
阖西村	类型	手推车	共用 2 辆垃圾车
	数量	7	
民田村	类型	手推车	
	数量	8	
福禄沙村	类型	手推车	
	数量	5	

村（居）委会名称	环境卫生机械设施		
西太隆村	类型	手推车	垃圾车
	数量	6	2
大圫村	类型	手推车	垃圾车
	数量	13	2
穗丰年村	类型	手推车	垃圾车
	数量	7	1

资料来源：沙田镇公用事业服务中心。

（二）市容保洁状况

沙田镇的市容保洁主要分为，道路保洁、水面保洁、生活垃圾处理、城镇建筑垃圾处理、公共厕所的建设和维护等方面。

1. 道路与水面保洁

道路与水面保洁是沙田镇市容卫生的主要工作内容。根据 2007 年数据，沙田镇中心区应清扫的道路总面积约 81 万平方米，基本上是以人工作业为主，占到总面积的 81%，机械化清扫率仅占 19%，在 15 万平方米左右（见表 8—11）。街道与路面的清扫工作一般是每天早上 5：30 至 7：30 进行，此外，对横流南路、湖东路、湖西路、沙田大道、进港大道等道路实行 16 小时保洁，对厚沙路、工业大道实行 8 小时保洁。

表 8—11　　　　　　沙田镇中心区城市道路保洁情况

保洁道路		机扫道路			道路保洁洒水		保洁道路设施		
总长度（公里）	总面积（平方公里）	总长度（公里）	总面积（平方公里）	机扫率（%）	洒水面积（平方公里）	洒水率（%）	洒水车（台）	加水器（个）	果皮箱（个）
31	81	10	15	18.5	25	31	1	1	612

资料来源：沙田镇公用事业服务中心。

沙田镇内河塘较多，境内的主要水资源有东江南支流、淡水湖、东引河、珠江口狮子洋等（见表 8—12）。因此，沙田水面保洁的工作量较大。

2008 年，主要对十八孔水闸至泗沙横堤、土地洲大桥至福六沙水闸区域内、宽 80 米的淡水湖水域的水面漂浮垃圾进行打捞、清除作业（见表 8—13、表 8—14）。每天水面清洁的时间为：5∶30—10∶30、14∶00—17∶30。水面漂浮垃圾主要为水浮莲，在其高峰期垃圾量大约为每天 2 斗，通常则为每两天 1 斗，打捞的垃圾卸置在暂时堆放点。然后由垃圾清运车辆在清运固体废物时一起清运至垃圾填满场进行处理。镇域内的其他水域尚未进行水面漂浮垃圾打捞、清运的作业安排。

表 8—12　　　　　　　　　　沙田镇水域分布情况

河涌名称	起点	终点	所属水系	长度（公里）	水质现状	水质目标	主要功能（饮、工、农、航、综合）
淡水湖（黄泥沥水道）	十八孔水闸	泗沙横堤		6	一般	标准	农
	土地洲大桥	福禄沙水闸		3	一般	标准	农
东江南支流东莞水道沙田段	杨公洲	阁西			一般	标准	农、工
立沙水道					一般	标准	农、工
银河水道					一般	标准	农、工
珠江水道沙田段			珠江水道		一般	标准	农、工
东沥仔水道	民田	齐沙			一般	标准	农、工

资料来源：沙田镇公用事业服务中心。

表 8—13　　　　　　　　　　沙田镇河涌保洁情况

水域保洁管理作业机构	人数	职能	水域保洁范围（河涌名称、长度、宽度等面积）
美升达市政公司	4	清洁	十八孔水闸至泗沙横堤 土地洲大桥至福禄沙水闸 总长 14 公里，平均宽 350 米

资料来源：沙田镇公用事业服务中心。

表 8—14　　　　　沙田镇河涌保洁设施情况

项目	已建		
	单位	数量	投入经费（万元）
打捞船	艘	2	——
收集运输船	艘	1	0.2
合计		3	0.2

资料来源：沙田镇公用事业服务中心。

2. 生活垃圾的数量与类型

沙田生活垃圾的数量近几年增长较快。据有关资料①统计，近几年，随着城区的扩建、人口增长以及人民生活水平的提高，沙田镇城市生活垃圾产生量增长趋势明显。统计调查显示，2003 年每日产生的垃圾量为 95 吨左右，到 2006 年已增长到约为 170 吨（见表 8—15），3 年间上升了 78.95%。按年产生垃圾量总数的变化观察，沙田镇 2003 年生活垃圾的产生量为 3.48 万吨，2007 年增加到 6.21 万吨，5 年间，每年以 6000—7000 吨的数量在增加。

表 8—15　　　　　2002—2006 年沙田镇生活垃圾产量情况

产量 ＼ 年份	2002	2003	2004	2005	2006
产生垃圾单位（个）	400	400	400	470	
生活垃圾（桶）		350	364	556	
工业垃圾（桶）		290	298	753	
合计（桶）		640	662	1309	
重量（吨）		95	100	100	
日产量（吨）		95	100	120	170
增长率（%）			5.3	20	41.7

资料来源：根据沙田镇公用事业服务中心提供数据整理。

————————

① 《东莞市固体废物处理处置工程规划（2001—2020）》。

此外，沙田镇的垃圾处理还是处于生活垃圾混装收集的状态，并且同时和部分工业垃圾混装收集。根据有关单位调查，沙田镇生活垃圾主要包括易腐有机质（餐厨）、无机易燃物、有机易燃物三大类，出户垃圾基本为混装垃圾。三类中以厨余垃圾为代表的易腐有机质组分是混装垃圾的主要成分，其比值在35%—45%，平均值为40%；处于第二的是无机易燃物组分，其比值在25%—35%，平均值为30%；第三位的是有机易燃物组分主要为橡塑、纺织物、皮革等，其比值在23%—33%，平均值为28%；其他性质的垃圾组分比值约为2%。沙田镇生活垃圾平均组分如图8—2所示。

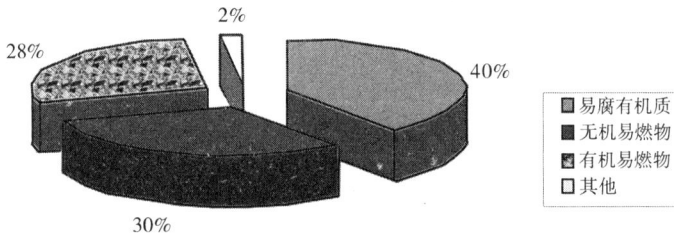

图8—1　沙田镇生活垃圾平均组分

3. 生活垃圾收集转运现状

沙田镇中心区和各村（社区）范围内的垃圾在收集形式上，中心区出户垃圾基本实现了收集袋装化，其他各村大部分出户垃圾呈散装状态，垃圾收运过程中基本实现了容器化。

目前沙田镇中心区范围内的生活垃圾由承包公司负责收集、运输，其他各村则由各自的环卫队负责。居民将生活垃圾堆放在指定地方，再由环卫工人利用手推车定时收集。环卫工人把收集的垃圾暂时放在就近的垃圾转运站，再由垃圾车清运到垃圾填埋场集中处理（见图8—3）。沙田镇中心区及各村（社区）的生活垃圾现状收集方式统计情况见表8—16。

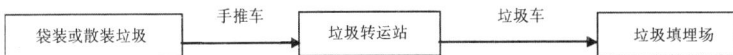

图8—2　沙田镇垃圾收集转运方式

表 8—16　　　　　　　各村（社区）生活垃圾收集方式情况

村（居）委会名称	收集方式	垃圾收集工具	运输工具		
中心区、横流社区	袋装投放式	手推车、垃圾收集机动车	类型	手推车	垃圾车
			数量	71	2
各个村	袋装投放式	手推车、垃圾收集机动车	类型	手推车	垃圾车
			数量	115	8
总计	袋装投放式	手推车、垃圾收集机动车	类型	手推车	垃圾车
			数量	186	10

资料来源：沙田镇公用事业服务中心。

4. 城镇建筑垃圾收集运输现状

建筑垃圾包括建筑残土、砖瓦石、陶瓷等残碎物、废沙及其他建材废弃物等，是在新建楼房、房屋装修、三通一平、路桥建设、管网施工等工程中产生的。建筑垃圾占地大，且容易漏撒而影响市容，特别是居民住宅装修随意倾倒建筑垃圾，造成环境卫生部门额外负担。

据有关资料，经对砖混结构、全现浇结构和框架结构等建筑的施工材料损耗的粗略统计，在每万平方米建筑的施工过程中，将产生建筑废渣500—600 吨。随着沙田镇经济的快速发展，城镇建设也随之逐步增加，在建设过程中产生的建筑垃圾也逐年增加。根据有关单位的统计，沙田城市建设拆迁建筑面积产生的建筑废渣总量在 1000 吨左右（见表 8—17）。沙田镇目前对于建筑垃圾未有专门的管理监督，建设过程中产生的建筑垃圾由施工方自行清理。

表 8—17　沙田镇建设拆迁各类建筑物面积及建筑废渣统计（2003—2006 年）

指标名称	计量单位	2003 年	2004 年	2005 年	2006 年
城市建设拆迁各类建筑物面积	平方米		13449	18329.9	17166.03
建筑废渣总量概算	吨		739.7	1008.1	944.1
增长率	%			36.3	−6.35

资料来源：城市建设拆迁各类建筑物面积为沙田镇规划建设办公室提供数据；建筑废渣总量概算按每万平方米建筑施工面积产生废渣550吨计。

5. 道路垃圾收集、垃圾转运站与垃圾处理

沙田镇区内一些新建住宅区内以及工厂、单位等均设置有垃圾桶，每个路段也根据垃圾收集实际情况设置有垃圾桶，主要对生活垃圾进行收集。2006 年，沙田镇安装环保型果皮箱 370 个。2008 年，在完善公厕、转运站、果皮箱等环卫基础设施方面投入 300 多万元专项经费。据资料统计，2008 年沙田中心区主要街道设置有废物箱 612 只；其他各村设置的废物箱达 1062 只，垃圾桶 1543 个（见表 8—18）。

表 8—18　　　　沙田镇各村废物箱及垃圾箱分布状况（2008 年）

序号	村（居）委会名称	废物箱总数（个）	垃圾桶总数（个）	垃圾箱总数（个）
1	横沙社区	200	300	2
2	杨公洲	37	60	—
3	阖西	39	85	—
4	民田	70	120	—
5	福禄沙	21	61	—
6	先锋	60	17	—
7	大圯	320	120	—
8	齐沙	66	135	—
9	穗丰年	35	104	—
10	稔洲	80	250	2
11	义沙	88	171	—
12	西太隆	46	120	—
	总计	1062	1543	—

资料来源：沙田镇公用事业服务中心。

沙田镇中心区有小型垃圾转运站 5 座，用地面积约 500 平方米，服务面积约 13.19 平方公里，服务人口约 7 万人，转运垃圾约 100 吨/日，按单位量计算，平均每座小型转运站用地面积为 100 平方米，服务面积 2.6

平方公里左右，服务半径 288 米，服务人口 1.4 万人，平均转运能力 20 吨/日。

各村至 2007 年，在沙田镇整治环境卫生领导小组的组织下，设置新建了一批垃圾转运站。全镇现在有 18 座，每个村都有（见表 8—19）。

表 8—19　　　　　　　　　沙田镇垃圾转运站明细

	垃圾转运站总数（座）	用地面积（平方米）	建筑面积（平方米）
总计	18	1500	1137

资料来源：沙田镇公用事业服务中心。

照片 8—6　沙田西太隆村垃圾转运站（建筑面积 120 平方米）

沙田镇城镇固体废物处理目前所采取的方法为卫生土地填满。垃圾填埋场在沙田境内。一个位于福禄沙新村二队，占地约 50 亩，已经填满。2005 年 4 月，沙田镇于义沙村利用废弃的鱼塘设置了新的垃圾填埋场，占地 50 亩（3.33 万平方米），容积深度大约 3 米，处理规模为 10 万立方米，使用年限为 2 年。垃圾填埋场没有防渗、水气导排和无害化处理等措施，存在水、气、生态污染等问题，很有可能造成二次污染。填埋摊铺和覆盖由推土机进行。在填埋场一侧有简易的管理用房。

照片8—7　沙田齐沙村垃圾转运站（建筑面积50平方米）

6. 公共厕所的建设与配置

20世纪80年代前，横流地区极少有公厕，如果人们逛街时要上厕所，一般只能到镇政府内的厕所解决，极不方便。80年代后，为了搞好镇区的环境建设，镇政府决心改变公厕少、卫生条件差的现象，逐步在横流圩布局建设公厕，并由专人负责管理搞卫生。2000年，建成比较标准的公厕7个，分别在第一市场、第二市场、先锋、横流大街、勒仔围、文化广场、中心区市场。2007年，全镇共建20座公厕，其中中心区4座，基本位于镇区人流较多的公共场所；其余每个行政村至少设一座公厕。

2007年后，沙田镇各村（社区）按照东莞市环境卫生整治要求对管辖范围内的公厕进行改造或新建，较大程度地改善了公厕的条件，同时对符合标准的厕所集中编号，并在公厕周边设置了明显的标识牌。沙田镇现有的公厕基本是一、二类公厕，仅有一个为三类公厕（见表8—20）。公厕都设置了化粪池，粪便经过化粪池初步分解后直接排入污水管道，之后排入就近水域。目前沙田镇还未设置粪便处理厂，粪便处理率基本为零。

表 8—20　　　　　　　　　　沙田镇环境卫生公厕类型统计

序号	村（居）委会名称	公厕总数（座）	类型			水冲式（%）	一类公厕（%）	二类公厕（%）	三类公厕（%）
			一类	二类	三类				
1	横沙社区	4	3	1	0	100	75	25	0
2	杨公洲	1	0	1	0	100	0	100	0
3	阄西	1	1	0	0	100	100	0	0
4	民田	2	1	1	0	100	50	50	0
5	福禄沙	1	1	0	0	100	100	0	0
6	先锋	2	0	2	0	100	0	100	0
7	大坭	2	0	2	0	100	0	100	0
8	齐沙	2	1	0	1	100	50	0	50
9	穗丰年	2	2	0	0	100	100	0	0
10	稔洲	1	1	0	0	100	100	0	0
11	义沙	1	1	0	0	100	100	0	0
12	西太隆	1	1	0	0	100	0	100	0
总计		20	12	7	1	100	60	35	5

注：一类公厕：设有坐、蹲式独立大便器，立式小便器，先进节水器；二类公厕：独立大便器或通槽面贴瓷砖，瓷砖面小便器，集中自冲式水箱；三类公厕：通槽面贴瓷砖，瓷砖面小便器，用水冲洗。

资料来源：沙田镇公用事业服务中心。

（三）城镇绿化

沙田镇的绿化管理工作由沙田镇公用事业服务中心的绿化管理组负责。沙田镇主要道路、公园、广场绿化工程等都是由沙田镇公用事业服务中心组织社会招标，由园林绿化公司承建。沙田镇公用事业服务中心设有绿化组，主要负责拟定镇区园林绿化、公园、风景名胜管理的规章、规定和管理办法，并组织检查实施园林绿化方面的规章制度、工作计划和工作措施。负责修剪、砍伐城市树木、临时占用城市绿地的管理。负责对镇区管辖范围内的园林绿化、公园进行养护维修管理，开展好绿化建设的各项

照片8—8　沙田中心区文化广场内公厕（建筑面积80平方米）

照片8—9　沙田义沙村公厕（建筑面积81.3平方米）

工作。

园林绿地主要生产机构是东莞市桃源园林绿化有限公司。该公司的前身是沙田镇市政园林工程队，园林工程队成立于 1992 年 2 月，初期有职工 20 人，在杨公洲同泰村建有苗圃基地 20 多亩。1996 年苗圃基地搬到大坝村穗盛扩大到 30 多亩，后因面积小，又在民田村泗沙开发了一个新基地，新基地大约有 170 亩。2000 年 4 月 20 日，园林工程队改制为东莞市桃源园林绿化有限公司，主要任务是对道路、工厂、单位的绿化美化。2007 年年底，该公司有工程师 2 人，助理工程师 1 人，园林工人 60 人，设备有洒水车 1 辆、农用车 1 辆、剪草机 2 台、绿篱机 1 台、打药机 1 台。

近些年，沙田镇在城市化进程中，对于提高城市绿化水平，投入了相当大的力量。2004 年、2005 年和 2006 年用于绿化建设养护费用分别为 108 万元、318 万元和 602 万元。沙田的绿化工作和成果主要体现在公园绿地、防护绿地、附属绿地、山地绿化几个方面。

2004 年，绿化道路 12 条，增加街头绿化 3120 平方米。2005 年，在沙田大道中心区段增设 8 米宽的中央绿化带；港口大道沙田中心区段建设了分隔绿化带；完成植树造林 5 万平方米，增加街头绿化 1.3 万平方米；基本形成了最具水乡特色的"一湖两岸"湖滨休闲景观带。2006 年，新增绿化面积 32.14 万平方米。2007 年，建成阁西山休闲生态公园和文化体育公园。2007 年沙田镇绿地面积和绿化指标如表 8—21、表 8—22 所示。2008 年，新增绿化维护面积 1800 多平方米，并强化绿化维护管理，落实拆违还绿、规划建绿、添景增绿等工作。

表 8—21　　　　　　2007 年沙田镇绿地面积统计

单位：公顷

	公园绿地（G1）	生产绿地（G2）	防护绿地（G3）	附属绿地（G4）	其他绿地（G5）	合计
全镇	4.62	64.76	5.30	69.88	33.33	177.89
镇中心区	2.65	0	0	18.40	0	21.05
其他村共计	1.96	64.76	5.30	51.48	33.33	156.83

资料来源：沙田镇公用事业服务中心。

表 8—22 2007 年沙田镇绿化指标统计

	绿地面积（公顷）	绿地率（%）	公共绿地面积（公顷）	人均公共绿地面积（平方米）	绿化覆盖总面积（公顷）	绿化覆盖率（%）
全镇	177.89	9.60	4.62	0.38	212.39	13.58
镇中心区	21.05	14.29	2.65	2.30	21.92	14.88
其他各村	156.84	9.09	1.96	0.18	190.47	12.40

资料来源：沙田镇公用事业服务中心。

1. 公园绿地

沙田镇的公园绿地可以分为镇级和村级两个等级，根据 2006 年的统计，沙田公园绿地面积为 4.62 公顷。现在，沙田城镇周边的生态环境较好，有大片农田，再加上近几年镇政府不断加大对城镇绿化的投入力度，环境改观的速度很快，优美环境和绿化景观不断地呈现在沙田居民的眼前。沙田镇主要的公共绿地见表 8—23、表 8—24。

表 8—23 沙田镇中心区公共绿地一览

序号	名称	位置	面积（平方米）	植被情况	主要植被
1	沙田广场	沙田镇标志旁	10000	一般	大王椰、黄金叶
2	文化广场	沙田镇中心区	12000	良好	大王椰、花叶女贞
3	休闲公园	镇政府前	4488	一般	盆架子、台湾草
总计			26488		

资料来源：沙田镇公用事业服务中心。

表 8—24 沙田镇各村小游园一览

序号	村（居）民委员会	面积（平方米）
1	杨公洲	2500
2	阇西	300
3	福禄沙	2400
4	先锋	2700

序号	村（居）民委员会	面积（平方米）
5	大坦	5300
6	齐沙	1500
7	穗丰年	700
8	稔洲	2000
9	义沙	1750
10	西太隆	480
总计		19630

资料来源：沙田镇公用事业服务中心。

照片8—10　沙田广场

2. 防护绿地

沙田镇的防护绿地主要分布在各村局部的农田区，一般在田埂小路两旁单排种植，主要作为农田防护林。沙田镇正在投入资金和人力，改变树木比较稀疏，未成林系的状态。争取在近几年内，形成对于江河带防风、防污染型工业的专用防护林带和绿地。

照片 8—11　休闲公园

照片 8—12　杨公洲小游园

3. 附属绿地

　　附属绿地是指各政府机构、企事业单位、学校、居民小区的绿化地和绿化单元。沙田镇的一些公共服务设施用地范围内拥有大面积的绿地，例如沙田镇政府大院、广荣中学和海关大楼前广场等地。另外，沙田镇新建的居住区整体环境较好，绿化面积较大，居住区内的绿化，有的是集中布

照片 8—13　福禄沙小游园

置，形成中央花园，配置了游泳池、休闲的厅榭等公共设施，例如莊士新都；有的是分散布置，在各居住单元前面分别设置绿地，绿地在居住区内分布较均匀。但是，沙田镇各单位园林绿化种植和管养水平参差不齐。整体而言，机关单位和学校等公共空间的绿化建设较好，工厂企业绿化水平相对薄弱，有较大的改进空间（见表 8—25）。

表 8—25　　　　　　　　沙田镇绿化较好单位一览

编号	单位名称（或位置）	绿化情况	备注
1	利澳花园	良好	居住区绿地
2	莊士新都	良好	居住区绿地
3	东港城	良好	居住区绿地
4	广荣中学	良好	公共设施附属绿地
5	镇政府大院内	良好	行政单位附属绿地
6	海关大楼前	良好	行政单位附属绿地

资料来源：沙田镇公用事业服务中心。

4. 道路绿化

沙田镇道路绿化水平参差不齐，许多新建道路如沙田大道和进港大道

照片 8—14　广荣中学的绿化

照片 8—15　林荫道下的沙田公路

绿带宽阔，绿化层次丰富，生态和景观效果俱佳（见表 8—26）。但一些旧建道路绿地面积还有些不足，只有简单的行道植物，缺乏灌木、草被衬托，生态和景观效果有待进一步提高。

表 8—26　　　　　　　　　　沙田镇绿化较好道路一览

编号	道路名称（或位置）	长度（米）	宽度（米）	绿化情况	备注
1	沙田大道	3300	2	良好	绿化隔离带
2	港口大道（沙田段）	10800	2	良好	绿化隔离带

资料来源：沙田镇公用事业服务中心。

5. 山地绿化

沙田镇是沿海冲积平原，地势平坦，历史上全镇只有两个小山岗——阎西山和稔洲山。目前，稔洲山已经由于开发被挖平，仅剩下阎西山仍保存完好。

阎西山位于横流西南 3.5 公里处，山高约 85 米，面积约 33.33 公顷（约 500 亩），由东北向西南走向。山体西北面多为石英石组成，山体东南面土层较厚，由红色沙岩组成，目前山体绿化良好。

2007 年，沙田以阎西山为主体建成阎西山休闲生态公园。投资上亿元资金建成的休闲生态公园，是沙田镇十项重点工程之一。阎西山休闲生态公园占地面积 22.8 公顷（342 亩）。该公园建设工程以保持山林原貌为主，通过铺设环山路，建设公园入口广场，增加登山路径，修建河流小湖、亭阁景观等进行美化改造。公园内建设有休闲景观、登山路径、河流小湖、亭阁等，沿阎西山南侧建有环山路，是通到镇中心区的主要交通道路。这是沙田首个综合性的休闲公园。阎西山公园已成为沙田镇最重要的大型生态公共空间、文化体育中心、标志性建筑群，大大完善和提升了沙田镇的城市功能和城市形象，为沙田群众提供了一个休闲、娱乐的好去处。

从沙田 2010 年绿地系统近期建设规划，可以看到，沙田绿化的投入力度不断加强。正在加大对新建绿地的投资，计划在“十二五”期间建设一批新的绿地，创造出适宜人民工作和生活的生态宜居环境。其中，对新建公园绿地的投资力度较大，计划新建设的公园绿地达到 76.61 公顷，加上街旁绿地与滨河公园（97.98 公顷），合计为 174.59 公顷（见表 8—27、表 8—28）。

现在，外部人进入沙田可以明显感觉到沙田的绿化确实不错，多数街道上绿色树木和各色花草比比皆是，随处可见。当然，如以发展的眼光看问题，从构筑现代化的和谐人居环境来衡量，还有一些改进的余地，例如，沙田镇目前城镇绿地的面积和比例还有些不足；除了沙田镇标周围的两个广场外，其他地区基本没有较大型的集中绿地，在满足居民悠闲、休憩和娱乐的需要方面，还有应进一步发展和调整的空间。

表 8—27　　　　　沙田镇绿地系统建设规划汇总（2010 年）

序号	类别代码	类别名称	绿地面积（公顷）	绿地率（%）（绿地占城市建设用地比例）	人均绿地面积（平方米/人）
1	合计	公园绿地	174.59	7.75	7.73
2	G2	生产绿地	30.97	1.38	
3	G3	防护绿地	117.70	5.22	
小计			323.26		
4	G4	附属绿地	396.39	17.60	
中计			719.65	33.68	
5	G5	其他绿地	686.87		
合计			1406.52		

注：2010 年城市建设用地为 2252.16 公顷，总人口为 22.60 万人。

资料来源：沙田镇公用事业服务中心。

表 8—28　　　　沙田镇 2007 年以后拟新建的公园绿地一览

单位：公顷

序号	位置	面积（公顷）	等级
1	阑西山公园	41.90	综合公园
2	阑西公园	9.90	综合公园
3	阑西小游园	5.99	社区公园
4	民田小游园	3.03	社区公园
5	杨公洲小游园 1	1.58	社区公园
6	义沙小游园	10.41	社区公园
7	齐沙小游园 1	3.80	社区公园
小计		76.61	—

序号	位置	面积（公顷）	等级
其他街旁绿地与滨河公园合计		97.98	—
总计		174.59	—

注：不含现状已建设的公园。

资料来源：沙田镇公用事业服务中心。

照片 8—16　远眺阁西山公园

照片 8—17　园林式社区

照片 8—18　园林式社区

照片 8—19　园林式社区的游泳池

照片 8—20　园林式社区

照片 8—21　商品住宅"莊士新都"的花园

照片 8—22　商业房产"东港城"的花园

照片 8—23　阆西山公园

照片 8—24　企业的绿化

照片 8—25　绿色校园

照片 8—26　绿色街道

照片 8—27　滨江公园

照片 8—28　淡水湖畔

照片 8—29　美丽的淡水湖

照片 8—30　街心花园

第九章　社会状况及和谐社会的构建

改革开放以来，沙田的社会环境随着经济发展变化也进行着相应调整，具有明显的时代特征，呈现出趋于日渐复杂的状态。由于人是地区经济社会发展的主体，而社会环境和氛围在相当大程度上决定着人们的生存状况、精神状态，以及地区凝聚力和向心力的大小、社会和谐程度的高低等各个方面，同时，社会环境的好坏也向外展示出该地区的民风、社情、发展环境等，并在一定程度上预示着今后该地社会文明程度前景与可能达到的水平；因此，观察沙田社会环境和生存状况，能够更深入地了解当地的社会发展进程及其内在关系。

一　社会治安

新中国成立后至改革开放前，沙田地区一直长期处于相对封闭的农业社会状态，人口流动性低，与外部交流不多，社会环境比较单纯。因此，当时的沙田社会一直处在良好的治安环境之中。从历史档案看，1950 年至 1965 年期间，该地区很少有刑事案件发生，甚至就是在 1960—1961 年的经济困难时期，大的偷窃案件也未出现，仅有一些生活困难的居民偷吃田里甘蔗、番薯等小偷小摸行为。文化大革命期间（1966 年至 1976 年），虽然社会管理混乱，但当时所谓的严重事件，也仅是出现了一些个别人趁乱谋私利的现象。

"文革"结束后，随着经济发展和人口流动性增加，沙田地区的社会治安案件有所增多，可是与周边地区相比还是一个案发率较低、社会环境好的地区。

从 1978—1990 年沙田地区刑事案件的发生与发展状况看，每年当地刑事案件在 20 宗左右，个别年份仅有几宗，主要是赌博和偷渡的案件，而且破案率较高。例如，1978 年，沙田地区发生刑事案件 18 宗，破案 13 宗，占 70%。当年，打掉了 1 个赌博集团、抓获了 1 个外地偷渡团伙和侦破了 10 个预谋偷渡集团；处理各种违法犯罪分子 50 多人，其中判刑 2 名、逮捕 1 名，举办各种人员学习班 30 多期。1987 年，沙田镇发生刑事案件 6 宗，涉案人员 101 人，占总人口的 3.51‰，是当年全市发案率最低的镇，破案率达 100%，居全市之首。1989 年，全镇发生刑事案件 27 宗，破案率 70.4%；治安案件 47 宗，破案率为 100%。共处理各种违法犯罪分子 367 人，其中判刑 6 人、劳改 3 人、收容审查 13 人。破获犯罪团伙 1 个，成员 8 人；破获赌博团伙 31 宗，共 250 人。

20 世纪 90 年代后，由于沙田的经济迅速发展，工厂大量增加，外来人员剧增，在大量外部资本和人员涌入的同时，社会治安问题也变得复杂化，发案率逐步增多。从 1991 年至 1999 年，每年发生的刑事案件在 50—100 宗。最低的是 1991 年，为 45 宗；最高的在 1994 年，达到了 109 宗。破案率也从 1991 年的 66.7%，下降到 1994 年的 28.9%。

进入 21 世纪，刑事案件进一步呈现出快速增长态势。从 2000 年的一年近 200 宗，增长到 2004 年的一年 467 宗，表现出以每年增加 50 多宗的速度渐渐增多。2005 年到 2008 年，随着区域内治安力量的加强，刑事案件开始逐步减少。但是，2009 年的刑事案件又开始反弹，出现了多发和频繁的苗头，究其原因，部分是由于 2008 年发生的世界金融危机在这一年开始影响到广东地区的经济社会，一些企业出口减少和资金链断裂倒闭，造成社会闲散人员增多所致。2009 年刑事案件快速上升到了 549 宗，与 2008 年相比，增长了 66.36%。但是，与此同时，沙田公安系统的破案率也在逐年提高，从 2002 年的 19.4%，增加到 2009 年的 57.9%。这主要是和政府与公安机构的措施得力、反应迅速和大量的人力、物力投入分不开的。政府与公安机构的有力出击，对社会安定和经济发展起到了重要的保驾护航作用。

21 世纪的第一个 10 年，沙田在治安措施的实施上不断加大力度，尤其是 2006 年以来，沙田镇政府各部门做了大量的工作，取得了一些明显效果。具体到各个年度，我们可以看到：

2002 年，沙田镇广泛发动社会各方面力量，打、防、管、教、控多管齐下，全面加强社会面防控机制、群防群治网络和各项治安管理措施，建立较完善的治安联防网络，在全镇范围内所有的出入口设立了 13 个治安卡哨，18 个流动报警点，实行 24 小时值勤，各村治安队加大巡逻力量，设置治安岗亭；加强对出租屋和外来人口的管理。全镇多次开展各类严打专项整治斗争，起到了有效维护全镇社会治安稳定的效果。

2003 年，沙田镇成立信访接待办公室，及时解决群众问题；对征地拆迁、农村出嫁女福利待遇等突出问题和一些历史遗留的问题，镇政府专门成立专项治理工作领导小组，采取有效措施逐一解决；妥善处置群体性事件 46 起，涉及人员 1800 多人；加强外来人口管理和出租屋管理；强化公共娱乐场所的清理整顿，有针对性地开展了多次专项整治行动。坚持"严打、严防、严管、严治"并举，不断完善社会治安防范长效机制，全年共投入社会治安资金 1410 万元，同比增长 10%。严厉打击各类刑事犯罪，社会治安面得到有效的控制。

2004 年，沙田镇积极开展严打斗争和社会治安防范长效机制的建设，深入开展打击街头犯罪百日行动，全力维护社会政治稳定。

2005 年，沙田镇继续严厉打击各类犯罪活动，加强外来人口及出租屋管理，共办理《房屋租赁证》和《备案回执》2865 份，办证率为 99%。加大排查力度，注重做好人民调解组织工作，有效预防和妥善处理各类群体性事件。

2006 年，沙田镇将治安工作作为全年各项工作的首位，全面加强社会治安综合治理。全年完成了三项重要工作：一是加大治安投入，大力完善治安基础设施，购买警用车辆、防暴设施警用装备一批，建立警犬训练基地，设立打击"两抢一盗"奖励专项基金，安装使用视频监控点 65 个。二是完善社会面防控网络，实施"大巡警"路面防控机制、多警种联合执法机制、封闭半封闭式管理制度、出租屋管理"双签"制度、暂住证三日催办制度、村（社区）警长责任制等一系列行之有效的措施。三是严厉打击违法犯罪活动，连续开展"铁腕""粤鹰2""雷霆行动""风暴1号""风暴2号""风暴3号"等各种专项整治行动，严厉打击"两抢一盗"、"黄赌毒"、黑恶势力犯罪等各种违法犯罪活动。

2007年，沙田镇的重点放在加强治安基础工作方面。治安综合大楼顺利投入使用；投入100多万元，购置了警用汽车3辆、摩托车22辆以及防弹衣等警用装备一批；投入23万元，建立警犬培训基地，配置警犬3只；落实"两抢一盗"专项奖励资金，共对56人次奖励3.8万元。完善治安防范体系。继续推行封闭、半封闭管理；实施社区和农村警务战略，创建警区试点，完善基层警务管理体制；继续将大部分警力投放到路面，加强武装巡逻和设立武装检查点；完成治安视频监控点8个，全镇65个治安监控点全面投入使用。加强"黑网吧"整治，设立整治"黑网吧"保证金，建立回访制度，完善清查档案，防止"黑网吧"死灰复燃，成为全市首批无"黑网吧"达标镇。

2008年，沙田镇进一步扎实开展社会治安专项行动。开展"粤安08"、"春雷"、打黑除恶、公交治安秩序整治等多个专项行动，破获一批大案要案。在全镇范围内广泛开展治安大排查大清查，对稔洲村水上队组、环保城工业园区、镇中心区3个治安复杂地区进行重点整治。加强授权网吧的管理，落实网吧包干责任人轮换制度，全年共清理"黑网吧"5家。

在沙田镇政府各级部门和沙田民众的共同努力下，近几年沙田社会治安状况明显好于周边乡镇。2007年，沙田镇被东莞市评为维护稳定和社会治安综合治理先进镇的称号。

但是，一个地区随着人、财、物的流动性和聚集能力的增加，在一定程度上，会引起社会安全和稳定因素的变量增加和复杂程度上升；而一个地区社会治安的好坏不仅与治安管理能力相关，也与经济发展状况密切相关，相互之间存在影响和制约的作用关系。其中，农民征地拆迁后，手中钱多了，再加上因失去在土地上的劳动，又未能转向城市就业，形成了社会闲散人群，这部分人易于受到外部影响，尤其是部分拆迁户中的青少

照片 9—1　沙田交警大队启动"大巡逻"活动，提高路面的见警率
　　　　　　和管事率，有效震慑和打击了各类交通违法行为，改善了
　　　　　　道路交通环境

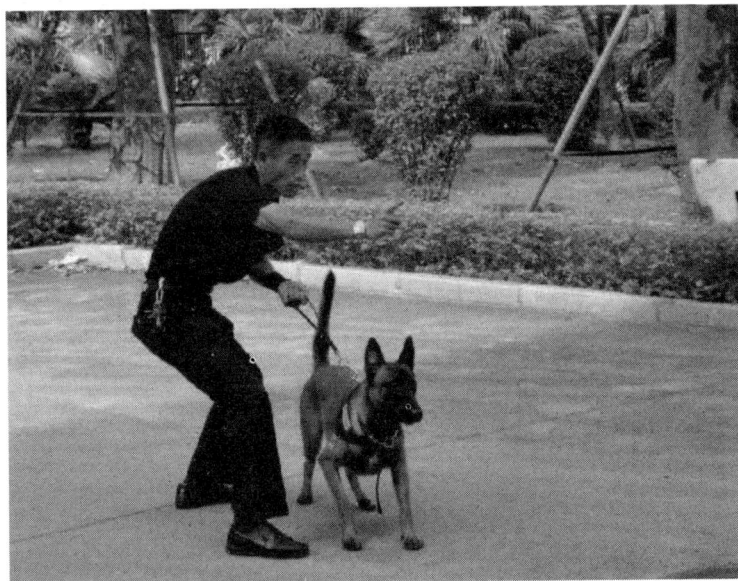

照片 9—2　沙田建立了警犬培训基地，配置警犬 3 只，
　　　　　　训导员正在训练警犬

年，更容易受到外部影响，滑向赌毒的深渊。例如，从沙田公安分局提供
的《1991—2009 年打击黄赌毒情况统计表》和《1991—2009 年刑事案件

照片9—3　沙田公安分局邀请群众零距离体验巡警工作，
提高广大群众的安全防范意识

照片9—4　沙田公安分局的民警

侦破情况统计表》中可以看出发展变化的端倪（见表9—1—表9—2）。

其中，应重点关注的是，在经济增长速度减缓或出现反复时，对赌博案件和随后相关连带的治安案件的管控。尤其值得注意的是，从沙田公安系统历年打击的犯罪案件中，"黄赌毒"一直占有相当高的比例。而从这些案件的变化规律看，黄赌毒与经济发展状况存在一定关系，尤其是赌毒

照片9—5　沙田公安监控系统

照片9—6　沙田公安机构在中学进行普法知识讲座

这两个毒瘤，存在地区经济增长的同时，吸毒与赌博的案件往往也有增加的现象。而且，一旦经济增长速度放缓，受到经济状况不好和市场紧缩的

照片 9—7　沙田公安机关进行治安整治工作动员

影响，当地企业生产出现减产或停产时，受其影响，社会上的吸毒案件虽然似乎变化不大，但是赌博案件会出现明显的反弹。例如，2009 年，沙田的赌博案件从 2008 年的 79 宗，一下飙升到 619 宗，涉案人员多达 1115 人。这在一定程度上说明，地区经济的突发变化，其影响力会传导到社会，与社会安全和稳定有着密切的关联。

表 9—1　　　　　　1991—2009 年沙田刑事案件侦破情况统计

年份	发案件数	破案件数	破案率（%）
1991	45	30	66.7
1992	49	32	65.3
1993	89	30	33.7
1994	109	31	28.4
1995	84	33	39.3
1996	52	22	42.3
1997	60	28	46.7
1998	56	29	51.8
1999	91	43	47.3

续表

年份	发案件数	破案件数	破案率（%）
2000	199	43	21.6
2001	247	51	20.65
2002	319	62	19.4
2003	354	90	25.4
2004	467	181	38.8
2005	465	190	40.9
2006	358	166	46.4
2007	334	165	49.4
2008	330	153	46.4
2009	549	318	57.9

资料来源：沙田镇公安分局。

表 9—2　　　　　　1991—2009 年沙田打击黄赌毒情况统计

年份	扫黄		赌博		吸毒	
	宗	人	宗	人	宗	人
1991	6	18	27	136	0	0
1992	9	19	17	111	1	2
1993	21	44	36	195	1	12
1994	5	54	32	297	3	17
1995	19	42	30	225	4	27
1996	6	10	21	173	不详	30
1997	8	22	13	91	9	46
1998	11	22	8	40	8	29
1999	1	14	5	27	8	27
2000	3	6	29	111	18	41
2001	0	0	30	120	23	68
2002	1	4	5	37	34	43
2003	1	16	2	20	23	36

年份	扫黄		赌博		吸毒	
	宗	人	宗	人	宗	人
2004	7	17	23	75	31	38
2005	1	2	27	91	39	81
2006	15	45	55	204	62	70
2007	12	25	69	321	65	72
2008	25	53	79	331	69	72
2009	19	44	619	1115	50	74

资料来源：沙田镇公安分局。

二　社会福利与社会救济

健全的社会福利、社会救济及最低生活保障制度是一个社会文明程度的表征和应有的基本内容。新中国成立以来，沙田镇在这方面与全国大多数地方一样，经历了从无到有、从低到高的发展过程。20 世纪末以前，沙田的社会福利主要体现在对镇域内孤寡老人的照顾上。1997 年在镇域内实行最低生活保障制度后，沙田社会保障的覆盖面不断拓宽，逐步涵盖到所有未达到最低生活标准的家庭，体现了政府在保障社会公平性方面的作用在不断加强。此外，在残疾人康复工作，推进残疾人就业，对突发自然灾害与事件的救济，向贫困户子女提供扶贫助学贷款，复退军人安置工作，建立城乡一体的社会基本医疗保险制度等方面，沙田也做了不少工作，取得了一定成绩。

（一）孤寡老人的照顾

21 世纪以前，沙田的社会福利、社会救济及最低生活保障工作主要体现在对孤寡老人的照顾方面。新中国成立前，沙田农村中没有生活来源的老弱、病残、鳏、寡者和孤儿生活十分悲惨，只能依靠自己和别人的施舍挣扎在生死线上。新中国成立后，党和人民政府把无依无靠的孤寡老人和孤儿划定为"五保户"，即保吃（包括柴、米、油、盐、菜）、保穿（包括衣服、鞋、帽、被）、保住、保葬、保教（孤儿）。

1961 年，成立沙田人民公社后，全公社共有五保户 30 人，实行分散供养，由生产队供应口粮，每月发菜钱 5 元。

20 世纪 70 年代，提高了供给标准，除供应 40—50 斤谷的口粮外，生活费提高到每月 7—10 元，以各大队分配水平而定。

20 世纪 80 年代，改为每月 80 元供养费，药费、医疗费全部实报实销，衣服、鞋、帽、被全部供给。

20 世纪 90 年代，政府明显增大了对孤寡老人保障的投入。1995 年，为了更好地照顾沙田地区的孤寡老人，沙田镇政府在阁西山边投资 500 万元兴建了沙田敬老院，占地面积 20 亩，其中住房为 5 栋 2 层楼房，每栋 10 个房间共有 50 间房，每层有一个卫生间。还有娱乐室、电视室、老人健身室、接待室、厨房、饭堂、医疗室，有小型面包车一部，有花卉、树木、果园、菜园以及养猪场、养鸡场等设施。

1999 年，住院老人生活待遇每人每月 250 元伙食费，每月发放老人金 50 元，老人所在村（居）委会（单位）每月发放养老金 150 元，可享受免费医疗。每人每年发放两套衣服、鞋、被，每月发放一次生活用品，每年发放节日慰问金约 300 元，水电费全供给。老人百年归老后，院方负责料理后事，做到老有所养、老有所乐、老有所为、病有所医。逢年过节，镇领导、企事业单位、团体、学校、个人都会到敬老院慰问老人，送上文艺节目、礼物、食品和慰问金，让老人感到社会的温暖。

敬老院的经费来源分为 4 个部分，市民政以及市、镇医疗基金补助部分，每年大约是 60 万元，社会福利统筹金 18 万—20 万元，老人户籍单位缴老人金 11.4 万元，社区服务中心承包金 19.6 万元。

沙田敬老院于 1998 年 12 月被评为广东省一级敬老院；1999 年 10 月被评为东莞市先进敬老院。

（二）最低生活保障制度

从 1997 年 1 月 1 日起沙田镇开始实行市民最低生活保障制度，未达到最低生活保障标准的家庭，由政府每人每月发给234元，当年全镇未达到最低生活保障标准的共有53户，139人。2000年，最低生活保障标准提高到260元。

从2002年开始，沙田镇不断完善城乡居民最低生活保障制度，进一步扩大保障面，全镇列入低保对象的户数与人口呈现逐年增加的现象。2002年和2003年，每年有100多户，400多人；2004年和2005年，每年有200多户，600多人；2006年达到了300多户，800多人；2007年，进一步扩大范围，达到了500多户，近1300人；2008年更加明显，当年增加了522户，1106人，与2007年相比，几乎增加了一倍。到2009年沙田镇享受低保的家庭已有1258户，共2347人（见表9—3）。

同时，政府每年还拨出一些资金为贫困户子女提供扶贫助学贷款，使贫困家庭的子女可以无忧地接受学校教育。2005年，提供了74.8万元扶贫助学贷款；2006年，改为补助金，当年为低保家庭在读学生发放各类补助金近44万元；2007年，对304名困难家庭学生发放低保助学金49.45万元，对127名低保家庭子女发放补助款21.84万元。

表9—3　　　　　1997—2009年沙田镇发放最低生活保障金情况

年份	金额（元）	户数	人数
1997	230304	53	135
1998	230304	53	135
1999	230304	53	135
2000	230304	53	135
2001			
2002	674940	179	472
2003	680964	185	473
2004	1150777	256	646
2005	1161264	266	668
2006	1295010	355	810
2007	1656060	556	1299

年份	金额（元）	户数	人数
2008	4286784	1078	2184
2009	4657480	1258	2347

资料来源：沙田镇政府社会事务办公室。

（三）社会救济

沙田地区每年都发生气象灾害，如台风、咸潮等，还有残疾人康复和残疾人就业、改善住房困难户的居住条件、困难群众医疗等，都需要社会的帮助和救济，因此，社会救济也是沙田社会保障功能的重要部分。根据统计数据，沙田地区每年都有一些受灾的群众得到政府的救济金额，其中，发放救济金额最多的年份是2004年，当年发放的金额为31.27万元；救济人数最多的是2005年，当年接受救济的人数为1228人（见表9—4）。

沙田对残疾人康复工作，推进残疾人就业方面也做了很多工作。2005年，在开展残疾人康复工作方面，重点提高了残疾人补助标准，由原来的每人每月100元提高到每人每月200元，全年发放重残专项补助金17.52万元；努力推进残疾人就业工作，成功推荐有劳动能力的残疾人140人就业，有就业能力的残疾人就业率达100%。并且抓好精神病防治康复，共投入精神病人治疗费用4.84万元。

在改善住房困难户的居住条件方面。2006年，投入资金682万元为全镇176户住房困难户建设新房。2007年，解决346户群众的住房困难问题，已竣工的"住房难"工程全部通过市的检查验收。

在医疗救济方面。2006年，为858名补助对象发放基本医疗救助金43.6万元，帮助48名困难群众申请医疗救济金12万元；2007年，为1346人发放基本医疗救助金68.17万元，为1346名补助对象购买B档农医保，帮助67名伤病人员申请医疗救济金18.13万元。沙田对困难户的医疗救济面也在不断扩大，从1997年、1998年的十几个人，逐渐增加到2008年、2009年的130—140人，增长了近10倍（见表9—5）。

　　此外，为了广泛动员企业单位、社会团体和社会各界热心人士，发扬人道主义精神，筹集资金对那些家庭困难在东莞沙田工作的人士，在意外事故或患危急重病时进行救济扶助，1997年1月在沙田镇政府的支持下成立了东莞市医疗救济基金会沙田镇分会，增加了社会各方面参与社会救助的力量。

表9—4　　　　　　　　　1984—2009年沙田镇发放社会救济金统计

单位：元

年份	救济金额	救济户数	救济人数	年份	救济金额	救济户数	救济人数
1984	4560	51	152	1997	27000	97	198
1985	5940	43	129	1998	32220	101	113
1986	6650	55	165	1999	41355	107	131
1987	6960	60	172	2000	83580	115	171
1988	7080	62	174	2001			
1989	7620	71	182	2002			
1990	7480	68	148	2003			
1991	7540	69	151	2004	312650	90	253
1992	7620	72	160	2005	23220		1228
1993	7680	73	163	2006	28570	291	
1994	7500	70	154	2007	173900	209	728
1995	12160	80	188	2008	23800		
1996	12320	82	194	2009	21000	187	399

资料来源：沙田镇政府社会事务办公室。

表9—5　　　　　　　1997—2009年沙田医疗救济金发放情况统计

年份	金额（万元）	人数
1997	28.5	19
1998	40.8	12
1999	213.6	31
2000	163.2	48
2001	15.14	56

年份	金额（万元）	人数
2002	20. 38	77
2003	14. 8	90
2004	9. 43	82
2005	13. 81	82
2006	12. 07	68
2007	20. 33	74
2008	43. 05	143
2009	36. 57	135

资料来源：沙田镇政府社会事务办公室。

照片 9—8　沙田社会保障大楼

三　就业与再就业工程

近些年来，沙田进入了产业升级换代、虎门码头建设和城镇化快速推进阶段，原有的农村土地大量转换为非农用地。而失去土地的农业劳动力转移问题逐渐上升为应重点重视的社会问题。进入 21 世纪后，沙田不断加大对再就业工程的投入力度，想方设法解决就业和农业劳动力转移问题，引入了包括"村民车间"在内的一系列的对策与措施，取得一定成果。

2005 年，沙田镇为解决就业问题，开设 5 个就业服务窗口，不断完善就业服务网络，积极提供企业的招聘信息，当年成功推荐就业 453 人。同时，加强农村富余劳动力就业工作，为沙田户籍人员提供免费就业介绍和免费技能培训，共开设各类培训班 7 期，培训农村富余人员 308 人，成功推荐 225 名本地劳动力就业。加强农村劳动服务站建设，全镇共成立劳动服务站 14 个，通过村一级的劳动服务网络，成功推荐就业 82 人。着力解决大中专毕业就业问题，制定《沙田镇籍大中专毕业生就业补贴方案》，对大中专毕业生的工资设立最低标准，未达到标准的由镇财政进行补足，成功推荐大中专毕业生就业 346 人，就业率达 97.46%。

2006 年，沙田镇坚持以人为本，千方百计解决社会就业问题。不断完善就业服务网络，着重推进失地农民、应届毕业生就业，共对 636 名劳动力进行职业技能再培训，安排本镇人员就业 2033 人。

2007 年，沙田镇成立就业办公室，协调统筹全镇的就业工作，村一级亦成立相应机构。开展就业普查，对失业人员、岗位空缺情况进行登记造册。开展技能培训，举办中式面点师、中式烹调师、厂内机动车驾驶员及维修电工等各类培训班 20 期，培训 880 人；实施新莞人培训工程，共举办培训班 11 期，培训 1280 人。积极举办公益招聘会，推荐就业 1201 人，成功就业 641 人。落实就业优惠政策，为 2644 名就业困难人员申请工资差额补贴 80 多万元，为 76 名一线岗位工作的大中专毕业生发放企业岗位津贴，为 263 人发放岗位成才奖励金。

2008 年，沙田镇出台《关于进一步加强创业就业工作意见》，制定"3040"人员全日制岗位工资差额补助、创业小额贷款贴息等实施细则。加大资金扶持力度，为就业困难人员发放工资差额补贴 140 多万元；向 53 名进工厂企业工作的大中专毕业生发放企业岗位津贴 11 万元；向获得岗位成才奖的 260 人发放奖励金 23.45 万元；帮助创业人员申请小额贷款 46 人次，贷款额达 351 万元。实施培训工程，举办技能培训班 47 期，培训 3000 人次。开展欠薪整治、劳动合同签订、规范用工等多项执法检查，督促企业签订劳动合同 6.3 万份，查处黑职介及无牌无证家政 4 家、招用童工企业 2 家、违法用工企业 77 家。

2010 年沙田镇企业和各行政村开展"村民车间"情况见表 9—6、表 9—7。

表 9—6　　　　　2010 年沙田镇企业开展"村民车间"情况统计

企业名称	车间总人数	男	女	高校毕业生	已办理岗位补贴	已办理"3040"补贴	已办理"4050"补贴
东莞哥斯达皮具有限公司	30	0	30	0	0	2	28
东莞市昌辉彩印有限公司	34	1	33	0	0	10	5
东莞井上五金橡塑有限公司	15	0	15				
东莞沙田三和磁铁制造厂	18	0	18				
东莞诚达鞋业有限公司	305	39	266				
东莞柏辉玩具有限公司	100	36	64				
东莞市沙田禄鑫运动器材厂	18	0	18			4	13
东莞竣尔健鞋业有限公司	21	4	17			7	8
东莞百宏实业有限公司	106	0	106				
东莞市昊锋鞋业有限公司	26	24	2				
东莞伟升鞋材厂	31	3	28			13	21
东莞市中原第二电脑绣品厂有限公司	36	4	32	3		15	14
东莞市汉霖电脑绣花厂	23	0	23				22
合计	763	111	652	3		51	111

资料来源：沙田镇党政办公室。

照片9—9 三和磁材有限公司的村民车间

照片9—10 村民车间女工下班

表9—7　　　　2010年沙田镇各行政村开展"村民车间"情况统计

行政村	车间名称	成立日期	车间总人数	男	女
大坭村	哥斯达村民车间	2008.1.10	30	0	30
穗丰年村	昌彩村民车间	2009.3.12	34	1	33
齐沙村	井上村民车间	2009.4.10	15	0	15
稔洲村	三和村民车间	2009.5.11	18	0	18
阖西村	诚达村民车间	2009.6.10	305	39	266
民田村	柏辉村民车间	2009.7.10	100	36	64
西太隆村	禄鑫村民车间	2009.9.10	18	0	18
义沙村及西大坦	竣尔健村民车间	2009.10.16	21	4	17
横流社区	百宏村民车间	2009.11.10	106	0	106
穗丰年村	昊锋村民车间	2010.04.10	26	24	2
西太隆村	伟升村民车间	2010.05.10	31	3	28
杨公洲村	中原村民车间	2010.06.10	36	4	32
	汉霖村民车间	2010.06.10	23	0	23
合计			763	111	652

资料来源：沙田镇党政办公室。

四　居住条件与环境改善的巨大变化与反差

新中国成立前，沙田作为经济条件比周边落后的农业地区，整个区域内没有一间砖瓦房屋，甚至土坯房也难以见到，更谈不上像样的村落与街道，乡民居住的是在堤坐（ti boh，堤坝）上用一些竹木搭成的茅寮，一般一个自然村落仅有几户或十几户人家，显得七零八落。乡民出门便是水，举步要登船。

新中国成立后，沙田居民生活水平逐步提高，居住条件有所改善。从

1954 年开始，不少村民住上了比较坚固、相对美观的松皮棚，这在当时成为沙田民居的主要特色。直到 1961 年，各个村庄里的建筑都是草寮和松皮房，见不到砖瓦房。例如，中围村有村民 400 多人，1965 年前全是住在茅草房里。

1961 年 7 月，沙田人民公社成立后，在横流水闸北侧建设了公社总部，其正门是二层的砖瓦楼房结构，两侧为砖瓦平房结构。这是沙田地区的第一栋砖瓦结构的房屋。

而农民住上砖瓦结构房屋的时间，是在 1967 年后才开始出现的。其原因是在 1965 年把原来种植树木和竹的堤坐上改种香蕉，使得农民收入增加，农民有能力建筑砖瓦房屋。但是，那时的农民能够住进砖瓦结构房屋的人数很少。在 1999 年前后，曾经对沙田地上建筑物进行调查，发现沙田最早的砖瓦结构建筑仅是 20 世纪 60 年代的几个简陋的小屋和一个工业大烟筒。

改革开放后，沙田经济得到发展，沙田农民的收入不断增加，有了一定的经济基础后，农村砖瓦结构的房屋也开始逐渐增多。20 世纪 80—90 年代，沙田农村出现了二层及以上的砖瓦结构房屋。根据 2005 年的调查，沙田相对比较落后的立沙岛中各村的农民住房也有相当比例的多层砖瓦结构房屋（见表 9—8、表 9—9）。

但是，直到 2005 年，沙田农村的住房仍有相当比例的临时建筑和简易住房，而外来耕种人员绝大多数也是居住在简易棚屋里，这在一定程度上反映了沙田农民居住条件的差异性仍比较大（见表 9—10）。

最近几年，随着虎门港的建设和新农村建设的实施，沙田农民的居住条件得到很大的改善。尤其是西大坦新区的几栋高楼建成后，使得农民成规模地住进了现代化的高楼，开始享受现代化的城市化生活。根据沙田镇的规划，今后将建设几个农民住宅新区，引导农民上楼，以农民公寓建设、产业规模化布局、"三旧"改造为契机整合空间资源、促进散落村庄的迁并、改善村民居住环境，营造城市的居住生活形态，较大程度地提升农民的生活水平。

表 9—8　　　　　　2005 年立沙岛各村建筑总面积统计

单位：平方米

村名 建筑面积	中围	和安	大流	坭洲
一层建筑	16951.62	28137.17	22575.69	36656.36
二层建筑	24064.36	39702.42	24961.52	42152.7
三层建筑	11345.88	12990.09	14519.97	16189.62
四层建筑	77.76	369.44	488.12	198.32
五层建筑	—	—	—	2194.6
总计	52439.62	81199.12	62545.3	97391.6
四村合计	293575.64			

资料来源：《立沙岛搬迁项目规划》。

表 9—9　　　　　　　2005 年立沙岛民宅分类

单位：房间数

村名	民宅间数	框架	砖混	砖瓦	临建	简易	简易比例
大流村委会	1123	35	365	428	—	295	26.27
坭洲村委会	2526	66	876	689	310	585	23.16
和安村委会	1442	67	742	453	180	—	12.48
中围村委会*	800	12784	29187	21526	7294	12984	15.50/24.21

注：*中围村民宅分类统计以建筑面积为统计口径。/后为临建＋简易的比例。

资料来源：《立沙岛搬迁项目规划》。

表 9—10　　　　　　2005 年沙田镇外来耕种人员居住情况汇总

序号	村委会	户数	人数	住房情况				简易棚屋占比（%）
				面积（平方米）	属于			
					砖瓦结构	泥砖房	简易棚屋	
1	中围	1	7	45			45	100
2	和安	1	6	50			50	100
3	坭洲	3	17	230		130	100	43.5
4	杨公洲	67	236	1557	65	35	1457	93.6
5	阁西	37	93	740			740	100

续表

序号	村委会	户数	人数	住房情况				简易棚屋占比（%）
				面积（平方米）	属于			
					砖瓦结构	泥砖房	简易棚屋	
6	民田	68	200	1772			1772	100
7	福禄沙	14	51	710	210		500	70.4
8	大坭	38	105	1325			1325	100
9	齐沙	8	39	860			860	100
10	穗丰年	6	54	1200	650		550	45.8
11	西大坦	17	36	350			350	100
12	稔洲	126	311	3886			3886	100
13	义沙	144	347	3975			3975	100
14	西太隆	12	345	3315	50		3265	98.5
合计		542	1847	20015	975	165	18875	94.3

资料来源：沙田镇党政办公室。

背景资料：东莞关于"村改居"的相关资料

为保证村改居工作的顺利实施，东莞将从以下几方面进行政策扶持：一是集体土地转为国有土地时，必须足额兑现依法支付给村集体和农民的各项征地补偿，没有落实征地补偿的，不能办理征地手续。而且征地补偿标准要经村民大会和村民代表大会同意。二是完成村改居后，必须给原村民的合法宅基地建筑物换发《房地产权证》，有关部门若收回转制土地使用权，则必须按镇区征地补偿办法给予合理补偿。三是居委会的公共管理费用，先从集体经济组织预留的集体股的收益中解决，条件成熟后，逐步过渡到由财政拨付，并纳入城市化管理。四是完善社会保障制度。村民转为城镇居民后，将纳入社会保障体系，享受社会养老保险、农民（居民）基本医疗保险制度和最低生活保障。集体经济组织有能力的，经集体经济组织成员大会或成员代表大会通过，除市补贴外，还可用集体经济组织中的公益金进行参保。

同时，东莞出台"村居民公寓规划建设"的相关政策，计划10年内实现全部居（村）民上楼。各镇区将在2005年前编制全镇的公寓小区规划，确定建设规模和小区用地。根据要求，公寓小区的户数规模控制在现户籍数的1.1倍以内，每个公寓小区应不少于100户，鼓励村组间联合建设公寓小区；严格控制建设规模，人均用地面积不应大于30平方米，建筑面积不应大于50平方米；严格执行"退旧建新"的政策，鼓励利用旧村改造用地进行公寓小区建设，如果需要使用新地，必须回收与小区相当面积的旧村产权作为日后改造之用，公寓建成后，居委会将回收相应户数的私房产权，用于旧村改造；全面禁止建独院私房，从2004年10月1日起，除市政府同意的项目，国土部门不再审批新建独院式私房用地，建设部门不再新办独院私房报建，房管部门不再核发独院私房房产证。

（资料来源：沙田镇党政办公室）

照片9—11　沙田早期的茅寮。20世纪50年代的沙田农民
都是居住在这样的茅寮之中

照片 9—12　沙田 50 年代的茅寮

照片 9—13　沙田 20 世纪末遗存的茅寮，这些茅寮是沙田
农民 50—60 年代的居室

照片 9—14　沙田农民 70—80 年代的房屋

照片 9—15　90 年代的立沙岛二层民居

照片 9—16　沙田农民 80 年代的房屋

照片 9—17　坭洲南新洲村。典型的沙田农村结构与 60—90 年代的房屋，沿河涌两旁依水建房。照片中 60—70 年代的骑脚松皮寮和 90 年代的吊脚楼相互为伴

照片 9—18　21 世纪的西大坦农民新公寓

第十章 教育演进、文体发展和卫生建设

　　沙田镇的教育、文化、体育和卫生事业经历了从无到有，从初级到高级，从单一模式到百花齐放，从默默无闻到全省知名，并且部分文体项目走出国门，为国争光，做得有声有色，浓墨重彩。进入 21 世纪后，教育成为沙田镇的一个亮点，并于 2006 年被授予广东省教育强镇称号；文化体育得到蓬勃发展，沙田疍家文化的咸水歌成功申报为广东省省级非物质文化遗产；沙田镇龙舟队在广东省和国际上多次获得奖牌。卫生建设也同样有很大的改进，形成了一个以沙田医院为主导以各街道和村庄卫生站为基础的较为完备的医疗卫生体系。

一　沙田的教育

（一）历史回顾

　　新中国成立前沙田地区的文化教育长期表现为一片空白，其主要原因是这一地区居住的几乎都是贫苦的农民和渔民，他们自身因经济所限没有条件接受文化教育，也没有能力送子女上学。这种与教育无缘的状态世世代代，循环往复。新中国成立前，这里没有任何学校和教育设施，沙田居民绝大多数是文盲。

　　新中国成立后，20 世纪 50 年代初期沙田开始出现初级小学，几年后，政府又开办了高级小学。但因该地区经济相对落后和教育底子薄，直到 1967 年沙田的正规学历教育还仅局限在小学教育阶段。

　　20 世纪 60 年代中后期，沙田地区出现了初级中等教育，最初是 1964

年 9 月沙田公社为了培养农业技术人才开办的沙田农业中学。这个所谓的沙田农中实际上只是一所单一教授农业技能的技术学校，教学方式采取的是半工半读形式，主要学习的是一些农业实用技术，因此，从严格意义上说，还不能算作真正的初中教育。沙田真正面向高小毕业生的初中教育最早出现在 1967 年，这一年，沙田公社决定在沙田的各个小学内开始附设初中班，初中班的设立使得沙田孩子改变了必须到沙田以外地区接受小学以上教育的状况，能够在当地就近接受初中教育。

1970 年，沙田第一所高级中学"沙田中学"建立，建校当年开始招收高中班，对象是沙田区各个小学初中班毕业的学生。沙田中学的出现使得沙田地区的学历教育进入到高中教育阶段。1972 年，沙田人民公社考虑到小学附设初中班教学设备差，师资力量相对分散和能力较低，难以保证教学质量，对当地的初中教育资源进行整合，分期分批把小学附设的初中班集中到大流联中、大坭联中和沙田中学。1974 年，沙田中小学实现真正的教育分离。形成教学功能划分清楚、资源优化组合、招生对象明确的小学和中学，促进了沙田中小学教育的进一步发展。

1981 年，全镇普及六年义务教育。1985 年，沙田中学迁至镇政府所在地横流街道。1989 年开始普及九年义务教育。1995 年，镇政府进一步决定在沙田镇普及高中教育，并投资建设了另外一所完全中学——广荣中学。

2000 年以后，根据本地区经济发展和教育需求，沙田中学进行了重新整合，逐步调整为初中、职高和成教合一的学校。高中教育开始相对向广荣中学和民办的东方明珠学校集中。2004 年年底，沙田镇委、镇政府按照东莞市对全市职业技术学校重新布局的要求，以及沙田自身优化教育资源配置，提高办学效益，使学校建设上规模、上等级的思路，依据全镇教育实际条件，重新调整了学校布局，取消了沙田中学的职高班级，并决定选址新建沙田中学，新沙田中学校址定在湖景路。2006 年 2 月，新建沙田中学正式投入使用。新沙田中学把原广荣中学高中部并入后，调整为一所寄宿制的普通高级中学，而广荣中学由一个完全中学转变为初级中学，负责全沙田的公办初中教育。2007 年，根据东莞市政府的教育资源调整规划，各乡镇的高中由市级教育部门统一管理，沙田中学被上收到市教育局，面向全市招生。从 2007 年开始，沙田镇政府所管辖的教育资源只涉及学前教育至初中教育阶段。2011 年 12 月，沙田中学进一步更名为"东莞市第十高级中学"。根据 2011 年的数据，沙田中学当年有 30 个教学班，学生 1500 多人，生源中 60% 以上来自沙田和虎门港区，另有接近 40% 的学生是城区和石排镇户籍。

（二）沙田小学和中学教育的发展历程

1. 小学教育发展轨迹

新中国成立后，沙田地区各乡陆续开办了初级小学。但沙田当地的学生要想接受高小教育还是必须要到虎门、厚街或麻涌等地上学。

20 世纪 50 年代中期，沙田出现三所完全小学，分别是沙田乡穗丰年小学、新沙乡民田小学、立沙乡和安小学。

1961 年，沙田中心小学成立。此时，沙田境内共有小学 15 所，87 个班，2650 名学生，教职工有 98 人。

1989 年，全镇有完全小学 16 所，教职工有 201 人，在编行政干部 32 人，专职教师 169 人，共 167 个班，3571 名学生。

2000 年，沙田地区的小学开始进行资源整合。同年，立沙中围小学、和安小学、大流小学、坭洲小学合并为沙田第一小学。校址设在大流村。

2005 年，稔洲小学、齐沙小学、穗丰年小学、西大坦小学、大坭小学、义沙小学合并为沙田第二小学。校址设在虎门港沙田港区。

2006 年，原中心小学、杨公洲小学、西太隆小学、先锋小学、民田小学、阖西小学、福六沙小学合并为沙田中心小学。校址设在沙田镇沙太一路 40 号。至此，沙田的小学教育完成了相对集中的调整与整合，小学教育资源全部归并到沙田中心小学、沙田第一小学和沙田第二小学这三所学校之中（见表 10—1、表 10—2）。

现在，沙田小学生上学实行了校车接送。2012 年，沙田镇共有校车 101 辆，全部安装了 GPS 行驶记录仪。车龄不到 1 年的新校车占全镇校车总数的近40%。2011年8月以来全镇共投入资金近1000万元，新购校车39辆，其中，2011年12月5日以后新购入的16辆校车全部为专用校车。

照片10—1　沙田中心小学

照片10—2　沙田中心小学的操场和教学楼

照片 10—3 沙田第一小学的教学楼

照片 10—4 沙田第二小学的大门

照片 10—5   沙田镇 2011 年购入的专用校车

表 10—1   2000—2004 年沙田镇小学情况

年份	学校数（所）	毕业生数（人）	招生数（人）	在校学生数（人）	教职工数（人）	专任教师（人）
2000	14	961	112	5934	232	173
2001	14	951	1067	6266	270	200
2002	14	1024	978	6259	267	199
2003	15	959	1080	6497	272	208
2004	14	1033	960	6352	280	224

资料来源：沙田镇政府教育办公室。

表 10—2   1990—2009 年沙田镇小学师生情况统计

年份	教职工情况				学生情况	
	行政人员	教师人数	党员	团员	班数	人数
1990	38	250	33	48	108	3817
1991	38	248	33	48	114	4199
1992	40	250	35	49	116	4195
1993	40	257	37	49	116	4608

续表

年份	教职工情况				学生情况	
	行政人员	教师人数	党员	团员	班数	人数
1994	40	254	37	53	116	4774
1995	40	258	37	51	116	4890
1996	40	268	37	56	115	4904
1997	40	266	40	53	115	4905
1998	40	276	42	55	115	5035
1999	40	288	45	58	126	5017
2000	35	292	49	56	116	5173
2001		270				6266
2002		267				6259
2003		272				6497
2004		280				6352
2005						6226
2006	25	340	50	104	143	6667
2007	24	362	60	217	168	7465
2008	30	347	86	193	161	7153
2009	29	315	68	133	146	6445

资料来源：沙田镇政府教育办公室。

2. 中学教育发展轨迹

1964 年 9 月，沙田公社为培养农业技术人才，开办沙田农业中学。该校为半工半读性质，仅办了 4 年，于 1968 年解散。

1967 年，沙田各小学开始附设初中班，学制两年，主要是抽调部分小学教师骨干教初中课程。

1970 年，沙田公社为了发展沙田的教育事业，改变沙田没有高中教育的状况，决定建设沙田中学。沙田中学开学后首届招收三个高中班，共150 人。

1972 年，沙田中学开始招收初中班，并发展成为完全中学。为了提高教学质量，沙田地区逐步撤销各个小学附设的初中班，相继办起了大流联中和大坽联中。

1985年，大坽联中合并到沙田中学。

1989年，大流联中合并到沙田中学。

1995年，根据镇政府普及高中教育的决定，沙田镇投资建设了第二所完全中学——广荣中学（见表10—3）。

2000年，沙田中学调整成为初中、职高和成教合一的学校（见表10—4）。沙田中学的高中班停止招生，高中教育开始相对向广荣中学和民办的东方明珠学校集中。

2006年，沙田中学搬入新的校址，并转变功能成为只设高中教育班级的普通高级中学。广荣中学的高中部并入沙田中学，广荣中学由一个完全中学转变为初级中学，负责全沙田的初中教育。

2007年，沙田中学上交由东莞市教育局管理，脱离了沙田教育管理体系。从此以后，沙田镇政府所管辖的教育资源只涉及学前教育至初中教育阶段。

2011年12月，沙田中学更名为"东莞市第十高级中学"。

表10—3　　　　　　1995—2009年沙田镇广荣中学师生情况统计

年份	教 职 工 情 况						学 生 情 况				
	公办	民办	职工	党员	团员	教职工合计	班 数		人 数		合计
							高中	初中	高中	初中	
1995	11	21	6	8	6	38	2	6	109	315	424
1996	16	65	13	5	11	94	4	12	236	614	850
1997	37	55	12	7	13	98	7	18	367	942	1309
1998	40	50	12	7	15	102	7	18	361	898	1259
1999	42	53	13	8	13	108	8	20	419	980	1399
2000	48	50	15	8	14	113	9	20	500	1061	1561
2001	52	47	25	10	15	124	11	22	646	1211	1857
2002	63	43	19	12	15	125	13	21	749	1181	1930

年份	教职工情况						学生情况				
	公办	民办	职工	党员	团员	教职工合计	班数		人数		合计
							高中	初中	高中	初中	
2003	76	36	19	20	15	131	15	21	836	1137	1973
2004	82	35	22	23	15	139	17	22	955	1158	2113
2005	91	40	21	25	18	152	20	30	1110	1609	2719
2006	115	24	22	32	28	161	0	45	0	2435	2435
2007	138	13	27	39	30	178	0	47	0	2321	2321
2008	142	10	24	38	35	176	0	48	0	2192	2192
2009	154	2	24	39	36	180	0	44	0	2026	2026

资料来源：沙田镇政府教育办公室。

表 10—4　　　　　　　1990—2000 年沙田中学师生情况统计

年份	教职工情况					学生情况				
	合计		其中			班数		人数		
	高中	初中	党员	团员	职工	高中	初中	高中	初中	团员
1990	12	61	13	14	9	2	16	73	1009	143
1991	12	62	15	14	9	2	17	79	1014	158
1992	27	47	13	18	11	2	19	103	1047	181
1993	26	61	14	18	10	2	22	100	1230	174
1994	33	69	16	27	12	3	26	138	1488	172
1995	29	73	17	23	12	3	27	146	1417	175
1996	33	61	12	14	18	5	22	230	1187	151
1997	36	55	15	5	13	6	20	261	1099	161
1998	31	75	15	18	12	5	23	250	1279	275
1999	22	84	13	19	14	5	24	219	1358	377
2000	23	66	12	17	14	5	22	265	1343	269

资料来源：《沙田镇志》。

照片 10—6　沙田中学，现更名为"东莞市第十高级中学"

照片 10—7　广荣中学

（三）学前教育

　　沙田镇学前教育出现较晚，1979 年才开始起步。最初，主要是在小学开设六岁学前班，后来发展到五岁班、四岁班。1985 年，沙田第一个幼儿园建立。1995 年后，沙田镇居民的孩子进入幼儿园的人数快速增长。2000 年，沙田当地居民的 3—6 岁幼儿基本上都进入了各个幼儿园，沙田基本实现了普及幼儿教育（见表10—5）。根据沙田统计资料数据，2006 年，沙田镇共有公办幼儿园 4 所，民办幼儿园 3 所。2010 年，沙田镇的公立幼儿园减少为 1 所，而民营幼儿园发展到了7 所。

表 10—5　　　　　　　　1979—2000 年沙田镇学前教育情况统计

年份	教职工数	班数	幼儿人数	年份	教职工数	班数	幼儿人数
1979	4	4	45	1990	38	35	1261
1980	4	4	80	1991	38	35	1261
1981	2	9	264	1992	38	35	1261
1982	2	9	264	1993	40	36	1271
1983	15	15	410	1994	41	36	1286
1984	16	16	434	1995	58	37	1690
1985	16	16	541	1996	38	38	1722
1986	32	32	716	1997	50	38	1755
1987	36	34	1194	1998	69	45	1892
1988	36	35	1236	1999	88	49	1976
1989	37	35	1246	2000	100	49	2072

说明：1981 年、1982 年专职教师 2 人，其余是小学教师兼课作小学教师统计。

资料来源：《沙田镇志》。

1. 2000 年前成立的部分幼儿园的情况

沙田中心幼儿园，建于 1985 年，当时位于沙太路，占地面积 650 平方米，建筑面积 400 平方米，有 2 个教室，幼儿床 70 张，为走读式。由于入园人数不断增多，为了适应形势发展，1996 年沙田镇政府在沙田文化广场旁重新选址建幼儿园，幼儿园按照广东省农村镇幼儿园的标准建设，占地面积达 8400 平方米，建筑面积 5796 平方米，有 12 个教室、8 个功能室、幼儿床位 416 张（见表10—6）。

表 10—6　　　　　　　1985—2000 年沙田中心幼儿园师生情况统计

年份	教职工数	班数	幼儿人数	年份	教职工数	班数	幼儿人数
1985	4	2	70	1993	8	4	160
1986	4	2	90	1994	9	4	165
1987	4	3	100	1995	9	4	170
1988	4	3	100	1996	12	7	236
1989	5	3	130	1997	16	8	309
1990	6	3	145	1998	16	8	311
1991	6	3	145	1999	25	8	376
1992	6	3	150	2000	31	8	416

资料来源：《沙田镇志》。

先锋幼儿园，建于 1992 年，占地面积 2860 平方米，教室 6 间，教师 7 人，幼儿 67 人，幼儿床 50 张。原属新湾镇管理，于 1998 年先锋管理区归沙田镇后先锋幼儿园归沙田文教办管理。

稔洲幼儿园，建于 1997 年，占地面积 600 平方米，教室 3 间，有教师 4 人，有幼儿 150 人，是走读式幼儿园。

稔洲基础幼儿园是民营性质，建于 1997 年，占地面积 3000 平方米，教室 10 间，教师 10 人，幼儿床 170 张，有幼儿 130 人，主要是招收外来民工的幼儿入读。

东方明珠幼儿园也是民营性质，创办于 1997 年，占地面积 2662 平方米，教室 6 间，教职工 25 人，幼儿床 150 张，有幼儿 132 人，环境优美，电气化设备齐全，2000 年时，每人每期收费 6000 元，在当时的沙田属于高价幼儿园。

2. 沙田幼儿教育发展轨迹（见表 10—7）

1979 年，在小学开设学前班，即六岁班。后来发展到五岁班、四岁班。

1985 年，在沙太路瑞丰商场原址建设了第一个沙田幼儿园，即后来

照片 10—8　沙田中心幼儿园

照片 10—9　东方明珠幼儿园小朋友在表演

的沙田中心幼儿园。1992 年，创建先锋幼儿园。

1997 年，开办了稔洲幼儿园。同年，私人开办了稔洲基础幼儿园和东方明珠幼儿园共 5 所幼儿园。

1999 年，沙田中心幼儿园荣获市"热爱儿童先进集体"奖。

2000 年，沙田的 3—6 岁的幼儿基本上都能进入幼儿园，落实了幼儿教育。

2003 年，中心幼儿园被授予东莞市"绿色学校（幼儿园）"称号。

2005 年，沙田公办幼儿园在园幼儿 1072 人、民办幼儿园在园幼儿
760 人。

2007 年，全镇已注册幼儿园 7 所，另有 1 所正在办理中。

2008 年，清理整顿了 7 所无证幼儿园，其中取缔 6 所，1 所取得"办
学许可证"。

2012 年，在沙田镇围绕"建项目、创特色、树品牌"分步推进"一
校一特色"建设中，中心幼儿园的"家园共育"的家教项目取得显著
成果。

表 10—7　　　　　　　　1979—2009 年沙田镇学前教育情况统计

年份	教职工数	班数	幼儿人数
1979	4	4	45
1980	4	4	80
1982	2	9	264
1983	15	15	410
1984	16	16	434
1985	16	16	541
1986	32	32	716
1987	36	34	1194
1988	36	35	1236
1989	37	35	1246
1990	38	35	1261
1991	38	35	1261
1992	38	35	1261
1993	40	36	1271
1994	41	36	1286
1995	58	37	1690
1996	50	38	1722

年份	教职工数	班数	幼儿人数
1997	50	38	1755
1998	69	45	1892
1999	88	49	1976
2000	100	49	2072
2001			
2002			
2003			
2004			
2005			2988
2006	195	55	2950
2007	258	75	3005
2008	272	87	3002
2009	267	85	2836

资料来源：沙田镇政府教育办公室。

（四）成人教育

沙田成人教育从 20 世纪 50 年代开始出现，存在历史较长并取得了一定成绩。

首先，是成人扫盲工作。沙田扫除成人文盲的工作经过 30 年的不懈努力，成果显著。从新中国成立初期到 20 世纪 90 年代，沙田扫盲工作在多数时间里一直坚持。尤其是 1958 年沙田地区曾掀起过一个扫盲高潮，当时根据广东省教育工作会议精神，聘请各自然村高小以上的优秀学生和各小学教师当"群师"，按照农村季节特点利用田头地尾，工作空隙，分别对全社会文盲教识字，出现了子教父、孙教婆、夫妻互教的动人场面，到"文化大革命"前，共扫除文盲 4000 多人。"文化大革命"期间扫盲工作停止，再加学校教育受干扰，出现了反弹。到改革开放初期的 1979年，全镇还有文盲 2000 多人。1980 年开始了新一轮的扫盲工作，重点对

12—40 周岁的文盲进行文化教育，各自然村成立扫盲夜校，要经县社验收基本达到"无盲社会"的条件。1993 年，沙田最终完成了在全镇扫除青壮年文盲的工作。

其次，职业技术教育发展较快。1993 年镇文教办开始筹建"成人教育学校"。由副镇长任校长，校址设在沙田中学科学楼四楼。第一期与东莞电大合办沙田大专班两个，专业是工商行政管理，招收有高中毕业或同等学历的在职教师，各单位职工和部分企业管理人员，学制三年，开设 12 门课程。同时沙田中学与电大合办中专班 2 个，专业是财务会计，招收初中毕业生，学制三年。1995 年至 1998 年，每年招收一个业余高中班，共 150 人，学制两年。从 1999 年到 2005 年，沙田职业技术教育一直在不断发展和扩大。2005 年东莞市对中等职业技术教育统一规划，把全市的职业教育集中到城区和发达镇区的 11 所职业学校中。因此，2005 年以后，沙田的职业技术教育被分流到城区、长安、虎门、厚街等镇区。

再次，沙田各单位开展了丰富多彩的各种专业技术培训班。主要是根据沙田产业发展的需求，培训石油化工类、港口类等的一些技能证书班等。例如，小学教师开展中师函授学习。沙田医院组织职工参加在职培训或外出学习。沙田财政所每年对全镇从事会计工作的人员进行培训。沙田劳动分局举办各种培训班。涉及的职业范围包括各个方面，例如，有厂长、经理、酒店服务、厨师、美发、电工等各种职业的培训。

（五）民营教育

改革开放后的沙田教育有大量民营机构参与，而民营经济对教育的投入，促进了沙田教育的进一步发展和质量提升。突出的例子是东方明珠学校。东方明珠学校是 1994 年 7 月经东莞市教育部门正式批准成立的公私合办学校。由企业和沙田镇政府共同投资创办，它是一所寄宿制、现代化的学校，包括幼儿园、小学和中学教育。东方明珠学校从一开始就与公办教育完全不同，按照市场运作，把教育同经济结合起来，把市场经济和企业

照片10—10　沙田职业技术教育的课堂

照片10—11　沙田成人教育的课堂

精神带入教育领域，为教育的产业经营探索了一条通道。东方明珠学校是沙田教育改革的产物，在沙田地区开创了私人办教育的先河，为沙田教育输入了新鲜血液，使得沙田出现了公办教育与民办教育互补的发展局面。

自 2000 年东方明珠学校有学生参加高考以来，该校已连续九年实现高考升学率年年位居东莞市民办学校前列，向包括清华大学、北京大学、中国人民大学等国内一流学府在内的各类高等学校输送了大批优秀学子。2008 年高考，该校考生入围全国重点、本科大学录取分数线 189 人，本科入围率高达 72.4%；有 4 名学生进入广东省划定的高分段（600 分以上），高分段率位居东莞市民办学校前列。

东方明珠学校办学历程（见表10—8）：

表 10—8　　　　　　1994—2009 年东方明珠学校师生情况统计

年份	教 职 工 情 况				学 生 班 数			学 生 人 数			
	高中	初中	小学	职工	高中	初中	小学	高中	初中	小学	合计
1994			60	34			4			43	43
1995		16	60	39		2	4		48	128	176
1996		80	135	80		7	6		142	325	467
1997		120	149	104		7	20		212	595	807
1998		130	190	115		9	27		284	791	1075
1999	20	110	179	98	4	9	28	119	213	802	1134
2000	40	110	170	98	9	9	23	230	240	724	1194
2001	42	60	86	102	10	15	27	262	428	803	1493
2002	46	58	76	99	11	15	26	271	440	782	1493
2003	50	56	77	85	11	16	24	267	463	764	1494
2004	56	56	73	103	11	16	24	344	494	693	1531
2005	75	50	74	87	14	14	22	409	418	670	1497
2006	64	40	57	107	13	12	20	404	365	559	1328
2007	65	50	54	91	25	13	20	805	405	572	1782
2008	80	55	57	60	26	15	19	1050	479	549	2078
2009	72	34	34	116	28	14	15	1084	447	444	1975

资料来源：沙田镇政府教育办公室。

1994 年，东方明珠学校开办。首期仅小学招生，小学当年招生 4 个班，43 名学生。校址位于虎门渡口以东沙田镇齐沙管理区。

1995 年，初中开始招生，初中当年招生 2 个班，48 名学生。

1996 年 9 月，迁往沙田镇明珠路 1 号。学校占地面积 184400 平方米，建筑面积 10 万平方米，其中有 60 间教室、82 间教师办公室、3 间行政办公室、5 间功能室（实验室、电教室、阅览室、会议室、琴房）。田径场 2 个，其中一个 400 米环形跑道，一个 200 米跑道。标准篮球场 6 个，标准排球场 4 个，标准网球场 2 个，标准游泳池一个，旱冰场一个。

1999 年，高中部招生，当年高中招生 4 个班，119 名学生。

2000 年，高中招生 5 个班，共有在校高中生 230 名。

2007 年，高中扩大招生，当年招生 12 个班，在校高中生从上一年的 404 名，增长到 805 名，几乎扩大了一倍。

2008 年，高中在校学生达到 1050 名，占到全校学生的 50% 以上。

照片 10—12　东方明珠学校

照片 10—13　东方明珠学校科技宫

二　影响不断扩大的民间文体活动

20 世纪 50 年代，沙田地区因农民居住分散、交通不便，文化活动很少。当时沙田地区几乎没有任何文化活动和文化设施，更谈不上文化艺术建设，这种现象一直延续到 60 年代初期成立人民公社前。成立人民公社后，沙田地方文化建设逐渐被关注，开始经历从无到有、从小到大的发展历程。改革开放后，从 80 年代起文化活动得到加强，出现了从低层次到高层次逐步提升的过程。进入 21 世纪后，沙田的文化活动进一步快速发展，并改变了局限于本地相对封闭的模式，开始走出去与外部交流，形成开放循环的互动态势。尤其是近几年沙田的文体活动开展得有声有色，并在市、省和国内享有了一定声誉。

（一）　文化事业的发展轨迹

从时间序列上看，沙田的文化活动发展轨迹可以分为 4 个时段，即：1965—1978 年改革开放前、1979—2000 年、2001—2004 年以及 2005 年以后（见表 10—9—表 10—14）。

表 10—9 2010 年沙田镇的体育设施

名称	地址	占地面积（平方米）	标准（平方米）	非标准（平方米）	观众席位
各村社区体育设施	各村社区	65000	65000	11000	—
各中小学体育设施	各中小学	57000	57000	16000	—
镇直市属单位体育设施	镇直市属单位	23000	23000	6000	—
全镇体育场地	各村社区、各中小学、镇直市属单位	145000	145000	22000	—

资料来源：沙田镇政府教育办公室、文广中心。

表 10—10 沙田全国冠军、世界奖牌得奖者

姓名	时间	级别	项目	名次
冼傍娣	1996 年	亚特兰大奥运会	500 米四人划艇	4
冼傍娣	1997 年	全国第八届运动会	500 米四人划艇	1
冼傍兴	1997 年	全国第八届运动会	500 米单人划艇	1
冼傍兴	1998 年	十二届亚运会	500 米四人划艇	1
冼傍兴	1999 年	亚洲锦标赛	500 米四人划艇	1

资料来源：沙田镇政府教育办公室、文广中心。

表 10—11 沙田镇龙舟竞赛成绩（1997—2009 年）

时间	级别	项目	名次
1997 年 9 月	第一届港澳深、珠三角地区龙舟邀请赛	—	1
1997 年 9 月	第二届炎黄杯世界华侨华人系列赛	珠海赛区男、女混合组	1
1997 年 9 月	第二届炎黄杯世界华侨华人系列赛	东莞赛区女子组	2

续表

时间	级别	项目	名次
1997 年 9 月	第二届炎黄杯世界华侨华人系列赛	安徽、黄山赛区男、女混合组	1
1997 年 9 月	第二届炎黄杯世界华侨华人系列赛	东莞赛区混合组	1
1997 年 9 月	第二届炎黄杯世界华侨华人系列赛	混合组总成绩	1
1997 年 9 月	第二届炎黄杯世界华侨华人系列赛	东莞赛区男子组	1
1997 年 9 月	市第四届运动会镇区组龙舟赛	男子标准龙	2
1997 年 9 月	市第四届运动会镇区组龙舟赛	男子传统龙	3
1997 年 9 月	市第四届运动会镇区组龙舟赛	女子标准龙	1
1997 年 9 月	市第四届运动会镇区组龙舟赛	女子传统龙	1
1998 年 2 月	新加坡国际龙舟邀请赛	男子国家陵江标准龙	2
1998 年 2 月	新加坡国际龙舟邀请赛	男子小龙	2
1998 年 6 月	香港国际龙舟赛	国际男子锦标赛	1
1998 年 6 月	广州龙舟国际邀请赛	标准龙	2
1998 年 6 月	第三届亚洲龙舟锦标赛	马来西亚国际龙舟赛	4 个第一名
1999 年 5 月	第三届世界龙舟锦标赛	女子 250 米	1
1999 年 5 月	第三届世界龙舟锦标赛	女子 500 米	1
1999 年 5 月	第三届世界龙舟锦标赛	女子 1000 米	1
1999 年 5 月	马来西亚槟城国际龙舟邀请赛"元首杯"	—	1
1999 年 5 月	马来西亚槟城国际龙舟邀请赛"挑战杯"	—	1
1999 年 6 月	马来西亚国际龙舟挑战赛		1
2007 年 6 月	广东省体育大会的龙舟赛	女子 1000 米	1
2007 年 6 月	广东省体育大会的龙舟赛	女子 500 米	1
2007 年 6 月	广东省体育大会的龙舟赛	女子 250 米	2

资料来源：沙田镇政府教育办公室、文广中心。

表 10—12　　　　改革开放以来沙田镇大型群众文艺体育活动一览

序号	项目名称	活动规模	活动时间
	承办第二届炎黄杯世界华侨华人系列赛	世界级	1997 年 9 月
	98'新春环城长跑	镇内	1998 年 2 月
	99'新春环城长跑	镇内	1999 年 2 月
	沙田镇 99 龙舟节暨龙舟锦标赛	镇内	1999 年 6 月
	99'沙田镇"祖国颂"歌唱大赛	镇内	1999 年 7 月
	沙田镇"庆国庆，迎回归"篮球邀请赛	镇内	1999 年 10 月
	"沙田杯"足球邀请赛	镇内	1999 年 10 月
	沙田镇第四届少儿艺术花会	镇内	2000 年 5 月
	沙田镇迎接新世纪元旦文艺晚会	镇内	2000 年 12 月
	沙田镇庆祝中国共产党成立 80 周年表彰大会暨文艺晚会	镇内	2001 年 6 月
	沙田镇第一届文化艺术节	镇街	2005 年 1—2 月
	沙田镇首届运动会	镇级（含珠三角邀请赛）	2005 年 11 月
	沙田镇首届龙舟节	镇级（含兄弟镇街间的邀请赛）	2006 年 6 月
	沙田镇第二届文化艺术节	镇级	2007 年 10 月
	沙田镇第二届运动会	镇级（含珠三角邀请赛）	2008 年 11 月
	沙田镇第二届龙舟节	镇级	2009 年 6 月
	沙田镇庆祝国庆 60 周年大型歌唱晚会	镇内	2009 年 10 月

资料来源：沙田镇政府教育办公室、文广中心。

表 10—13　　　　　　　　　　沙田镇的文化设施

名称	地址	规模	占地面积（平方米）	建筑面积（平方米）
沙田阇西山公园	阇西村赖家庄	大	303020	303020
沙田文化广场公园	育才路	中	13921	13921
沙田滨江公园	滨江路	中	34833	34833
湖东休闲公园	湖东路	小	2404	2404
镇府前小休闲公园	镇府侧	小	4488	4488
沙田休闲公园	湖西路镇标侧	中	31562	31562

　　资料来源：沙田镇政府教育办公室、文广中心。

表 10—14　　　　　　　　　沙田镇中小学的体育设施

名称	地址	占地面积（平方米）	标准（平方米）	非标准（平方米）	观众席位
东莞市沙田广荣中学	东莞市沙田镇广荣路 1 号	24480	24480	0	200
沙田镇中心小学	东莞市沙田镇沙太 1 路 40 号	7458	7458		
沙田镇第一小学	东莞市沙田镇大流村	4800	4800		
沙田镇第二小学	东莞市沙田镇穗丰年村	19500	19500		100
沙田镇鹏远学校	东莞市沙田镇民田村	1200	1200		
沙田镇翠园小学	东莞市沙田镇阇西村	6500	6500		
东方明珠学校	沙田镇明珠路 1 号	184406.2	5675		1500

　　资料来源：沙田镇政府教育办公室。

　　1978 年以前是沙田文化生活相对比较缺乏的时期。这一阶段，沙田居民的文化生活形式很少，当时的文化活动主要是听广播、看电影和电视。广播是沙田居民较早接触的文化娱乐形式，1965 年沙田地区出现了有线广播，这年，沙田公社成立"沙田有线广播站"，配备了扩声机，安装了大喇叭、小喇叭,有专职广播员、通信员、线路维修员。各大队也成立了广播站,村村装上大喇叭,有专职或兼职广播员、线路维修员,坚持每天三次广播,主要是宣传党的方针政策、时事政治、新闻,以及音乐文艺节目等。电影是沙田居民另一个较早接触的娱乐形式。成立人民公社前在沙田当地没有看电影的条件,人们要看一场电影,必须步行到厚街、虎门观看,非常不便。成立人民公社后,东莞县电影队每月一次到沙田放电影。但人们要集中到公社看,对距离较远的大队和生产队仍显不便。1972年沙田公社成立了沙田电影队,有两部电影机,分别到各大队或生产队放映。一般都是集体出钱群众观看,想看电影,需要预约,由电影队安排放映时间,村民观看电影可以不出大队,提供了一定便利。1970年后沙田开始出现电视,最初是部分沙田的政府机构和国营单位购买了黑白电视机,后来在农村,有些生产队集体出资购买一部黑白电视机放在生产队,每天晚上,全队男女老少都集中到队里的电视机前看电视。

1979—2000年,是当地文化活动逐渐增加的时期。尤其是80年代中期以后,伴随着经济发展,沙田出现了录像室、歌舞厅、电影院等娱乐设施,人们的公共活动空间扩大,文化生活开始丰富。沙田的录像室和歌舞厅出现在1986年,如鸿发、耀星、雄峰、新影、友谊、美雅、新星、华星、新雅、文康等娱乐室和歌舞厅,此外,还有一些投影场、音乐室等,当时,在一定程度上丰富了当地居民的文化生活。电影院最早出现在1993年。这年9月,私人投资的沙田第一个电影院建成投入使用,这个电影院占地面积700平方米,建筑面积592平方米,有600个座位。1998年沙田镇政府投资170万元建了一个更大的影剧院(银沙影剧院),占地面积1500平方米,有850个座位。2000年,由私人投资建设的另一个电影院(福祥电影院)落成,位于沙太路,大坭村辖区内,有800个座位。这些娱乐设施在当时极大地丰富了人们的文化生活,但因其后逐渐落后于时代的发展,存活时间一般都不长,大多只有几年或十几年的时间。如1986年,东湖酒店内开设的沙田第一间录像室,以及1990年至1995年期间开设的明珠、桃源阁、帝豪、影月、仙乐等卡拉OK歌舞厅,大约都在1996年前后纷纷停业。那几家电影院现在也难寻踪迹。

　　值得注意的是，这个阶段的后期是彩色电视发展扩张的快速期。电视进入沙田百姓家是从 1980 年开始，刚开始是黑白电视机。1986 年后，黑白电视机开始转换为彩色电视机。据资料统计，1989 年全镇有电视机 2170 部，家庭拥有电视的比例占到总户数的 31%。2000 年全镇有电视机 8808 部，家庭拥有电视的比例占到总户数的 88%，基本上普及了电视。1997 年全镇改装光纤联网，立沙片也装上了公共天线。20 世纪末，全镇电视机全部安装了公共天线，收视频度和清晰度大大提高，并与全市电视联网。

　　这个时期，沙田文化基础设施的建设也经历了从少到多、从低层次向高层次发展的过程，为培养沙田文化艺术人才做出了积极贡献。首先是镇政府投资建设了沙田文化广场。沙田文化广场占地面积 16000 平方米，位于沙田中心区，东边是沙田中心公园，南边是沙田大道，北面是沙田中心幼儿园。广场南面有升旗台，广场北面是露天舞台，东西两侧各有一个篮球场和一个羽毛球场。广场中央可容纳观众一万多人。沙田文化广场至今仍是沙田镇政治、文化、体育活动中心，每年在这里举行集会、文化展览、体育活动、文艺汇演等。如春节体育比赛、元宵文艺晚会、游园活动、工会组织的"五一"文艺晚会、团委组织的"五四"文艺表演、宣传办组织的"庆祝国庆""元旦"活动，都在这里举行。这个阶段，也开始出现了一些群众文化组织。如 1998 年成立的摄影协会、2000 年成立的书法协会等。摄影协会在宣扬沙田镇改革开放以来取得的成就方面起到重要作用，至今经常在沙田和外地举办摄影艺术展。书法协会有力地促进了沙田的书法艺术发展。成立当年，沙田书法协会就举办了 5 次书法比赛及展览，还编纂出版了《顺发杯沙田镇书法作品展作品集》。其中有两件作品入选东莞市首届中青年书法作品展；两件被市书协上送广州参加"广东省群众美术书法大展"，并获铜奖。

　　2001—2004 年，是群众文化活动逐渐活跃的时期。2002 年，沙田镇以广场文化为龙头，发挥文化广场的辐射作用，带动农村文化、企业文化、社区文化和校园文化的发展。镇政府当时明确要求各村要建设一个灯光球场，作为开展群众文化活动的阵地，各村邀请专业人才对文艺骨干进行培训，对群众文娱活动的开展起到很大的推动作用。当年 10 月，沙田

照片 10—14　沙田文化广场

曲艺协会正式挂牌成立，在银沙电影院举办了协会成立汇报演出，并组织下乡演出 16 场次，在社会各界引起较大的影响。除此之外，还积极组队参加市举办的各类表演，其中，舞蹈《红色娘子军》、教师合唱团的合唱获得东莞市的优秀奖、银奖等。

2003 年，沙田镇提出要用 10 年时间，建成一个集水乡文化和港口文化为一体的现代水乡文化特色镇。并重点抓文化队伍建设，开展群众性文化活动。要求每村办好一所妇女学校，并以妇女学校为载体，活跃妇女文体生活；当年共举办了 4 期舞蹈培训班，组织各村妇女文娱骨干进行培训，开展文艺下乡活动，设立了两个女子健身活动点，带动广大群众热心参与健康有益的文体活动。举办首届女子健身操（舞）大赛，全镇 17 个村（居）委会共派出 20 支代表队参加，参赛选手多达 700 余人，同时举办了广场千人舞会。

2004 年，沙田镇进一步以广场为载体，普及节庆文化，积极开展文化活动，活跃乡镇文化生活。举办妇女学校文艺晚会，春节期间邀请省粤剧院举办迎春粤剧专场，在市可园博物馆举办沙田书法摄影艺术作品展，举办"庆五四东港城之夜"文艺晚会、沙田镇第五届少儿花会文艺晚会、"共产党员赞歌"歌手大赛等。在这一年沙田镇曲艺社下乡演出 8 场，农村"2131"电影队下乡放映 80 多场。全镇文艺活动的组织水平、艺术水准都有较大的提高，活动的参与面从学校扩大到企业和农村。这个阶段涌现出较多的艺术生产活动成果，例如，参加 2004 年东莞市"党旗飘扬"企业党员文化艺术节，获一等奖、二等奖和三等奖各 1 个，优秀奖 4 个；自编演出的作品《激情飞越》参加"快乐总动员——东莞市广场集体舞蹈大赛"获铜奖；选送《家庭英语》英语话剧，参加第二届东莞市家庭文化艺术节家庭才艺表演比赛，获优秀奖；选送书法作品参加全国书法篆刻大赛获"羲之杯"铜奖 1 名、中国硬笔大赛获二等奖 1 名；《风景这边独好》《仙界》等摄影作品，参加毛泽东诗词摄影大赛获优秀奖、中国红河风光风情大赛佳作奖，以及部分摄影作品获广东省摄影家协会颁发铜奖、优秀奖等。

照片 10—15　摄影采风

　　2005 年以后，是沙田文化活动上规模上档次的阶段。2005 年，沙田镇政府重新修订了《沙田镇建设文化新城实施方案》，加大文化新城建设力度，计划用 3—5 年时间完成市文化建设达标镇的创建任务，并提出村（社区）完成文化设施建设任务的时间表。扎实开展各种群众性文化活动，举办沙田镇首届运动会、老年人艺术节、各类文艺晚会、游艺活动、游园活动等文化体育活动，群众文化生活大大活跃。组织体育代表团参加市"第六届运动会"，取得 3 金 1 铜的好成绩。当年举办了沙田镇首届文化艺术节，文化艺术节于元旦开幕，至元宵节闭幕，历时 50 多天。期间共有大型文艺晚会、朗诵会、曲艺晚会、书法摄影展、粤剧、歌咏大赛、

照片 10—16　亮景一起来

女子健身操大赛、经典电影回顾周等 23 个专场活动。节目全部由沙田镇干部群众自导自演，展示了具有沙田水乡特色的艺术成果。举办了沙田镇首届运动会，运动会历时 45 天。开幕式为极具水乡特色的水上开幕式，主题为"滨海港城、和谐沙田"，此次运动会共设田径、游泳、龙舟、羽毛球等 15 个大项、183 个小项，分农村、机关 2 组进行，共有 24 个代表团的 3000 多名运动员报名参加比赛，是沙田镇有史以来历时最长、规模最大、参赛人数最多的综合性运动会。

2006 年，沙田镇成功举办首届龙舟节。同时，围绕"龙舟之乡"、疍家风俗、咸水歌三个项目，积极开展非物质文化遗产项目普查和申报工作。

2007 年，沙田镇逐渐加大文化基础设施建设力度，投入 80 万元建设占地 500 平方米、藏书量达 2 万册的镇图书馆；投入 13 万元建设占地 305 平方米的疍家民俗文化馆，陈列渔船、咸水歌谱等疍家物件 300 余件。举办以"水韵动感，滨海沙田"为主题的第二届文化艺术节。沙田女子龙舟队代表东莞出征广东省首届体育大会龙舟竞赛，获 2 项冠军和 1 项亚军。在沙田中心小学创办全市镇街首个书法培训基地。这年沙田镇在文化建设上也取得了一些荣誉，被评为东莞市 2007 年度"文化达标镇"，阁

照片10—17　沙田首届运动会开幕式

西、齐沙、大坭、穗丰年、横流5个村（社区）被评为"文化建设达标村（社区）"，沙田中学、广荣中学、中心小学、第二小学被评为"文化建设先进学校"。

2008年，举办第二届运动会，确定30个单位列入2008—2009年度文化建设重点培养对象，争创市文化建设达标（先进）单位，并稳妥推进文化建设先进镇申报工作。加大咸水歌的传承保护力度，成立全市首个咸水歌创作培训基地，设立5个创作培训点，创作具有现代特色的咸水歌《海边遐想》，并筹备出版咸水歌书和编写咸水歌乡土教材。积极举办文艺晚会、"欢乐·关爱"沙田行、龙舟巡游、烟花晚会等一系列群众性的文化体育活动。推进"图书馆之城"建设，完善镇图书馆设施，建成穗丰年等13个村（社区）图书馆，设立首批8家"流动图书馆"，举办读书节，丰富群众书香文化。

截至2011年年底，沙田镇共成立了七个文化协会，即书法家协会、摄影家协会、曲艺协会、音乐家协会、民间文艺协会、国标舞协会、美术家协会，建立了一个创作培训基地——"咸水歌创作培训基地"。

当前，沙田镇的文化事业进入一个新的发展阶段，文化设施不断增多，文化活动精彩纷呈，文化队伍建设日益增强。可以预见，沙田人民今后将会以更大的热情推动文化事业更快更好地发展，为早日实现"高水平崛起，打造智慧、水韵、幸福新沙田"而不断努力。

照片10—18　沙田农村妇女厨艺大赛现场

（二）沙田地区的文化特色

1. 赛龙舟

沙田镇是个"龙舟之乡"。历年来，沙田镇队在各项国内和国际的龙舟赛中屡获殊荣。1998年5月，沙田队代表中国参加在马来西亚槟城举行的"第三届亚洲龙舟锦标赛"，勇夺250米和500米金牌，同时囊括"槟城龙舟邀请赛"中男子国际项目的所有金牌。同年6月，国家体育总局又派遣沙田队参加"1998年香港国际龙舟赛"，力胜卫冕的加拿大队并夺取冠军。1999年，沙田农民冼傍兴参加"亚洲锦标赛"，勇夺"500米四人划艇"金牌。2007年6月16—17日，沙田镇女子龙舟队代表东莞市出征广东省首届体育大会龙舟竞赛，获女子500米和1000米标准龙直道竞速的两项冠军和女子250米标准龙直道竞速亚军。2007年，市妇联授予沙田镇女子龙舟队为"三八红旗集体"，29名队员被授予"三八红旗手"称号。

照片10—19　沙田镇运动会上的各村龙舟

2. 咸水歌

　　咸水歌是沙田镇重要的历史文化遗产。咸水歌是疍家的独有歌曲，又称疍歌、蜒歌、蛮歌、咸水叹、白话鱼歌、后船歌等，是疍家文化的代表与精华，主要流行于珠江三角洲河网交错地带以及沿海（咸水）地区，是长年漂流水上的居民的一种歌谣。咸水歌没有固定的歌谱，基本上是一个调。咸水歌源自生活、贴近生活，可以即兴创作，音调婉转、通俗易懂，在沙田世代传唱中，咸水歌反映了他们的劳动生活、思想感情，表现了他们生活的态度、生活的情趣、生活的愿望以及审美观念，从而形成了独具风格、活泼鲜亮的艺术特色。2007年6月，沙田镇咸水歌成功申报为广东省省级非物质文化遗产。

　　咸水歌——《正月采茶》

　　　　正月采茶未有茶，茶园树上正开花，花嫩细时吾舍摘，同群姐妹各回家；

　　　　二月采茶正合时，双手携蓝挂树枝，左手挽篮右手摘，摘叶留枝等后生；

　　　　三月采茶是清明，茶园树上挂银瓶，郎递茶时奴递酒，二人递酒贺清明；

　　　　四月采茶雨水天，雨水淋淋织手巾，两头织出茶花多，中间织出采花人。

照片 10—20　有历史的咸水歌歌词

照片 10—21　沙田咸水歌的歌者

三　医疗设施和卫生工作

新中国成立前沙田地区的卫生条件差，缺医少药现象非常普遍。当时，沙田人生病求医要水陆兼程，到十里外去看病，若病疫流行，则听天由命，长期饱受无医无药之苦。新中国成立后，从20世纪50年代的诊所、60年代的卫生站、联合诊所和沙田卫生院，到90年代的沙田医院和2005年建立的现代化新沙田医院，沙田的医疗设施和卫生工作经历了数个台阶的提升与发展变化。当前的医疗体系正在趋于完善，已能够起到保障沙田人民的身体健康和提高居民生活质量的作用。

沙田医疗卫生发展历程：

新中国成立前，沙田的唯一诊所是一个名叫"民生"的诊所，这是从南岗请来的一名中医和从麻涌请来的一名中药员在和安茂生村开办的。

新中国成立后，1956年，国家组织医务人员在穗丰年创办了沙田卫生所（现在沙田医院的前身）。同时，福禄沙、坭洲、大流、中围、西大坦等地也相继开办卫生所或诊所，后来把这些诊所改为卫生站或合并为联合诊所。

1958年10月，随着人民公社的成立，沙田隶属虎门公社，由太平医院派出部分人员到沙田建立分院，改编沙田卫生所，接管利群诊所、福禄沙卫生站以及西大坦卫生站。分院设在原沙田卫生所。

1960年7月，沙田划归厚街公社，虎门医院沙田分院改名为厚街医院沙田分院。原太平医院调到沙田的医生返回原单位。7月3日，厚街中心医院派出5人，到沙田分院接管工作。

1961年，沙田公社成立，厚街医院沙田分院改名为沙田卫生院。院址迁到新沙乡利群联诊所旧址。当时，全院有28人，其中：中医医生8人、西医医生3人、助产士3人、接生员1人、护理员2人、防疫员1人、见习生3人、中药员2人、西药剂员2人、行政工勤3人。

1962年，沙田卫生院购置了一部1500倍的显微镜、一个手提式消毒炉。同年卫生院随公社一同迁到横流。据资料记载：1962年沙田有联合诊所两间、乡办卫生站两间、私人诊所 3 间，接生员 7 人，医务人员共 20 人。

1964 年，沙田公社卫生院开始培训大队"半农半医"人员，每个大队派一名贫下中出身的青年到卫生院学习。经过 9—12 个月的培训，结业后回大队设立卫生站，卫生员负责预防接种工作。其后，公社卫生院继续培训工作，使每个大队配备有 2—4 名"半农半医"人员，其中最少有一名女性。

1966 年，沙田卫生院扩建 32 平方米的留医病房，34 平方米的护理室及储藏室。

1968 年 9 月，东莞县把"半农半医"人员改称"赤脚医生"。按照卫生部门收费标准收费，卫生人员劳动报酬由大队记工分解决，业务技术由沙田卫生院负责指导和培训。

1970 年，沙田卫生院医务人员增加到 38 人，病床 20 张。

1971 年，沙田卫生院扩建 100 平方米的中医药门诊部，扩建病房、药库。扩建卫生所 3 间（即民田卫生所、大坭卫生所、大流卫生所）。购置 30 毫安 X 光机一台、卧式消毒炉一台、手术无影灯一台、救护船一艘，医务人员增加到 54 人。

1975 年，卫生站改名为合作医疗站，后来合作医疗停办，复称卫生站。

1981 年，沙田卫生院拆除旧门诊部，新建 684 平方米混砖结构楼房一幢。

1987 年 2 月，沙田卫生院建成 264 平方米留产部。

1987 年，全市卫生站实行整顿，下半年组织验收，符合广东省农村卫生站管理规定的发给办站证书，由"赤脚医生"个人承包。

1993 年，沙田卫生院扩建 1600 平方米简易门诊和综合留医部。

1999 年，东莞市人民政府授予沙田"卫生先进镇"称号。

20 世纪 90 年代中后期，沙田卫生院改名为沙田医院。

2000 年，沙田医院占地面积 3080 平方米，医疗建筑面积 2045 平方米。设有急诊科、内科、儿科、外科、妇产科、中医科、五官科、检验科、影像科、手术室。配备有生化分析仪、心电图监护除颤仪等医疗设备。设有病床30张，工作人员130人，其中：主任医师、教授2人；副主任医师4人；主治医师10人。可开展中高难度手术及严重心脑血管疾患病人的抢救，较好地满足了群众的医疗保健需求。当年，全镇有卫生站20间，各村委会属下区域至少有一间卫生站，实现了小病不出村，就近就医。

2005年，沙田新医院竣工并投入使用。新医院由门诊楼、医技住院楼、后勤楼组成，占地面积25333.46平方米，总建筑面积22238平方米，总投资5717.58万元，新医院住院病床102张、日门诊量1000—1500人次。

2008年，沙田建立城乡一体的社会基本医疗保险制度，建成"1个中心5个站点"的社区卫生服务体系。

2009年，沙田医院拥有医疗卫生技术人员300人。当年1—10月间，全院共完成门（急）诊病人28.15万人次，住院病人3333人次，手术2067例（见表10—15、表10—16）。

表10—15　　　2000—2004年沙田镇卫生事业机构、床位及人员数

年份	机构数（个）	医院	医院床位（张）	卫生工作人员（人）	卫生技术人员	医生（人）	中医（人）	乡村医生（人）	乡村卫生员（人）
2000	18	1	26	84	69	34	2	29	0
2001	17	1	26	87	72	36	2	32	
2002	17	1	24	84	69	30	2	37	4
2003	15	1	24	86	72	31	2	28	
2004	15	1	24	94	75	32	2	21	

资料来源：沙田镇党政办公室。

表 10—16　　　2000—2009 年沙田镇卫生事业机构、床位及人员数

年份	机构数（个）	医 院	医院床位（张）	卫生工作人员（人）	卫生技术人员	执业医师	执业助理医师	注册护士	药剂人员	检验人员
2000	18	1	26	84	69	34				
2001	17	1	26	87	72	36				
2002	17	1	24	84	69	30				
2003	15	1	24	86	72	31				
2004	15	1	24	94	75	32				
2005	17	1	102	222	174	54				
2006	26	1	102	312	258	57	7	56	10	8
2007	29	1	135	416	361	115	82	10	13	
2008	33	1	135	484	408	143	113	22	10	
2009	33	1	135	484	408	143				

注：本表不含省、市属医疗机构。

资料来源：沙田镇党政办公室。

照片 10—22　80—90 年代沙田医院旧址，原先的大门已被水泥封上，而大门上方的"沙田医院"四个字还很清晰

照片 10—23　2005 年建设的新沙田医院

照片 10—24　新沙田医院鸟瞰图

照片 10—25　沙田社区卫生服务中心